教育部人文社会科学重点研究基地重大项目
"十四五"国家重点图书出版规划项目
江苏省2022年主题出版重点出版物

马克思主义思想史研究丛书
丛书主编　张一兵

A Study of Marx's Relationship with
19th Century British Socialist Thought

马克思与19世纪英国社会主义思潮的关系研究

陈挺　著

南京大学出版社

图书在版编目(CIP)数据

马克思与19世纪英国社会主义思潮的关系研究 / 陈挺著. —南京：南京大学出版社，2023.12
(马克思主义思想史研究丛书 / 张一兵主编)
ISBN 978-7-305-27368-1

Ⅰ.①马… Ⅱ.①陈… Ⅲ.①马克思主义－关系－社会主义－政治思想史－研究－英国－19世纪 Ⅳ.
①D095.614

中国国家版本馆 CIP 数据核字(2023)第 208966 号

国家社科基金一般项目"19世纪初以来英国社会主义观念的变迁及其当代转向研究"(18BKS044)的阶段性成果

出版发行	南京大学出版社
社　　址	南京市汉口路22号　　邮　编　210093
丛 书 名	马克思主义思想史研究丛书
丛书主编	张一兵

MAKESI YU 19 SHIJI YINGGUO SHEHUI ZHUYI SICHAO DE GUANXI YANJIU

书　　名	马克思与19世纪英国社会主义思潮的关系研究
著　　者	陈挺
责任编辑	陆蕊含
照　　排	南京南琳图文制作有限公司
印　　刷	南京爱德印刷有限公司
开　　本	635 mm×965 mm　1/16 开　印张 20　字数 260 千
版　　次	2023 年 12 月第 1 版　印　次　2023 年 12 月第 1 次印刷
ISBN	978-7-305-27368-1
定　　价	98.00 元

网址：http://www.njupco.com
官方微博：http://weibo.com/njupco
官方微信号：njupress
销售咨询热线：(025) 83594756

* 版权所有，侵权必究
* 凡购买南大版图书，如有印装质量问题，请与所购
　图书销售部门联系调换

总　序

2022年,我完成了《回到马克思》的第二卷[1]。会令读者吃惊的是,在这部接近百万字的第二卷中,我关于马克思历史文本的不少看法,竟然是异质于第一卷的,这直接造成了过去思想史常态中的一种巨大"逻辑矛盾"。同一个作者,对相同历史文本,居然会做出不完全一致的解读。这可能就是**新史学方法论**所依托的全新思想史本体个案。

记得2007年的某天,在上海,在《中国社会科学》杂志社举办的中国哲学家与历史学家对话的研讨会上,我所提出的历史研究建构论[2]遭到了历史学家们的批评。一位历史学教授在现场问我:"我是我爸爸生的是不是被建构的?"这真的很像当年杜林质问恩格斯:"2+2=4是不是绝对真理?"如果打趣式地硬抬杠,我也可以辨识说,在一个根本没有"父亲"的母系社会中,当然没有"你爸爸生你"的社会建构关系。而次年在台北举行的海峡两岸暨香港人文社会科学论坛[3]上,台湾"中研院"的一位史学前辈在对我的学术报告现场提问时,有些伤感地说:"我不知道大陆的唯心主义已经如此严重。"令人哭笑不得。其实,当狄尔泰和福柯讨论历

---

[1] 拙著《回到马克思——社会场境论中的市民社会与劳动异化批判》(第二卷),将由江苏人民出版社出版。
[2] 发言提纲见拙文《历史构境:哲学与历史学的对话》,《历史研究》2008年第1期。
[3] 这是由南京大学、香港中文大学和台湾"中央大学"联合举办的系列学术研讨会议。

史文献(档案)的"被建构"问题时,他们并非在涉及直接经验中的每个时代当下发生即消逝的生活场境,而是在追问史学研究的**方法论前提**。谁制定了历史记载和书写的规则?实际上,历史记载永远是历代统治者允许我们看到的东西,恐怕,这是更需要史学家明白的**历史现象学**。

我曾经说过,任何一种历史研究对社会定在及其历史过程的绝对客观复现都是**不可能**的。这是因为,我们的历史研究永远都是在以当下社会生活生成的认识构架重构已经不在场的过去,思想重构并不等于曾有的历史在场。更重要的方面还在于,因为社会生活与个人存在之间始终存在一种无法打破的隔膜,所以社会生活情境不等于个体生活的总和,个人生存总有逃离社会的一面,其中,个人生存的处境、积极或消极行动的建构、情境、心境与思境都不是完全透明可见的,虽然人的生活构境有其特定的物性基础,但构境达及的生存体验是各异和隐秘的。我在上课的时候,有时也会以电影故事中内嵌的新史学观为例,比如根据英国作家拜雅特[1]

---

[1] 拜雅特(A. S. Byatt, 1936—),英国当代著名作家。1936年8月24日出生于英国谢菲尔德,1957年在剑桥大学获学士学位。曾在伦敦大学教授英美文学。1983年,拜雅特辞去高级教师职位,专心致力于文学创作,同年成为英国皇家文学协会会员。主要作品有:长篇小说《太阳的阴影》(1964)、《游戏》(1968)、《庭院少女》(1978)、《平静的生活》(1985)、《隐之书》(1990)、《传记作家的故事》(2000),以及中短篇小说集《夜莺之眼》等。1990年,拜雅特因《隐之书》获得英国小说最高奖布克奖,同年获颁大英帝国司令勋章(CBE)。2010年,74岁的拜雅特又获得了不列颠最古老的文学奖——詹姆斯·泰特·布莱克纪念奖。

的著名小说《隐之书》(*Possession：A Romance*，1990)[1]改编的电影《迷梦情缘》(*Possession*，2002)。故事虚构的情节是一个双层时空构境结构：今天(1986年)的阅读者——一位年轻的文学研究助理罗兰，在研究过去19世纪维多利亚时代著名诗人艾许(他也被建构成一个复杂隐喻诗境的"腹语大师")的过程中，偶然发现了夹于一部艾许最后借阅归还的维柯的《新科学》(*New Science*)中的两封写给无名女士的未完成的信件。经过细心的文献研究，他确认收信者竟然是艾许同时代著名的女诗人兰蒙特。由此，揭开了一桩隐匿了百年的秘密史实：有着正常家庭生活的艾许和孤守终生的兰蒙特在1868年发生了一段刻骨铭心的爱情，并且，兰蒙特背着艾许生下了他们的女儿。从小说中作为精彩艺术手段的细节中，我们可以看到，罗兰和兰蒙特的后代莫德小姐竟然通过兰蒙特诗歌中的暗示，在家族庄园中兰蒙特的住所里找到了她百年前隐藏在婴儿车中的秘密书信，甚至找到了诗歌隐喻的两位大诗人的疯狂秘恋之旅和情爱场境。由此，一直以来英国诗歌史中关于两位诗人那些早有定论的作品释义，瞬间化为文学思想史研究中的谬误。"有些事情发生了，却没有留下可以察觉到的痕迹。这些事情没有人说出口，也没有人提笔写下，如果说接下来的事件都与这些事情无关，仿佛从来没有发生过，那样的说法可就大错特错

---

[1] 其实，此书的英文原书名为*Possession：A Romance*，直译应该是《占有：一段罗曼史》。但Possession一词也有被感情支配和着魔的意思，所以如果译作《着魔：一段罗曼史》更准确一些。当然，现在的中译名"隐之书"的意译更接近书的内容。拜雅特还有另外一部艺术构境手法相近的小说《传记作家的故事》(*The Biographer's Tale*，2000)，说的是一个研究生菲尼亚斯(Phineas G. Nanson)，决定研究一位非常晦涩的传记作家斯科尔斯(Scholes Destry-Scholes)。在研究的过程中，他并没有了解到很多关于这位作家本身的生平，而是发现了这位作家**未发表的**关于另外三位真实历史人物(Carl Linnaeus, Francis Galton and Henrik Ibsen)的研究。拜雅特在书中将事实与虚构相结合，再现了这三位被隐匿起来的历史人物的生活。

了。"[1]这是此书最后"后记"中开头的一段文字。我觉得,他(她)们不想让人知道的书信是另一种**遮蔽历史在场性**性质的**秘密文献**,这是一种逃避现实历史关系的另类黑暗历史记载。然而,这种黑暗考古学的发现,却会改变对允许被记载的历史"事实"的全部判断。虽然,这只是艺术虚构,但它从一个侧面反映了这样一种新史学观:正是个人生存中的这种可见和不可见的多样性生活努力,建构出一个社会内含着隐性灰色面的总体生活情境。在每一个历史断面上,总有来自个体生存情境隐秘和社会生活的意识形态遮蔽。这些非物性的生存构境因素和力量,从一开始就是**注定不入史**的。这样,"能够历经沧海桑田,保存下来的那些作为历史印记的文字记载和物性文物,只是一个时代人们愿意呈现和允许记载的部分,永远都不可能等于逝去的社会生活本身。与文本研究中的思想构境一样,这些记载与历史物都不过是某种今天我们在生活中重新建构历史之境的有限启动点"[2]。

摆在读者面前的这一套由南京大学出版社出版的《马克思主义思想史研究丛书》,是近年来这一研究领域中的最新成果。它的作者,主要是南京大学马克思主义哲学专业培养出来的一批青年学者。他们从不同的思想史侧面和角度,研究和思考了马克思主义思想史中发生的一个个深层次的问题。除去少数带有总论性质的文本以外,丛书中的大多数论著都是微观的、田野式的专业研究,比如马克思与费尔巴哈的关系、马克思与19世纪英国社会主义思潮的关系、马克思与尤尔机器研究的关系、马克思方法论的工艺学基础,以及马克思文本中的对象化概念考古等。或多或少,它

---

[1] A.S.拜雅特:《隐之书》,于冬梅、宋瑛堂译,南海出版公司,2010,第577页。
[2] 张一兵:《〈资本主义理解史〉丛书总序》,载《资本主义理解史》(六卷),江苏人民出版社,2009。

们都从一个马克思主义思想史的断面,进入我们现代人观察马克思生活的那个远去的历史生活场境。虽然我们无法重现那些无比珍贵的伟大革命实践和思想变革的历史在场性,但多少表达了后人在马克思主义思想史探索中积极而有限的努力。

其实,在最近正在进行的《回到马克思》第二卷的写作中,我再一次认真通读了马克思与恩格斯长达40年的通信。阅读这些历史信件,也使那些灰色的思想文本背后的生活场境浮现在眼前。出身高级律师家庭的马克思和作为贵族女儿的燕妮、有着资本家父亲的恩格斯,没有躺在父辈留下的富裕的生活之中,而是选择了为全世界受苦受难的无产阶级获得解放寻求光明的艰难道路。在那些漫长而黑暗的岁月里,马克思被各国资产阶级政府驱逐,作为德国的思想家却不能返回自己的家乡,这么大的世界竟没有一个革命者安静的容身之处。常人真的不能想象,马克思在实现那些我们今天追溯的伟大的思想革命时,每天都处于怎样的生活窘迫之中。在很长一段时间里,马克思写给恩格斯的大量信件都是这样开头的:"请务必寄几个英镑来",因为房租、因为债主逼债、因为孩子生病,甚至因为第二天的面包……这种令人难以想象的生活惨状,一直持续到《资本论》出版后才略有好转。而恩格斯则更惨。我经常在课堂上说一个让人笑不出来的"笑话":"恩格斯自己当资本家养活马克思写《资本论》揭露资本家剥削工人的秘密。"这是令人潸然泪下的悲情故事。当你看到,有一天恩格斯兴奋地写信告诉马克思:"今天我不用去事务所了,终于自由了",你才会体验到,什么叫伟大的牺牲精神。恩格斯自己有太多的事情要做,有无数未完成的写作计划,可是,为了马克思的思想革命和人类解放的事业,他义无反顾地放下了一切。马克思去世之后,为了整理出版《资本论》第二、三卷,自比"第二小提琴手"的恩格斯毫不犹豫地表示:"我有责任为此献出自己的全部时间!"[1] 这才是人世间最伟大的友谊。这是我们在学术文本中看不到的历史真实。研究马克思主义思想史,对我们来说,不应该是谋生取利的工具,而是为了采撷那个伟大事业星丛的思想微粒,正是由于这些现实个人的微薄努力,光明才更加耀眼和夺目。

本丛书获得了2022年度国家出版基金的资助,感谢参加评审的各位专家,也感谢南京大学出版社的领导和诸位辛劳的编辑老师。我希望,我们的努力不会让你们和读者们失望。

张一兵
2022年4月5日于南京

---

[1] 《马克思恩格斯全集》(第36卷),人民出版社,1975,第92页。

序言：应当深入探索马克思与19世纪英国社会主义运动的关系

马克思和英国，既有不解之缘，也有难解之疑。所谓不解之缘，是指马克思思想的形成与成熟都与英国密切相关：1845年7月、8月，马克思在恩格斯的陪同下前往英国考察，亲身感受了什么是最发达的资本主义、什么是规模化的工人阶级运动，思想得到彻底升华；1847年11月、12月，马克思和恩格斯一起前往伦敦参加共产主义者同盟第二次代表大会，接受委托"起草一个准备公布的理论和实践的党纲"，即后来的《共产党宣言》；1849年8月，马克思在两位革命友人的陪同下抵达伦敦，开始流亡生活，等待下一次革命高潮的来临以便重返欧洲大陆，但马克思没有料到的是，自己会终老英国，也正是在寓居英国的34年里，他的思想走向成熟，进而开始走向全欧洲、走向全世界！维多利亚时代的英国是世界上第一个完成工业革命的资本主义国家，是当时的"世界工厂"，拥有最大规模的工人阶级以及组织化程度非常高的社会主义运动。按照常理推断，英国应该非常适合马克思主义的传播。可实际情况是，马克思主义在英国的传播相当艰难、迟滞，直到1920年英国共产党成立后，这种状况才开始得到改变。有力促进了马克思思想形成和发展的英国，为什么没能成为传播马克思主义的沃土？

这是一个难解之疑。

21世纪初,我开始转向英国马克思主义研究,重点是1930年代以后英国马克思主义的形成与发展,尤其是1956年以后的英国新左派运动。我在研究中自然而然地遭遇马克思和19世纪英国这个难解之疑,曾顺带做了一些初步探索与思考。在我看来,之所以马克思主义未能在19世纪的英国获得较好的传播与发展,原因主要有四个。

第一,在马克思主义诞生之前,英国工人阶级就已经在斗争中自发形成了自己的政治意识和政治传统。这种政治意识和政治传统的形成受英国本土经验主义、功利主义、空想社会主义等思潮的影响,具有"非理智化和理论上的机会主义"特征,尽管它不够成熟、不够科学,但在实践中也能够为工人阶级运动提供必要的理论指导,从而在保持长期稳定的同时抑制了英国工人阶级对科学理论,即马克思主义的需求。就像马克思说的那样,"理论在一个国家实现的程度,总是决定于理论满足这个国家的需要的程度"。19世纪英国对科学的社会主义理论缺乏强烈的需要,这从根本上限制了马克思主义在英国的传播与发展。

第二,19世纪以后,改良主义压倒激进主义成为英国社会的主流意识形态,这在客观上限制了主张革命的马克思主义在英国的传播与发展。英国历史上也曾有过流血的暴力革命,高潮是1649年英王查理一世被送上断头台。但这仅仅是昙花一现,改良主义很快就占据了上风。到19世纪后半叶,改良主义已经决定性地压倒激进主义,成为包括英国工人阶级在内的英国社会的主流意识形态。在这种意识形态氛围中,主张革命的马克思主义自然处处受限。结果,直到1881年,英国才出现第一个马克思主义社团"社会民主联盟",但仅仅4年后就因为"改良还是革命"争论发生分裂，莫里斯、燕妮·马克思等坚定的马克思主义者退出该组织，成立新的组织"社会主义同盟"。然而，不管是"社会主义同盟"还是"社会民主联盟"以及后来的"独立工党"，马克思主义组织在19世纪英国的社会影响和政治影响都非常有限。

第三，英德两国之间风格迥异的哲学文化理论传统，为马克思主义在英国的传播设置了不小的障碍。尽管英国古典政治经济学是三大来源之一，但马克思主义归根结底是一种具有极强思辨性的德国思想，无论是在思维方式、论述方式还是在术语体系上，都与英国的经验主义传统大相径庭。例如，19世纪英国社会主义者海德门曾不无真诚地研究、宣传和翻译马克思的著作与思想，但他对马克思的阐释从根本上讲是一种英国式的"格义"，而他尝试翻译的《资本论》译文更是被斥责为"错误百出，令人发笑"。事实上，几乎是在马克思逝世50年后，英国学术界才能比较准确深入地把握马克思的思想，遑论19世纪的普通英国工人阶级群众？

第四，作为政治流亡者，马克思同英国社会主义运动的接触互动并不频繁。马克思寓居英国34年，积极致力于推动国际社会主义运动，不过，他接触互动多的还是（包括同样流亡英国的）欧洲大陆社会主义者，与近在咫尺的英国本土社会主义者的接触反倒相当有限。这是为什么呢？除了缺乏互动的思想基础、政治联系、人际纽带等，非常重要的一个原因就在于，马克思清楚地知道，作为主张无产阶级革命的无国籍政治流亡者，自己处于英国资产阶级政府的严密监控下，与英国本土社会主义者过于密切地联系，对双方都未必是好事。

曾经有一段时间，我很有一点雄心壮志，想彻底解答这个难解之疑，尤其是想厘清马克思和19世纪英国社会主义的关系，于是花费不少精力系统读了许多英国学者的著作，发现：这个领域存在马克思主义传统和工党理论传统两种不同话语的竞争,不管是研究成果的数量还是系统性,工党理论传统都占据上风;作为19世纪英国本土社会主义传统的20世纪继承人,工党理论传统非常自觉地站在马克思的对面来审视马克思和19世纪英国社会主义的关系,这种立场选择先在决定了其理论图景的构建。但很遗憾,紧张的既有研究计划不允许我太"任性",只能寄希望于假手他人来完成这一工作。我坚信,当代中国马克思主义理论界应当把这个问题讲清楚,也有能力把这个问题讲清楚。就在这个时候,陈挺进入南京大学跟随我攻读博士学位。一入学,我就建议陈挺考虑这个研究方向。陈挺当时不无顾虑:一是前期没有从事相关研究的经验,底气不足;二是国内相关研究开展得很不充分,学术积累少;三是国内一手文献少,工作难度大。不过,陈挺很快就决定接受挑战,把马克思和19世纪英国社会主义的关系作为自己的博士学位论文选题,经过三年奋战,交出了一份令我满意的答卷。2016年博士毕业后,陈挺回常熟理工学院工作,并在苏州大学从事博士后研究。几年来,他一直坚持深化研究,并借在英国访问研究之机,收集了许多新资料,不断修改完善博士学位论文。2020年4月,陈挺邮件发来一个喜讯,他的博士学位论文已经入选《马克思主义思想史研究丛书》,即将由南京大学出版社出版,希望我能为著作写一篇序言。我欣然同意!

我认为,陈挺的《马克思与19世纪英国社会主义思潮的关系研究》,是中国马克思主义理论界对马克思和19世纪英国社会主义关系问题的一次成功解答。本书具有以下三个特点:

第一,系统性。所谓系统不是也不应要求面面俱到,而是在分析和阐述的过程中能够做到条理清晰、层次分明、逻辑严整。该书通过思想史的系统梳理,成功地将19世纪英国社会主义思潮的演替同马克思思想的形成、传播和发展在历史与逻辑相统一的方法论层面紧密联系起来,进而从整体上把握住了两者在思想史结构中的逻辑关系及其变迁形态。

第二,论战性。论战的目的在于求真。该书始终以马克思主义的世界观和方法论为出发点,旁征博引、据理力争,同时秉持正本清源的态度,自觉同"工党理论传统"展开对话,用事实和科学的价值判断驳斥西方社会否定、贬抑和歪曲马克思主义的种种不实言论,还原并确证了马克思、马克思主义在19世纪英国社会主义思潮更新、发展过程中的客观历史地位。

第三,现实感。思想史研究往往因太专注于厘清思想本身的历史而忽视其应有的现实关怀功能。然而本书作者却能做到统筹兼顾,特别是在理解一些涉及主题的重大问题上,既注重提供充分的史学依据,又力求凸显强烈的实践指向。比如,在理解19世纪80年代英国社会主义者的马克思主义转向问题上,既能通过个性化的思想经历的比较介绍诸如海德门、莫里斯等人对马克思主义的不同看法,又解决了理论界长期以来对马克思逝世后19世纪英国社会主义运动缺乏客观评价的问题,等等。

对陈挺来说,本书的出版给他博士期间的研究工作画上了一个圆满的句号。我期望陈挺能够以此作为新的出发点,开拓新方向,继续积累创新,今后取得更多丰硕成果。

是为序。

张　亮

2020 年 6 月于南京

目 录

导　言 ... 001

上篇　19世纪英国社会主义思潮史

第一章　作为共有物的诸时空政治　043
第一节　工业革命的时空政治　044
一、资产阶级的工业革命观　044
二、19世纪英国社会主义的意识形态批判　046
三、马克思的"拜物教"批判　049
第二节　法国大革命的时空政治　055
一、一种研究法国大革命的新范式　055
二、19世纪英国社会主义观念图景中的"法国革命"　057
三、马克思解放政治框架中的法国大革命　061
四、正确认识"社会革命"的两种形式　066
第三节　思想文化传统的时空政治　068
一、自然法的奴隶与主人　069
二、理性主义的放逐与拯救　079
三、清教精神的遮蔽与解蔽　089

第二章　19世纪英国社会主义的历史嬗变　093
第一节　关于"起源"的历史唯物主义考察　093
一、反对一般的剥削和贫富对立的"起源"　096
二、反对资本主义的剥削和贫富对立的"起源"　097
第二节　19世纪英国社会主义的演替　099
第三节　19世纪英国社会主义的价值祛魅　105

中篇　马克思与1848年前的英国社会主义思潮

第三章　扬弃Ⅰ：马克思与罗伯特·欧文的学说　109
第一节　欧文其人　109
一、社会主义者欧文的历史形成　110
二、"面向实际"的思维方式　113
三、"英国共产主义的代表"　116
第二节　欧文学说的"三个论题"　121
一、"关于环境和教育起改变作用的唯物主义"　122
二、劳动阶级的政治经济学原则　126
三、理性社会制度的构想　134
第三节　马克思超越欧文共产主义学说的三重逻辑　136
一、从直观（经验）唯物主义到实践唯物主义　136
二、从"交换"的自然价值标准到物质生产的劳动力原理　137
三、从"理性的社会制度"到共产主义的制度安排　138

第四章　扬弃Ⅱ：马克思与"早期英国社会主义思潮"　144
第一节　李嘉图式社会主义及其思想史意义　145
一、从"贫穷和财富"到社会主义观的建构　146

二、"政治经济学批判"路径及其依据　　151

　　三、李嘉图式社会主义的思想史意义　　159

第二节　1848年前的宪章派社会主义及其思想史
　　　　地位　　163

　　一、"社会主义和宪章主义的融合"　　163

　　二、从"革命前"到"革命时期"　　166

　　三、1848年前的宪章派社会主义的核心要义
　　　　及思想史地位　　169

第三节　"早期英国社会主义思潮"的扬弃　　170

　　一、从劳动价值论的形式批判到剩余价值论的
　　　　实质批判　　170

　　二、夺取政权：从话语逻辑到实践逻辑　　176

下篇　马克思与1848年后的英国社会主义思潮

第五章　反哺Ⅰ：马克思与1848年后的宪章派社会主义　　185

第一节　1848年后的宪章派社会主义　　185

第二节　宪章派左翼的崛起　　187

　　一、从觉醒到积极宣传马克思主义　　187

　　二、从纯政治要求到政治与经济要求并举　　189

　　三、从"左翼革命叙事"到工人运动的国际联合　　191

第三节　正确认识宪章派社会主义传统的"复活"　　193

第六章　反哺Ⅱ：海德门与马克思、马克思主义　　196

第一节　海德门其人　　197

第二节　"最终走向社会主义"　　204

　　一、劳工马克思主义的胜利　　205

二、通往社会主义的"两个阶段"　　206
　　三、"在英国传播马克思主义的先驱"　　209
第三节　经验主义的马克思主义　　211
　　一、激进主义与"革命"马克思主义　　211
　　二、实证主义与"科学"马克思主义　　215
　　三、精英主义与"政治"马克思主义　　220

第七章　反哺Ⅲ：威廉·莫里斯与马克思主义　　225
第一节　莫里斯其人　　226
第二节　"成为"社会主义者　　233
　　一、社会主义转向：从言说的事实到"事实"的言说　234
　　二、"革命的国际社会主义"和"莫里斯传统"　　239
　　三、"第一个英国马克思主义者"　　254
第三节　"感情用事的社会主义"　　260
　　一、马克思主义的实质出离　　261
　　二、从"革命社会主义"走向"民主"共产主义　　265
　　三、共产主义叙事的乌托邦特征　　268

结　论　　273
主要参考文献　　282
后　记　　299

导　言

20世纪60年代,英国第二代新左派的主要理论旗手佩里·安德森[1]在评论以爱德华·帕尔默·汤普森[2]为代表的第一代新左派的政治立场和理论观点时认为,"社会主义人道主义"是一种"前社会主义"或"民粹主义"[3],因为其过分拘泥于从英国本土的

---

[1] 佩里·安德森(Perry Anderson,1938—),英国当代著名的马克思主义历史学家、第二代新左派理论家。加州大学洛杉矶分校历史和社会学教授,曾任国际左翼核心期刊《新左派评论》的主编。主要代表作有《绝对主义国家的系谱》(1974)、《从古代到封建主义的过渡》(1974)、《西方马克思主义探讨》(1976)、《英国马克思主义的内部争论》(1980)、《当代西方马克思主义》(1984)、《交锋地带》(1992)、《后现代性的起源》(1998)、《思想的谱系——西方思潮左与右》(2005)以及《美国外交政策及其思想者》(2015)等。

[2] 爱德华·帕尔默·汤普森(Edward Palmer Thompson,1924—1993)是英语世界有史以来最伟大的马克思主义历史学家、20世纪英国最重要的马克思主义者和社会主义者之一,英国第一代新左派理论家。主要代表作有《威廉·莫里斯:从浪漫主义到革命者》(1955)、《英国工人阶级的形成》(1963)、《理论的贫困及其他论文》(1978)以及《共有的习惯》(1991)等。汤普森详细的生平、思想和政治活动参见:Bryan D. Palmer, *The Making of E. P. Thompson: Marxism, Humanism, and History*(New Hogtown: New Hogtown Press, 1981); Lin Chun, *The British New Left*(Edinburgh: Edinburgh University Press, 1993); Michael Kenny, *The First New Left: British Intellectuals after Stalin*(London: Lawrence & Wishart, 1995);张亮:《阶级、文化与民族传统——爱德华·P.汤普森的历史唯物主义思想研究》,江苏人民出版社,2008,第3—23页;安德森:《纪念:爱德华·汤普森》,佩里·安德森《思想的谱系——西方思潮左与右》,袁银传、曹荣湘等译,社会科学文献出版社,2010,第213—226页。

[3] Anderson, "The Left in the Fifties," *New Left Review* 29(Jan.-Feb. 1965): 17.

劳工运动史中寻找社会主义的未来。接着,安德森尖锐地指出,英国社会主义的根本出路在于引入欧洲大陆科学的革命的马克思主义。[1] 暂且不论其中的是非曲直[2],一个不争的事实是:由于安德森的这一评论,19世纪英国社会主义同马克思、马克思主义的关系问题得以凸显,进而作为马克思主义思想史研究的重要问题之一在这里被讨论。

以马克思与19世纪英国社会主义思潮的关系为主线来研究思考,就能解答科学社会主义形成、传播和发展过程中与19世纪英国社会主义运动之间许多无法理解的问题了。比如说,怎样理解恩格斯1844年《英国工人阶级状况》对罗伯特·欧文(Robert Owen, 1771—1858)的评价与30多年后《反杜林论》对他所做的评价前后大不相同?为什么1848年后的宪章派社会主义没有因为宪章运动的失败而宣告破产,相反却在理论和实践上出现了令人惊异的复兴?这与19世纪80年代英国社会主义出现的短暂复兴是否具有内在的联系?为什么英国没有走上马克思所期待的社会主义道路?所有这些问题,如果不放在马克思与19世纪英国社会主义思潮的关系视域中进行观照,是得不出合理的解释的。

此外,将两者的关系与同时期马克思和法国、德国以及其他一些国家社会主义思潮之间的关系进行横向比较,我们发现许多不同的地方。这更加坚定了本书以马克思与19世纪英国社会主义思潮的关系为研究主题,在此基础上深入探讨马克思主义思想史

---

[1] Wade Matthews, "The Poverty of Strategy: E. P. Thompson, Perry Anderson, and the Transition to Socialism," *Labour* 50(Fall 2002):224.

[2] 相关讨论参见张亮:《阶级、文化与民族传统——爱德华·P. 汤普森的历史唯物主义思想研究》,江苏人民出版社,2008,第135—140页;刘耀辉:《爱德华·汤普森与佩里·安德森:英国新左翼内部的争论》,《马克思主义与现实》,2016年第6期第92—101页。

的早期形成和发展，以期在马克思思想的起源、传播和发展的问题上取得新进展。

对马克思与19世纪英国社会主义思潮的关系进行研究，缘于《共产党宣言》发表以来，学术界对科学社会主义或"科学的"社会主义和共产主义，与空想社会主义或"非科学的"社会主义和共产主义之间，是否存在肯定或否定的关系的自识与反思。事实上，这种看似带有强烈本质直观意味的意识行为往往还与不同的政治立场纠缠在一起，进而削弱了理解这一命题的统一的思想史线索。尽管如此，我们还是发现至少存在这样三个相对独立的理论传统：反马克思主义传统、马克思主义传统和新左派传统。

首先是以西方右翼学者、政党等为代表的反马克思主义传统。1884年费边社的成立，标志着这一传统的形成。之后，它在很长一段时间内主导了英国本土的工人运动史特别是社会主义思想史的研究。出于维护资产阶级的统治利益以及为资本主义辩护的目的，反马克思主义传统一向认为：19世纪英国社会主义思潮本身是一个自足的话语和实践体系，与马克思、马克思主义没有必然的联系。基于此，这种传统的发明，要么立足于忽视或贬低马克思的存在及其价值，要么依赖于夸大或拔高19世纪英国社会主义思潮对马克思、马克思主义的"贡献"。

德国社会民主党右翼分子马克斯·比尔[1]的《英国社会主义史》(上、下卷)的写作较早因应了这一传统。比尔通过所谓思想史的梳理，向我们展示了二战前英国历史发展各个阶段形形色色的

---

[1] 马克斯·比尔(Max Beer, 1864—1943)，德国社会主义报纸 *Vorwärts* 的伦敦记者，英国和国际社会主义历史学家。出生于加利西亚(今属波兰东南境)的一个小镇，1889年移民到德国。主要代表作是《英国社会主义史》(1920)、《反马克思主义的复兴》(1921)以及《〈共产党宣言〉的故事》(1921)等。

社会主义思潮及其自洽的体系。但正如该书中译本的推荐者张仲实先生所言,"本书对于科学共产主义——马克思主义产生的历史意义根本未提;对于它的各个组成部分仅作了简短而且不一定正确的解释,对于马克思——特别是对恩格斯在英国的革命活动都没有详细叙述,更谈不到分清科学共产主义和各种社会主义流派,分清马克思、恩格斯和机会主义者的界限了"[1]。然而,《宗教与资本主义的兴起》的作者 R. H. 托尼[2]却认为,比尔的"作品不是某一宗派或某一政党的编年史,而是一种道德和理智运动的分析"[3]。紧接着,他还指出:

> 某些人常提出,资本主义工业的策源地(指英国——译者)在那位德国逃亡者(指马克思——译者)没有从英国博物馆中发掘出落满灰尘的蓝皮书以前根本没有阐明社会主义的作品。……这种说法是不符合事实的。当初马克思自己也很知道,英国的土产社会主义,除了法国给予一切创造思想的鼓舞之外,并没有接受国外的影响。斯宾士、奥吉耳维和潘恩是农村改革者(当然潘恩的工作决不限于这一点),已故的布朗

---

[1] 马克斯·比尔:《英国社会主义史》(上卷),何新舜译,商务印书馆,1959,序言第13页。

[2] 理查德·亨利·托尼(Richard Henry Tawney,1880—1962),出生于印度加尔各答,在英国拉格比接受教育,后入牛津大学巴利奥尔学院,是英国伦理社会主义的重要代表,费边社成员,工党的思想导师之一,"唯一一位真心诚意地关心社会改良的人"。其主要著作包括《16世纪的土地问题》(1912)、《贪婪的社会》[又译《近代工业社会的病理》(1920)]、《宗教与资本主义的兴起:一项历史的研究》(1926)、《中国的土地和劳工》(1932)、《攻击和其他论文》(1953)以及《论平等》(1964)等。托尼详细的生平、思想及政治活动参见:Norman Dennis and A. H. Halsey, *English Ethical Socialism: Thomas More to R. H. Tawney*(Oxford: The Clarendon Press, 1988),pp. 149 - 169;Ross Terrill, *R. H. Tawney and His Times: Socialism as Fellowship*(Amherst: University of Massachusetts Press, 1973),pp. 21 - 117.

[3] 马克斯·比尔:《英国社会主义史》(上卷),何新舜译,商务印书馆,1959,第6页。

先生在他的"英国历史中的法国革命"一书中对于这些人都有独到的叙述。葛德文是一位无政府主义者；查理·霍尔与其说是一个社会主义者，毋宁说是以保守的态度抨击资本主义的批评家。格雷、汤普森、霍季斯金和布雷的著作早在"共产党宣言"发表前二十多年就已奠定了社会主义思想的基本路线。[1]

这只能说明，在对待马克思、马克思主义的态度上，托尼与比尔的立场是完全一致的。对此，我们还可以从亚当·B. 塞利格曼（Adam. B. Seligman）的《托尼的世界及其学术成就》中得到进一步确证。

事实上，他明确拒绝了工党内部更为马克思主义的思潮，例如 H. M. 海德曼（Hydman）和社会民主联盟所提出的思想。托尼认为，马克思主义具有它想医治对象的同样毛病［用卡尔·克劳斯（Karl Kraus）关于心理分析的术语］。马克思主义把物质考虑当作人的生活、希望和潜力的基本内容，这样就把人给贬低了。托尼曾经提道："马克思主义的社会主义者不够革命。"[2]

无独有偶，第二代费边社成员 G. D. H 柯尔[3]多卷本的《社会

---

1 马克斯·比尔：《英国社会主义史》（上卷），何新舜译，商务印书馆，1959，第 8 页。
2 R. H. 托尼：《宗教与资本主义的兴起》，赵月瑟、夏镇平译，上海译文出版社，2006，学报版导言第 5 页。
3 乔治·道格拉斯·霍华德·柯尔（George Douglas Howard Cole, 1889—1959），牛津大学教授，新费边研究社（1931）的发起人，是继韦伯夫妇、萧伯纳等人之后的第二代费边社会主义史学家和反对派经济学家。（参见玛格丽特·柯尔：《费边社史》，杜夏安等译，商务印书馆，1984，第 215—221 页。）柯尔的主要著作包括：《劳工世界》（1913）、《罗伯特·欧文生平》（1930）、《费边社会主义》（1943）、《社会主义思想史》五卷本（1953—1960）以及《今日资本主义》（1957）等。

主义思想史》的写作立场也如出一辙。在谈到马克思主义创始人及其学说时,同样"多次贬抑、诽谤、歪曲马克思、恩格斯以及他们所创立的科学社会主义,阉割其革命精神,甚至用心恶毒地将马克思、恩格斯和马克思主义同形形色色的机会主义派别、资产阶级思想家相提并论,把马克思主义仅仅列为一家之言"[1]等等。

关于费边社及其成员的资产阶级反动性质,恩格斯早有定论:

> 费边派是一伙野心家……他们的策略:不是把自由党人当做敌人同他们进行坚决的斗争,而是推动他们作出社会主义的结论,也就是哄骗他们,用社会主义渗透自由主义,不是用社会主义候选人去同自由党人相抗衡,而是把他们硬塞给自由党人,强加给自由党人,也就是用欺骗手段使自由党人接受他们。费边派这样做不是自己被欺骗,被愚弄,就是欺骗社会主义,这当然是他们所不了解的。……他们之所以疯狂地仇视马克思和我们大家,就是因为阶级斗争问题。[2]

在这个问题上,列宁和第二国际早期的许多领导人都是站在恩格斯一边的。在《英国的和平主义和英国的不爱理论》一文中,列宁这样说道:

> 最完整地体现了机会主义和自由派工人政策的,无疑是"费边社"。读者如果翻阅一下马克思和恩格斯同左尔格的通信集(有两种俄译本),就会看到恩格斯对这个团体所作的出

---

[1] G.D.H.柯尔:《社会主义思想史》(第1卷),何瑞丰译,商务印书馆,1977,第1—2页。
[2] 《马克思恩格斯文集》(第10卷),人民出版社,2009,第643—645页。

色的评价,他把悉尼·维伯先生及其一伙看作一帮想腐化工人、想以反革命思想影响工人的资产阶级骗子。可以担保,第二国际中任何一个稍微重要的和有影响的领导者都不仅从来没有试图推翻恩格斯的这个评价,甚至从来也没有怀疑过它的正确性。[1]

受到两位革命导师,尤其是授业导师埃瑞克·霍布斯鲍姆[2]的影响,唐纳德·萨松博士在《欧洲社会主义百年史》中进一步提出:

> 费边社是一个完完全全的中产阶级知识分子组织,主要继承了英国激进功利主义传统,它从一开始就不是马克思主义的组织,而且反对建立独立的社会主义政党。……它坚决站在那些想要支持进步的"资产阶级"改良的社会主义者一边。正如伯恩斯坦一样,他们不相信资本主义不可避免地崩溃的结论:"费边社因此请求那些期望发生重大历史性危机的社会主义者,加入到其他的组织中去。"[3]

当然,这里更需要我们去深究:费边社会主义是如何对待马克

---

[1] 《列宁全集》(第26卷),人民出版社,1998,第278—279页。

[2] 埃瑞克·霍布斯鲍姆(Eric Hobsbawm,1917—2012),英国著名的马克思主义史学家,第一代英国新左派成员,主要著作包括:年代四部曲《革命的年代》(1987)、《资本的年代》(1987)、《帝国的年代》(1987)、《极端的年代》(1994),自传《趣味横生的时光》(2002)、遗作《断裂的年代》(2013)以及《原始的叛乱》(1959)、《传统的发明》(1992)、《工业与帝国》(1999)、《1780年以来的民族和民族主义》(2012)和《如何改变世界:马克思和马克思主义的传奇》(2011)等。

[3] 唐纳德·萨松:《欧洲社会主义百年史》(上册),姜辉、于海青、庞晓明译,社会科学文献出版社,2008,第18页。

思主义的？关于这一点,其实我们在很多研究费边社会主义思潮的文献中都能找到一些蛛丝马迹。但是,还没有一份文献像台湾学者张明贵的《费边社会主义思想》那样说得更清楚的了。在该文献的绪论部分,作者以立论"假设"的形式直言不讳地指出:

> 费边社会主义思想是典型的英国中产阶级知识分子的见解与主张。……一方面支持自由主义激进派的某些政治信仰,一方面吸收马克思主义的部分历史观念,而强调功利主义的传统,排斥马克思主义的阶级斗争学说与暴力革命主张以及以劳动价值说为基础的剩余价值说。[1]

很显然,作为一种主张社会改良的资产阶级激进主义学说,费边社会主义的内容没有超出马克思恩格斯在《共产党宣言》中界定的"空想社会主义"的范畴体系。进一步说,费边社会主义不是别的什么新奇的社会主义,只是英国曾经流行的欧文学说的跨时代变种而已。所不同的是,费边社会主义开创了一种反马克思主义的"费边传统"。有意思的是,由于获得了相当一部分人的追随,这种传统变得更加名副其实了。

下面我们就来看看,作为"费边传统"的重要继承人,在西方颇具影响的约瑟夫·熊彼特[2]是何以凭借其杜撰的"费边主义精神

---

[1] 张明贵:《费边社会主义思想》,五南出版股份有限公司,2003,第10页。

[2] 约瑟夫·熊彼特(Joseph Schumpeter,1883—1950),哈佛大学经济学教授,美国当代资产阶级经济学界的领军人物之一,近代资产阶级经济学大师庞巴维克、瓦尔拉、马歇尔等人的嫡系传人,曾以党外"经济专家"身份,任德国社会民主党的"社会化委员会"的顾问,该委员会的领导人是考茨基、希法亭等。熊彼特的主要著作包括《经济发展理论》(1912)、《商业循环:资本主义过程的理论的、历史的和统计的分析》(1939)、《资本主义、社会主义与民主》(1942)以及自后由他夫人伊丽莎白编辑出版的《经济分析史》(1954)等。

说"来理解和阐释费边社会主义的。在《资本主义、社会主义与民主》一书中,熊彼特故弄玄虚地指出:

> 费边型的社会主义努力,在任何别的时间不能算是一回事,但它在1914年以前的30年间有很大的价值。因为在那期间各种事物和人的思想适合并乐于接受这种信息,不需要比它保守或比它激进的思想。整理和组织现存的思想是使每种可能性变成清楚易懂政策所必要的,正是费边社成员以最勤奋、最实际的态度在做这个"组织整理"工作。他们是改革者,时代精神使他们成为社会主义者。他们是真正的社会主义者,因为他们的目标在致力于社会的根本性重建,最终使经济管理成为公共事务。他们是志愿的社会主义者,因此他们在任何早期阶段必然被划为马克思主义者观念中的空想社会主义者。但他们有等待他们的目标,所以以上看法所涉的含义并不符合他们的情况。从他们的观点来看,以空谈革命和阶级斗争使资产阶级那个猎物意识到危险是十足的疯狂。惊醒阶级觉悟正是他们想要避免的事情,至少在开头是如此,因为这将使他们的原则不可能和平而有效地传遍整个资产阶级社会的政治和行政机构。当事物足够成熟时,他们就毫不犹豫地帮助建立独立工党,遂即与1900年的劳工代表委员会合作,并展开工会的政治活动,促使进步党在伦敦市议会里提出自己的路线,首先宣传在市里实行社会主义,然后宣传在全国实行社会主义,最后倡导苏维埃制度的优点。[1]

---

[1] 约瑟夫·熊彼特:《资本主义、社会主义与民主》,吴良健译,商务印书馆,2011,第468页。

这里，熊彼特极力将自己装扮成社会主义的同情者，俨然是一个"超然的观察家"。但是，在马克思主义与"费边传统"的选项面前，熊彼特毫不犹豫地选择了后者。下面的表述清楚地表明了这一点：

> 因此，这样说可能是正确的，在阶级斗争问题上也像在其他问题上一样，费边主义正好与马克思主义站在对立面上；也可以这样认为，费边社成员在某种意义上说是比马克思本人更好的马克思主义者。集中注意于实际政治范围内的问题，与社会事物进化的步调保持一致地前进，暂且不问最终目标，这些实际上要比马克思本人任意嫁接在他基本理论上的革命思想意识更符合他的基本理论。对资本主义的迫在眉睫的灾变不抱幻想，理解社会主义化是缓慢的过程，这个过程往往能改变社会上所有阶级的态度，甚至能琢磨出基本学说的优越性。[1]

此外，值得引起注意的是，在谈论马克思之前的早期社会主义者的是非功过时，熊彼特还发明了旨在混淆视听的社会主义"未成年期"的概念。在他看来，马克思的成就"只是总结了几个世纪（社会主义）未成年期的发展"。进一步说：第一，不被马克思主义者重视的许多早期社会主义思想家，"不是完全生活在云端上"，"他们的信仰在正统社会主义者眼中不管如何低贱，但推进社会主义的力量许多来自由他们呼喊出来的那些饥饿——而不贪婪——的

---

[1] 约瑟夫·熊彼特：《资本主义、社会主义与民主》，吴良健译，商务印书馆，2011，第469页。

灵魂的非理性渴望"[1]。第二,未成年期的社会主义思想家,如威廉·汤普森等人精心阐述的劳动价值学说"改进了当时的理论,对马克思大有好处"[2]。第三,未成年期社会主义者与阶级运动也有密切的联系,"乌托邦社会主义与'科学'社会主义只是程度上的不同,不是性质上的迥异"[3]。基于此,熊彼特得出了在他看来"非常重要的一点":

> 断言朝向社会主义的趋势和它与现存的或潜在的社会力量源泉有永久性的接触——建立社会主义的两个必要的严肃的政治要素——的学说肯定是在19世纪中叶的逻辑上不是唯一可能的方式建立起来的。……更难相信马克思主义指派给无产阶级在社会戏剧大变动中的任务。如果转变是渐进的,无产阶级要做的事情极少。如果发生伟大革命,无产阶级只能被说服被恐吓表示同意。矛头由知识分子在半犯罪暴民支持下组成。马克思对这个问题的想法只能是"空想"。[4]

相反,"未成年期"的社会主义者,

> 对政府和对无产阶级以外各阶级的期望要比马克思看来较少幻想性、较多现实性。因为国家,它的官僚机构以及管理

---

[1] 约瑟夫·熊彼特:《资本主义、社会主义与民主》,吴良健译,商务印书馆,2011,第446页。
[2] 约瑟夫·熊彼特:《资本主义、社会主义与民主》,吴良健译,商务印书馆,2011,第447页。
[3] 约瑟夫·熊彼特:《资本主义、社会主义与民主》,吴良健译,商务印书馆,2011,第446—447页。
[4] 约瑟夫·熊彼特:《资本主义、社会主义与民主》,吴良健译,商务印书馆,2011,第448—449页。

政治机器的集团,对于寻找社会力量源泉的早期社会主义者看来是有光明前景的。现在应该清楚,他们很可能有和群众相同的"辩证的"必然性走上所想望的方向。而且,我们称为费边社会主义的资产阶层的赘疣也是有启发意义的。马克思所选择的社会动力就这样产生了一种特殊情况,这种情况虽然实际上极为重要,但在逻辑上与正统社会主义者眼中属于骗局和异端的其他情况一模一样。[1]

我们看到,熊彼特制造的"未成年期社会主义"的概念,企图通过同质化科学社会主义与空想社会主义,达到贬低和否定科学社会主义的目的。此种穷途伎俩,可谓煞费苦心。然而,即使熊彼特自己也承认,"未成年期社会主义与阶级运动的关系是偶然性的,一般说来不是根本原则,阶级运动与马克思及马克思以后社会主义的关系,显然是根本原则性的"[2]。

事实上,马克思的社会主义之所以是科学,并不仅仅因为它只知道批判空想社会主义,如卢卡奇(Lukács György, 1885—1971)说的那样,"空想主义者们能够清楚地看到应该作为出发点的形势。他们之所以是空想主义者,是因为他们把这种形势只看作一种事实,或至多是要求解决的问题,但未能认识到这个问题本身既包含着解决办法,又包含着导致解决办法的途径"[3],而且还由于它清楚地知道实现自身的具体步骤,这是一个"被包融到行动的活

---

[1] 约瑟夫·熊彼特:《资本主义、社会主义与民主》,吴良健译,商务印书馆,2011,第449—450页。
[2] 约瑟夫·熊彼特:《资本主义、社会主义与民主》,吴良健译,商务印书馆,2011,第447页。
[3] 卢卡奇:《历史与阶级意识——关于马克思主义辩证法的研究》,杜章智、任立、燕宏远译,商务印书馆,1996,第386页。

生生的辩证法",用马克思《法兰西内战》(1871)的话来说：

> 他们知道,为了谋求自己的解放,并同时创造出现代社会在本身经济因素作用下不可遏制地向其趋归的那种更高形式,他们必须经过长期的斗争,必须经过一系列将把环境和人都加以改造的历史过程。工人阶级不是要实现什么理想,而只是要解放那些由旧的正在崩溃的资产阶级社会本身孕育着的新的社会因素。工人阶级充分认识到自己的历史使命,满怀完成这种使命的英勇决心,所以他们能够笑对那些摇笔杆子的文明人中之文明人的粗野谩骂,笑对好心肠的资产阶级空论家的训诫。[1]

所以,除了博得资产阶级空论家的名头之外,熊彼特"那一套无知的陈词滥调和顽固的宗派主义谬论",不可能改变资本主义被社会主义取代的历史命运,更不可能改变历史最终由无产阶级来书写的全人类的命运。要知道"任何能够领导社会革命的阶级,其阶级利益必须这样那样地要同人类的普遍利益相吻合,……无产阶级能够始终保持和人类利益的一致并通过其自身的革命而加速和最终导致人类的普遍解放"[2]。

相比熊彼特,英国工党理论家安东尼·克罗斯兰的做法,似乎有过之而无不及之处。比如,在其成名作《社会主义的未来》一书中,我们看到,克罗斯兰不仅将马克思主义与费边社会主义相提并论,而且还为否定马克思主义及其历史制造了修正主义"令人尊敬

---

[1] 《马克思恩格斯选集》(第3卷),人民出版社,2012,第103页。
[2] 孙伯鍨、曹幼华等:《西方"马克思学"》,江苏人民出版社,1992,第273页。

的"假象。

在社会主义思想史上,最为"传统的",就是对旧理论的坚决抛弃。马克思就曾经不遗余力地对之前颇有市场的乌托邦社会主义和欧文主义的社会主义进行批判。费边主义者尽管文笔不是那么犀利,但是他们对马克思的抛弃与马克思对 R. 欧文的抛弃一样激烈。他们都没有怎么借鉴前人的理论成果。因此,从过去的历史看,修正主义是令人尊敬的;而且修正的越多,传统教条越是显得不合时宜,这一常识性观点不应该被视为异端邪说。[1]

真实的情况恰恰相反,历史上的修正主义不但不可取,而且往往是对事实的反动。关于这一点,熟悉第二国际后期(尤其是1895 年恩格斯逝世后)历史的人们都知道。在这里,克罗斯兰对马克思(学说)的理解依然是一种修正主义,而且应该说,与列宁在《马克思主义和修正主义》(1908)里明确批判过的机会主义的修正主义或称为"来自右面的修正主义"[2]同属一类。要知道,在对待前人的理论成果的问题上,马克思更多的是批判地借鉴而不是全盘否定。在同样是对待前人的欧文主义的社会主义问题上,马克思倾注了大量的心血加以批判改造,是为了辩证地扬弃而不是所谓"激烈的"抛弃。

---

[1] 安东尼·克罗斯兰:《社会主义的未来》,轩传树、朱美荣、张寒译,上海人民出版社,2011,第 60 页。
[2] 《列宁选集》(第 2 卷),人民出版社,2012,第 8 页。

就此而言,波兰右翼学者莱泽克·科拉科夫斯基[1]要比克罗斯兰明智得多。他并不认同修正主义的态度,而是致力于深入事物内部去弄清楚马克思与欧文的相通之处、原则分歧等等。在《马克思主义的主要流派》(第 1 卷)中,科拉科夫斯基如是说道:

> 欧文本人没有讨论这个问题,他只关心与其社会计划有直接关系的哲学,甚至满足于从启蒙运动传统中得出的一般公式。他没有讨论阶级意识的作用。与大多数社会主义体系的创立者一样,他倾向于使自己扮演历史过程中的世界创造者的角色。这是欧文的社会主义与马克思主义的主要不同点,是诸如关于经济改革和政治改革各自作用之类的重要分歧的根源。马克思同意欧文和其他一些人的观点,认为在社会主义社会中,国家统治人的权力最终将被管理事务即生产过程的管理所取代。但是,马克思强调这只在政治大变革后才能实现。[2]

或许正是受到科拉科夫斯基的启发,伊恩·唐纳奇(Ian Donnachie)指出,"相比马克思,欧文被认为是社会制度(Social

---

[1] 莱泽克·科拉科夫斯基(Leszek Kolakowski,1927—2009),出生于波兰拉多姆,是当代著名哲学家、东欧新马克思主义代表人物。主要作品有《理性的异化——实证主义思想史》(1966)、《走向马克思主义的人道主义——关于当代左派的文集》(1967)、《马克思主义主要流派》(三卷本,1976—1978)、《形而上学的恐怖》(1988)、《经受无穷拷问的现代性》(1990)以及《自由、名誉、欺骗和背叛——日常生活札记》(1999)等。有关科拉科夫斯基的详细生平、思想及其评价,可参考衣俊卿、唐少杰:《一部富有争议的马克思主义史》,科拉科夫斯基:《马克思主义主要流派》(三卷本),黑龙江大学出版社,2015,第 1—28 页。

[2] 莱泽克·科拉科夫斯基:《马克思主义主要流派》(第 1 卷),唐少杰、顾维艰、宁向东译,黑龙江大学出版社,2015,第 201 页。

system)的推动者而不是从 19 世纪晚期开始被理解为社会主义意识形态的倡导者"[1]。如是,那么暂且不论其他,相比修正主义的非理性主义,科拉科夫斯基的理性主义处理方式要相对可取得多。此外,尽管我们知道,科拉科夫斯基后期转到了马克思主义的对立面,但他在探讨诸如马克思主义思想形成的问题上对基本历史事实的遵守是值得肯定的。

除了"费边传统"的线索之外,西方"马克思学"的线索也是我们这里所依凭的一个重要方面。所谓西方"马克思学",一般是指资本主义世界 20 世纪 50 年代末兴起的"专门用来歪曲和怀疑共产党政权所追循的政策和实践是不合理的、非实际的或者同马克思原来思想不一致的"一股重新研究马克思思想的学术潮流。[2] 我们认为,这种研究虽然体现着学院化、学理化的外部特征,但内部却充斥着贬低和歪曲马克思、马克思主义的意识形态化倾向,是一种"具体化"了的因而更为隐蔽的反马克思主义呈现。比如,乔治·里希特海姆[3]的马克思思想、马克思主义研究。

第一,在马克思社会主义思想的"起源"问题上,对 19 世纪英国社会主义思潮的价值重估。这主要体现在《社会主义的起源》一

---

[1] Ian Donnachie, "Robert Owen: Reputations and Burning Issues," in Noel Thompson and Chris Williams, *Robert Owen and His Legacy* (Wales: Wales University Press, 2011), pp. 13 - 31.

[2] 参见张亮:《西方"马克思学"的兴起、演化与终结》,《福建论坛》(人文社会科学版),2006 年第 4 期第 42—45 页。

[3] 乔治·里希特海姆(George Lichtheim,1912—1973),当代英国享有盛名的"马克思学"学者。作为历史学家,他的"马克思学"研究批判了以苏联为代表的"马克思主义正统意识形态";作为"马克思学"学者,他的历史学研究在英美学界一定程度上起到了宣传、介绍马克思主义的作用。里希特海姆的主要著作有《马克思主义史批判》(又译《马克思主义:一种历史的批判的研究》,1961)、《意识形态概念及其他论文》(1967)、《社会主义的起源》(1969)、《从马克思到黑格尔》(1971)以及《20 世纪的欧洲》(1972)等。里希特海姆的主要思想参见吴晓明主编:《当代学者视野中的马克思主义哲学西方学者卷》(下),北京师范大学出版社,2011,第 195—220 页。

书中。比如,在该书第二部分第 8 节"李嘉图式社会主义者"里面,里希特海姆指出,在社会主义思想史上,李嘉图式社会主义者之所以被视为前马克思主义者,正是因为马克思通过他们才最终有效利用李嘉图学说实现了对资本主义的历史性认知,因此先驱者有其独特的地位,即他们在马克思之前独自开拓了一片处女地,并且在某些方面超越了马克思。[1] 较之前者,《马克思主义的起源:四个讲座》(The Genesis of Marxism: Four Lectures)的作者 R. N. 伯尔基[2]在这一点上倒是道出了实情,"在一定意义上,我们可以说李嘉图社会主义者——在他们对资本主义的理解和批判上至少——几乎到达了马克思主义的门口。他们的表达、对源自古典经济学的术语和概念的使用,预示了马克思的论点"[3]。"但是,可以肯定地说,这些社会主义的激进思想的遗产仅仅是附属于马克思主义的外在'形式',或者说远不及这个形式。"[4]

第二,在英国社会主义的"发展"问题上,对马克思主义的价值重估。这主要体现在《马克思主义史批判》一书中。比如,在该书第三部分第 4 节"第一国际"里面,里希特海姆给予马克思起草的《国际工人协会成立宣言》异乎寻常的"重视"。他先是强调指出,1864 年英国工联领导人认可的一份文件(即《国际工人协会成立

---

[1] George Lichtheim, *The Origins of Socialism* (London: The Lowe & Brydone Ltd Press, 1969), p. 129.
[2] 罗伯特·兰多·伯尔基(Robert Nandor Berki, 1936—),英国知名政治学学者,主要著作包括《社会主义(现代意识形态丛书)》(1975)、《政治思想史:一个简短的介绍》(1977)、《论政治现实主义》(1981)、《远见卓识:马克思思想中的共产主义问题》(1983)、《安全与社会:法律、秩序与政治的思考》(1986)以及《马克思主义的起源:四个讲座》(1988)等。
[3] R. N. 伯尔基:《马克思主义的起源》,伍庆、王文扬译,华东师范大学出版社,2007,第 123 页。
[4] R. N. 伯尔基:《马克思主义的起源》,伍庆、王文扬译,华东师范大学出版社,2007,第 99 页。

宣言》——引者注)复活了宪章派传统的某些方面,而后又高调地指出,马克思的这个宣言同时"预示了后来的'民主社会主义'"[1]。显然,里希特海姆在这里犯了同"修正主义"一样的主观主义错误,最终使自己走上了污名化马克思主义的不归路。

反马克思主义传统,拒绝承认马克思思想、马克思主义的合法性和科学性,拒斥一切科学社会主义的理论和实践,进而从根本上关闭了通往客观、公正研究马克思和19世纪英国社会主义思潮关系的大门。所以,我们必须把目光转移到与此截然相反的另一种理论传统——马克思主义传统。

其次是以苏联、英共和中国的理论界为代表的马克思主义传统。1878年《反杜林论》的发表,标志着这一传统的确立。之后,"马克思主义传统"成为国际共产主义政党和社会主义国家研究马克思主义发展史,尤其是社会主义发展史的出发点和根据。该传统认为,从整体上看,科学社会主义的"介入",是引起19世纪英国社会主义思潮发生变迁的一个基本事实。[2] 基于此,如果说1848年至1900年间的英国社会主义思潮受到马克思主义的影响,那是逻辑的必然,也是历史现实的客观反映。

第一,恩格斯《反杜林论》的文本奠基。

(1) 基于马克思在哲学和政治经济学领域取得的两个重大突破,反思了"以往的社会主义"的缺陷,系统阐明了马克思主义的合法性和科学性。《反杜林论》引论部分指出:"唯物主义历史观和通

---

[1] George Lichtheim, *Marxism, a Historical and Critical Study* (London: Routledge and Kegan Paul, 1964), p. 103.

[2] 这一事实,包含但不等于英国社会主义者海德门1884年发表的《社会主义和奴隶制》开头部分的"自我确证",因为海德门这里的理解只是个体经验层面的,即在他那里,认识对象和现实对象是直接同一的。[参见 H. M. Hyndman, *Socialism and Slavery* (London: The Modern Press, 1884), p. 2.]

过剩余价值揭开资本主义生产的秘密,都应当归功于马克思。由于这两个发现,社会主义变成了科学。"[1]进一步说,由于唯物史观和剩余价值学说的发现,以往的社会主义的弊端也全部暴露了出来。

>……以往的社会主义同这种唯物主义历史观是不相容的,正如法国唯物主义的自然观同辩证法和近代自然科学不相容一样。以往的社会主义固然批判了现存的资本主义生产方式及其后果,但是,它不能说明这个生产方式,因而也就不能对付这个生产方式;它只能简单地把它当做坏东西抛弃掉。但是,问题在于:一方面应当说明资本主义生产方式的历史联系和它在一定历史时期存在的必然性,从而说明它灭亡的必然性;另一方面应当揭露这种生产方式的一直还隐藏着的内在性质,因为以往的批判主要是针对有害的后果,而不是针对事物的进程本身。[2]

(2) 客观、公正地评价了以欧文为代表的科学社会主义的英国先驱。《反杜林论》第三编"社会主义"部分指出:在被"杜林之流"认为是"疯狂的念头"的空想社会主义者的文献那里,"倒是处处突破幻想的外壳而显露出来的天才的思想萌芽和天才的思想,而这些却是那班庸人所看不见的"[3]。欧文的《新道德世界书》,

>不仅主张实行有平等的劳动义务和平等的取得产品的权

---

[1] 《马克思恩格斯文集》(第9卷),人民出版社,2009,第30页。
[2] 《马克思恩格斯文集》(第9卷),人民出版社,2009,第29—30页。
[3] 《马克思恩格斯文集》(第9卷),人民出版社,2009,第274页。

利(正如欧文经常补充说明的,平等是按年龄的大小来说的)的最明确的共产主义,而且还提出了为未来共产主义公社所作的带有平面图、正面图和鸟瞰图的详尽的房屋设计……欧文不仅宣传了"明确的共产主义",而且还在汉普郡的"和谐大厦"这一移民区实行了为期五年(30年代末40年代初)的共产主义,那里的共产主义就其明确性来说是没有什么可挑剔的。[1]

第二,苏联理论界的知识学巩固。

(1)方法论自觉。为确立和延续马克思主义的苏联正统,社会主义苏联的官方研究始终遵循恩格斯的思想路线,在理解19世纪英国社会主义思潮变迁的问题上,形成了以科学社会主义为认识论中轴的方法论自觉。

(2)问题域的初步勘定。从既有的成果上看,苏联学者重点围绕马克思与19世纪上半叶的英国社会主义思潮之间的关系进行了研究。

比如,在马克思与欧文学说的关系问题上,普列汉诺夫的《十九世纪的空想社会主义》批判了那些全盘否定欧文学说的非理性行为,并指出"这是一个重大的、荒谬的、不可饶恕的错误"[2]。欧文学说的重要意义在于:

> 唤醒了工人阶级的阶级意识,向他们提出了有关社会制度的最重要的——基本的——问题,并提供了正确解决这些

---

[1] 《马克思恩格斯文集》(第9卷),人民出版社,2009,第282页。
[2] 普列汉诺夫等:《论空想社会主义》(上卷),中国人民大学编译室等译,商务印书馆,1980,第94页。

问题的许多依据,至少在理论上是如此。他的实践活动整个说来固然具有空想的性质,但应该承认,就是在这一方面,他有时也给予同时代人以极有益的教训。他是英国合作社运动的真正创始人。他提出的制定工厂法的要求,根本没有任何空想的因素。他指出对工厂中的童少年工人至少必须给予小学教育,这也完全没有空想的因素。[1]

维·彼·沃尔金的《空想社会主义的遗产》进一步指出,"在19世纪的作家中,欧文忠于'按需分配'的传统的共产主义原则,并成功地把这一公式同各尽所能的学说结合起来"[2]。因此,"欧文有充分的权利在科学共产主义认为是自己先驱的那些伟大思想家和活动家当中占有一席重要位置"[3]。但是,"任何一种空想社会主义体系都不符合日益成长的无产阶级处在它的发展的新阶段上的需要。任何一种空想社会主义体系都不能够成为无产阶级的阶级斗争的一种理论根据"[4],科学社会主义的创立,"应该从幻想的外壳中吸取空想社会主义者的体系所包含的一切有价值的东西;应该研究工人阶级实际斗争的丰富经验;应该揭示真正科学方法——辩证唯物主义的方法"[5]。

又如,在马克思与李嘉图式社会主义的关系问题上,普列汉诺

---

[1] 普列汉诺夫等:《论空想社会主义》(上卷),中国人民大学编译室等译,商务印书馆,1980,第94页。
[2] 普列汉诺夫等:《论空想社会主义》(上卷),中国人民大学编译室等译,商务印书馆,1980,第145页。
[3] 维·彼·沃尔金等:《论空想社会主义》(中卷),郭一民等译,商务印书馆,1980,第359页。
[4] 维·彼·沃尔金等:《论空想社会主义》(中卷),郭一民等译,商务印书馆,1980,第158页。
[5] 维·彼·沃尔金等:《论空想社会主义》(中卷)郭一民等译,商务印书馆,1980,第158页。

夫借批判"社会主义的大敌、剑桥大学教授福克斯威尔"之机,指出,在社会主义思想史上,有些作家(如约翰·格雷、约翰·布雷、托马斯·霍吉斯金等)"长期被人们忘得一干二净,当人们记得他们的时候——这在一定程度上归功于马克思,他在同普鲁东论战时就曾提到过他们——竟说马克思的剩余产品和剩余价值学说曾取材于这些人的著作。韦伯夫妇甚至把马克思称为'霍吉斯金的著名弟子'。这简直是岂有此理"[1]。事实上,

> 这些英国社会主义者在理解政治经济学概念方面达到的明确程度,就当时来说是少有的,甚至——这也是马克思发现的——比李嘉图多走了很重要的一步。在这方面,他们远胜过法国和德国的空想社会主义者。如果我们的尼·加·车尔尼雪夫斯基熟悉他们,他大概就不会翻译穆勒的著作,而去翻译他们中间某一位的著作了。[2]

再如,在马克思与宪章派社会主义的关系问题上,Б. А. 罗什科夫的《欧文主义与宪章派之间的思想斗争》指出,"在马克思、恩格斯和他们的战友们的直接影响下,宪章派制定了1851年的纲领。马克思的贡献特别伟大:宪章派机关报(指《北极星报》——引者注)上关于经济问题的文章,基本上是由他校订后刊登出来的,其中有些文章是直接由他撰写的"[3],"由于在宪章运动中产生了

---

[1] 普列汉诺夫等:《论空想社会主义》(上卷),中国人民大学编译室等译,商务印书馆,1980,第97页。

[2] 普列汉诺夫等:《论空想社会主义》(上卷),中国人民大学编译室等译,商务印书馆,1980,第98页。

[3] 维·彼·沃尔金等:《论空想社会主义》(中卷),郭一民等译,商务印书馆,1980,第360页。

真正无产阶级社会主义的某些因素,因而它就比英国社会思想的其他任何流派更加接近于马克思主义"[1]。

与 Б. А. 罗什科夫不同的是,西奥多·罗斯坦[2]从无产阶级阶级意识的视角,研究了劳工马克思主义与英国本土社会主义的关系。他在《从宪章主义到劳工主义》中指出,"第一国际诞生于英国,我们必须在这块土地上寻找它以前的历史……在英国,无产阶级首先获得了一种深刻的感觉,不仅是与其他国家的工人团结一致,而且还需要在这种团结的基础上,在与资本主义社会的斗争中采取协调一致的行动"[3]。

苏联学者站在马克思主义的立场上,分析论证了马克思与欧文学说、李嘉图式社会主义以及宪章派社会主义思潮之间的关系,同时澄清驳斥了内部存在着的一些错误思想认识。但是,马克思与19世纪下半叶英国社会主义思潮之间许多值得关注的问题,没有得到相应的重视和研究,这是一个较大的遗憾。

第三,英国共产党的依附式捍卫。

(1)"弹性"依附。为与社会主义苏联保持一致,英国共产党的官方研究体现了对"苏联传统"较强的依附性,不过,由于前者在

---

[1] 维·彼·沃尔金等:《论空想社会主义》(中卷),郭一民等译,商务印书馆,1980,第368页。

[2] 西奥多·阿罗诺维奇·罗斯坦(Theodore Aronovich Rothstein,1871—1953),英国工运史专家,曾因政治原因流亡英国30年,1895年加入海德门组织的社会民主联盟,1901年作为英国成员加入俄罗斯社会民主党和工党(RSDLP),后成为布尔什维克派的坚定支持者。20世纪20年代罗斯坦返回苏联,1939年任苏联科学院院士。主要著作包括《英国工业的衰落:原因及补救》(1903)、《俄国革命》(1907)、《埃及的覆灭》(1910)以及《从宪章主义到劳工主义:英国工人阶级运动的历史描绘》(1929)等。

[3] Theodore Rothstein, *From Chartism to Labourism—Historical Sketches of the English Working Class Movement* (London: The Dorrot Press Ltd Press, 1929), p. 125.

研究内容和方法上要更灵活一些,使得这种依附看起来并不是那么绝对,而是相对弹性化。

(2)问题域的拓展。从既有的成果看,英国共产党的研究既立足于苏联的问题域,又紧密结合本国工人运动的历史进行了局部拓展。

比如,在理解马克思与19世纪英国的关系问题上,英国早期马克思主义者、"共产党历史学家小组"成员阿·莱·莫尔顿(A. L. Morton,1903—1987)的《英国的社会主义》指出,"英国阶级斗争丰富的经验是对马克思主义最直接的贡献"[1]。"马克思主义并不是一种以现成的形式输入和粗暴地强加于别国(它的发展同马克思主义不相符合)的外来学说。如果说马克思主义主要是根据某一国的情况创立起来的话,那么,这个国家就是英国"[2]。

又如,在马克思与宪章派社会主义的关系问题上,莫尔顿和乔治·台德(George Tate,1914—1955)合著的《英国工人运动史(1770—1920)》,结合英国工人运动150年的长时段历史,进行了更为直接的指认和分析。具体来说,该文献不仅明确指出,"琼斯和乔治·朱利安·哈尼是宪章派中两个最接近马克思和恩格斯的人物,他们吸收了马克思和恩格斯大部分的科学观点"[3],而且确切地认为:

> 更重要的是,宪章运动不仅是英国的,而且是世界上所有国家中真正工人阶级的全国性政治运动。工人阶级在这个斗

---

[1] A. L. Morton, *Socialism in British* (London: The Lawrence & Wishart Press, 1963), p. 38.

[2] A. L. Morton, *Socialism in British* (London: Lawrence & Wishart Press, 1963), p. 38.

[3] 莫尔顿、台德:《英国工人运动史(1770—1920)》,叶周、周立方、周敏仪等译,生活·读书·新知三联书店,1962,第99页。

争中学会了各种各样的策略和方法,这个实际和理论财富并没有随1848年的失败而消失,而是传留下来,并成为国际工人运动经验的一部分。在宪章运动的大部分时间内,马克思和恩格斯都在英国,他们不仅向宪章运动者提供了意见和忠告,同时也向他们学习。宪章运动斗争的经验对科学社会主义理论的形成起着巨大的作用。[1]

再如,在马克思与19世纪后半叶英国社会主义思潮的关系问题上,《英国工人运动史(1770—1920)》指出:

> 特别值得注意的是:英国社会主义运动的新的一代领导人正在涌现出来。"社会民主同盟"不断进行的自我牺牲的宣传、威廉·摩里斯(同威廉·莫里斯——引者注)的才华卓绝的领导和汤姆·曼恩在建立群众性工会方面所做的巨大工作都是在马克思主义影响下进行的。[2]

> 由此可见,英国的社会主义绝不是对美好生活的一种模糊不清的浑沌的愿望(人们常常特别喜欢用这种说法来污蔑摩里斯),也不像某些人有时说的那样:只关心最直接的、短时期的具体改革。英国的社会主义从披荆斩棘的草创时期起实际上就处在马克思的影响之下。马克思的大部分著作都是以英国的经验为基础并且用英国的情况来作为例证的。[3]

---

[1] 莫尔顿、台德:《英国工人运动史(1770—1920)》,叶周、周立方、周敏仪等译,生活·读书·新知三联书店,1962,第102页。

[2] 莫尔顿、台德:《英国工人运动史(1770—1920)》,叶周、周立方、周敏仪等译,生活·读书·新知三联书店,1962,第160页。

[3] 莫尔顿、台德:《英国工人运动史(1770—1920)》,叶周、周立方、周敏仪等译,生活·读书·新知三联书店,1962,第174页。

具体到马克思与19世纪晚期英国社会主义者的关系问题上，《英国工人运动史(1770—1920)》特别关注了两位英国社会主义者：海德门（Henry Meyers Hyndman，1842—1921）和莫里斯（William Morris，1834—1896）。关于前者，它不仅大段援引海德门阐释马克思思想的原文，而且还对引用的内容进行了评析：

> 海德门对马克思主义的解释的基本弱点，因此也就是"社会民主同盟"中（他在这个同盟中占据着统治地位）他的大部分追随者在理论观点方面的基本弱点在于：他认为曾经由马克思精辟地加以分析的资本主义内部矛盾，将自动地造成资本主义的崩溃。[1]

基于此，《英国工人运动史(1770—1920)》最后得出的结论是，"海德门不是一个组织者和领袖——即一个能够领导人民通过自己的日常需要和愿望而参加争取社会主义的斗争的'护民官'——他只是一个宣传家"[2]（"等候革命的到来"）。

我们认为，英共学者的海德门研究是值得重视的，但仍有一些问题没有得到充分解答，比如：海德门如何转向了社会主义？他为什么以"正统马克思主义者"自居？他眼中的马克思、马克思主义是怎样的？

事实上，除了海德门的研究之外，《英国工人运动史(1770—1920)》还对威廉·莫里斯及其领导的社会主义运动进行了说明。

---

[1] 莫尔顿、台德：《英国工人运动史(1770—1920)》，叶周、周立方、周敏仪等译，生活·读书·新知三联书店，1962，第172页。

[2] 莫尔顿、台德：《英国工人运动史(1770—1920)》，叶周、周立方、周敏仪等译，生活·读书·新知三联书店，1962，第172页。

依莫尔顿、台德之见,莫里斯领导创立的"社会主义同盟",是"力图在英国建立真正的社会主义政党的最伟大的英国社会主义者同一群工人和知识分子组成的团体"[1];作为"它的心脏和灵魂"的莫里斯,"对英国历史作了马克思主义的解释并在这个基础上写成了《梦见约翰·保尔》(1888年)";"当时无论是摩里斯还是'社会主义联盟'都并没有拒绝马克思主义和阶级斗争的理论"[2],但是,由于各种原因,莫里斯和"社会主义联盟"始终没有"抓住人民的真正需要"(恩格斯语),同时

> 对一切政治活动和政治策略都不相信。摩里斯在这方面尤其严重,特别是在议会问题上,他曾经有一个时期把议会看成仅是统治阶级设下的陷阱。联盟对政治活动的不信任沾上了一种强烈的无政府主义的色彩……摩里斯在摆脱了无政府主义的影响以后达到了政治上的成熟。[3]

我们认为,英共学者的莫里斯研究同样是值得尊重的一项"史学耕耘"。但必须指出的是,莫里斯的研究在很多问题上需要进一步向前推进。比如:莫里斯如何成了社会主义者?他的独特的政治理论贡献是什么?如何评价莫里斯的马克思主义转向及其实践?

第四,中国理论界的批判继承和创新。

(1)"苏联传统"的正本清源。为高举马克思主义旗帜,中国理论

---

[1] 莫尔顿、台德:《英国工人运动史(1770—1920)》,叶周、周立方、周敏仪等译,生活·读书·新知三联书店,1962,第176页。

[2] 莫尔顿、台德:《英国工人运动史(1770—1920)》,叶周、周立方、周敏仪等译,生活·读书·新知生活·读书·新知三联书店,1962,第178页。

[3] 莫尔顿、台德:《英国工人运动史(1770—1920)》,叶周、周立方、周敏仪等译,生活·读书·新知生活·读书·新知三联书店,1962,第180页。

界的研究总体上继承了"苏联传统",但由于受到中苏两党关系的影响,前者更注重回到马克思恩格斯的语境中去分析和解决问题。

比如,在理解科学社会主义的形成史问题上,姜琦(1931—2008)在《社会主义流派史》(徐觉哉著)的序言中指出,不能因为科学社会主义的诞生,就将英国社会主义等流派统统打成"反动的一帮","实际上,任何一种学说都可以在前人的思想中找到根源,真理存在于各派学说之中"。[1]

又如,在理解科学社会主义的发展史问题上,高放(1927—2018)的《世界社会主义风云激荡500年——正确把握四大历史进程 处理好四个主义间的关系》认为,应从世界社会主义500年历史的发展态势中去把握英国社会主义在社会主义从空想到科学发展过程中的思想史地位。[2]

(2) 方法论的重塑。从既有的成果看,中国理论界的研究既批判继承了"苏联传统",又结合自身思想实际对研究方法进行了创造性转化。

比如,在马克思与李嘉图式社会主义的关系问题上,张一兵的《古典经济学与社会主义最初联结的哲学意义——论马克思科学思想变革的一种直接源生基础》指出:"从时间段上看,这一思想流派(指李嘉图式社会主义——引者注)的理论产生于19世纪20—30年代,但对马克思的哲学思想发生真实作用却只是在1845年的《曼彻斯特笔记》之后。这种影响对于马克思在哲学、政治经济学和社会主义方面思想的革命性变革都是至关重要的。"[3] 此外,

---

[1] 徐觉哉:《社会主义流派史》(修订本),上海人民出版社,2007,第3页。
[2] 高放:《世界社会主义风云激荡500年——正确把握四大历史进程 处理好四个主义间的关系》,《党政研究》,2016年第6期第5—16页。
[3] 张一兵:《古典经济学与社会主义最初联结的哲学意义——论马克思科学思想变革的一种直接源生基础》,《学术月刊》,1998年第10期第3页。

李嘉图式社会主义者从客观发展的物质生产力出发,而不是从"人""人的本质"的价值悬设出发去谈论异化的思想境域必然深深触动马克思。[1]

又如,在马克思与宪章派社会主义的关系问题上,钱乘旦的《工业革命与英国工人阶级》从"阶级解放"视角进行了关联性分析:

> 英国工人的政治活动从法国革命时期起,到宪章运动结束止,一直表现出一种强烈的一致性。……工人激进主义是一个历史的存在,它是工业革命时期英国工人运动的主流表现形式。它表明:在马克思主义诞生之前,英国工人争取自身的解放,已经走过了多么漫长的路。事实上,英国工人早期的思想意识和斗争实践,都曾对马克思主义的产生有过重大影响——马克思主义能够在英国这块土地上诞生,就是一个极好的证明。[2]

此外,沈汉的《英国宪章运动》基于厄内斯特·琼斯与马克思的交往实践,清晰回顾和展示了马克思与1848年后宪章派社会主义的关系:

> 1848年前后,作为政治流亡者居住在伦敦的共产主义同盟盟员列斯纳在和琼斯的接触中对他的思想有很大的影响。更重要的是在1847年底,琼斯开始和马克思、恩格斯建立了

---

[1] 张一兵:《回到马克思——经济学语境中的哲学话语》,江苏人民出版社,2003,第380—405页。
[2] 钱乘旦:《工业革命与英国工人阶级》,南京出版社,1992,第2页。

密切的联系,受到了《共产党宣言》和马克思主义革命学说的影响,他开始从一个革命民主主义者向无产阶级民主派转变。[1]

再如,在马克思与海德门的关系问题上,丁朝碧的《试评亨利·迈尔斯·海德门》,在国内最早介评了海德门及其领导的社会主义活动;薛希的《马克思和海德门断绝关系的原因》,在国际共运史的视域中初步探讨了马克思同海德门的关系问题,"把有关马克思同海德门结识和关系破裂的情况作一综合介绍",并指出:

> 马克思认为民主联盟不是独立自主的工人阶级政党,它的目的不是争取工人阶级的彻底解放,他坚决反对在说明民主联盟的资产阶级民主主义纲领的小册子(海德门的《大家的英国》——引者注)中插入两章《资本论》的引文,反对把无产阶级社会主义理论的个别原理同资产阶级民主主义性质的纲领混杂在一起。海德门在回忆录中承认他想把马克思的学说同他自己的"当前的政策"结合起来,这种折衷主义的做法正好证明了马克思对他的分析和批判是切中要害的。[2]

文章末尾强调,"至于海德门对待马克思主义的总的态度、他在英国宣传马克思主义的功绩以及对他一生的全面评价等等问题,还需要另作专门的研究和讨论"[3]。

---

[1] 沈汉:《英国宪章运动》,甘肃人民出版社,1997,第 288 页。
[2] 薛希:《马克思和海德门断绝关系的原因》,《当代世界与社会主义》,1983 年第 2 期第 111 页。
[3] 薛希:《马克思和海德门断绝关系的原因》,《当代世界与社会主义》,1983 年第 2 期第 112 页。

最后如,在马克思与威廉·莫里斯的关系上,杨玲、于文杰的《从"设计之父"到"社会主义者"——威廉·莫里斯历史思想演变及其原因》,基于莫里斯社会主义思想形成的理论渊源视角指出,"莫里斯的成熟理论框架来源于马克思",理由是"莫里斯将马克思主义思想视为他社会主义思想转变的转折点,因为马克思总结的人类社会的演变规律不仅让他更清楚地认识了过去,而且让莫里斯看到了社会的希望,坚定了他的信念"。此外,"马克思的社会主义革命思想对莫里斯理解资本主义的崩溃、阶级斗争产生了极大的影响,而他的革命论也是其社会主义思想中最深刻的"[1]。

总体来看,中国理论界在批判借鉴前人研究成果的基础上,以"回到马克思恩格斯"为重要方法论抓手,成功继承并创新了"苏联传统",在揭示马克思与19世纪英国社会主义之间的关系问题上,取得了丰硕的成果,大大推进了相关研究,但在思想史领域似乎仍可做更深入的系统性研究。

最后是新左派传统。1957年《社会主义人道主义:致非利士人书》的发表,标志着新左派传统的形成。之后至20世纪80年代,这一传统始终是新左派研究马克思主义及其思想史的理论坐标和方法论构架。该传统立足马克思主义的文本但并不借重"科学社会主义的介入说",而是另辟蹊径,以批判"斯大林主义"和"社会民主主义"为重点方向,致力于建构"朝向事情本身"的英国社会主义与马克思、马克思主义的关系。基于此,在新左派看来,如果说看不到19世纪早期英国社会主义的理论贡献,以及马克思、马克思主义在英国工人运动和社会主义运动中发挥的积极作用,那肯定

---

[1] 杨玲、于文杰:《从"设计之父"到"社会主义者"——威廉·莫里斯历史思想演变及其原因》,《西南民族大学学报》(人文社会科学版),2015年第7期第209页。

是"斯大林主义"和"费边—工党"反马克思主义传统"惹的祸"。

第一,批判"斯大林主义"。E. P. 汤普森1957年发表在《新理性者》创刊号上的《社会主义人道主义:致非利士人书》,揭开了批判"斯大林主义"的序幕。在"作为意识形态的斯大林主义"部分,汤普森指出:

> 说真的,"斯大林主义"是一种意识形态,也就是说,是一种源于对现实之片面的、宗派性的认识的虚假意识形式,在一定程度上,它用马克思主义意义上的唯心主义思维方式建立了一种虚假的或部分虚假的观念体系。"斯大林主义理论不是从事实和社会现实出发,而是从理念、文本、公理出发:事实、制度、人民必须符合理念的要求"。[1]

随后,新左派的早期成员拉尔夫·密利本德[2]在《马克思主义与政治学》中进一步指出:

> 斯大林主义的一个特点——在这个领域和其他领域一样,是它对必须遵循的"路线"下定义时的专断性和强制性。这就导致以教义问答的方式来决定什么是马克思主义的"基本原理",或者不如说什么是"马克思列宁主义"的"基本原

---

[1] 张亮、熊婴:《伦理、文化与社会主义:英国新左派早期思想读本》,江苏人民出版社,2013,第5页。

[2] 拉尔夫·密利本德(Ralph Miliband,1924—1994),出生于布鲁塞尔,在伦敦经济学院获得博士学位,利兹大学政治学教授,《新左派评论》编委会早期成员。其主要著作包括《资本主义社会的国家》(1969)、《马克思主义与政治学》(1977)、《英国资本主义民主制》(1982)、《英国的新修正主义》(1985)、《反霸权的斗争》(1990)、《哈罗德·拉斯基:公共知识分子的典范》(1993)以及《社会主义的似合理性》(1994)等。

理";这也导致明确列出谁应该和——更为重要的是——谁不应该被认为是对马克思主义思想作出贡献的人。那些不被认为对马克思主义思想作过贡献的人构成一个很大的数目,实际上包括大多数在本世纪内对马克思主义的发展做过重要贡献的人。这些人在苏联是被取缔的,在其他国家也是被大多数马克思主义者所严重忽视或者根本置之不理的。[1]

也就是说,在新左派看来,"斯大林主义"是导致马克思主义的社会主义思想史研究不重视或者看不到19世纪英国社会主义贡献的主要原因。而唯"斯大林主义"马首是瞻的后果,正如有学者指出:

> 往往贬低马克思的前人,贬低马克思同时代的人,回避对马克思有重要影响的文本。这三种做法导致了马克思本身被降低为白开水。似乎所有人都是笨蛋,就马克思一个人聪明。然而我们都很清楚,一旦取消了思想史的参照系,马克思的天才也便会黯然失色。[2]

第二,"费边—工党"传统批判。同样是在《社会主义人道主义:致非利士人书》一文中,E. P. 汤普森最早旗帜鲜明地批判了"费边—工党"的反马克思主义传统。他指出:

> 在发表于1957年4月20日的《新政治家》的文章中,G. D. H. 柯尔教授再次得出这一结论。他指出:"共产主义意识

---

[1] 拉尔夫·密利本德:《马克思主义与政治学》,黄子都译,商务印书馆,1984,第5页。
[2] 张一兵:《舒尔茨与马克思历史唯物主义的来源》,《广西大学学报》(哲学社会科学版),2019年第2期第26—27页。

形态的全部结构依赖于'坚信'存在着一个除了阶级道德之外,别无其他道德的真实的世界","无产阶级采取任何手段、任何行动来战胜其阶级敌人,既是正当的,也是必需的……如果共产党人回避了资产阶级卫道士所说的某类'不道德'行为……他们这么做,仅仅是因为他们这些行为有害于而非有助于推进革命事业"。

……我想,科尔教授在此表达他的观点时,错误地表达了目前正在世界共产主义运动内部发生的冲突的性质。他的前提("阶级道德")的确源自马克思和恩格斯尤其是列宁的某些著作,但那肯定不是其著作的全部含义,无论是明确的,还是含糊的。由此得出的结论——对我来说——并非对"真正的"共产主义,而是对斯大林主义的宗派性意识形态的精确概括,这种意识形态产生于特殊的条件,并且从来都不能代表整个共产主义运动。[1]

也正是在这一意义上,安德森在1965年发表的《五十年代的左派》一文中指出,新左派运动的主要内容,即新左派最初把自己定义为同时拒绝"斯大林主义"和"社会民主主义"。[2]

第三,"朝向事情本身"的关系建构。通过对"斯大林主义"和"费边—工党"理论传统的批判,"新左派传统"极大深化了"苏联传统"的问题域,在一定程度上建构了具有历史现象学意义的"朝向事情本身"的关系论模式。

比如,在马克思与欧文的关系问题上,E. P. 汤普森借助对马

---

[1] 张亮、熊婴:《伦理、文化与社会主义:英国新左派早期思想读本》,江苏人民出版社,2013,第20页。
[2] Anderson, "The Left in the Fifties," *New Left Review* 29 (Jan.-Feb. 1965): 14.

克思《关于费尔巴哈的提纲》(以下简称《提纲》)第三条的理解,在其成名作《英国工人阶级的形成》中指出:

> 关于革命实践和社会变化的辩证过程,欧文在作品中谈得并不少:有一种唯物主义学说,认为人是环境和教育的产物,因而认为改变了的人是另一种环境和改变了的教育的产物,这种学说忘记了:环境正是由人类来改变的,而教育者本人一定是受教育的。因此,这种学说必然会把社会分成两部分,其中一部分高出于社会之上(例如在罗伯特·欧文那里就是如此)——马克思论路德维希·费尔巴哈的第三篇文章就是这样说的。……他那环境机械唯物主义的严格定义注定他要么绝望,要么宣布一个世俗的千年王国。[1]

很显然,这里,汤普森只是在辩证唯物论的抽象层面谈到了马克思对欧文的超越。正所谓"言者无心,听者有意"。在一篇题为《〈关于费尔巴哈的提纲〉:一条未行之路》的早期论文中,阿拉斯戴尔·麦金太尔从辩证唯物论的"历史—实践"层面深化了对这一关系的理解,即阐述了欧文之于马克思拒斥哲学的独特地位。在他看来,《提纲》的一个核心论断是:

> 市民社会的立场不能被理论——同实践相分离的理论——独自超越,而只能被一种特殊的实践——由一种根植于该相同实践中的特殊理论贯穿的实践——超越,并且市民

---

[1] E. P. 汤普森:《英国工人阶级的形成》(下),钱乘旦、杨豫、潘兴明等译,译林出版社,2001,第 927 页。

社会立场的局限性也不能被理论独自恰当地理解与批判,而只能被这种特殊的实践恰当地理解与批判。哲学家们迄今为止试图理解社会与自然的世界,但是他们的理解并没有受到以必要方式改造社会与自然的世界这个目标指引。第十一条提纲不是要求哲学家们放弃理解:它要求他们把他们的理解任务引向实现一种特殊的终极目的(telos)。[1]

毫无疑问,麦金泰尔并不认为欧文只是一个改良派的空想社会主义者。欧文的唯物主义尽管"抽象",但"教导关乎理论的自主性和市民社会的社会秩序之间的关系",甚至在解决自主的社会理论之"现代理论的一个持续困境"问题上走在了"帕森斯、萨特、哈贝马斯和最近的布迪厄"[2]的前面。

由此,麦金太尔在阐释《提纲》第三条的要点时进一步指出:

> 没有任何来自理论内部或者甚至来自理论家实践内部的解决方案是可能的。只有来自一种截然不同种类的社会实践——先于探究与理论两者的社会实践——的立场,一种解决方案才将是可能的。这可能是什么种类的实践呢?它不能是那些想要改良市民社会制度却不抛弃其基本信条的人所设想的那种实践。因为马克思已经指认并发现理由来拒斥那种改良主义理论与实践的等级结构。那些不抛弃市民社会立场

---

[1] 阿拉斯代·麦金太尔:《〈关于费尔巴哈的提纲〉:一条未行之路》,载复旦大学当代国外马克思主义研究中心《当代国外马克思主义评论》(第9辑),人民出版社,2011,第316页。

[2] 阿拉斯代·麦金太尔:《〈关于费尔巴哈的提纲〉:一条未行之路》,载复旦大学当代国外马克思主义研究中心《当代国外马克思主义评论》(第9辑),人民出版社,2011,第322页。

却认为自己事先知道该做什么以引发所需变化的人,是一些因而把自己当作有资格管理这种变化的人。其他人则将成为他们作为管理者所引发的东西的被动接受者。因此,这种在管理者与被管理者之间的等级区分,被行管理的改良者赋予自身的优越知识合法化了,这些改良者把自己置于教育者角色之中。马克思心目中几乎肯定想着罗伯特·欧文,他在《巴黎手稿》中把欧文描绘为"一种抽象的哲学的慈善事业"的创始人。欧文在随后社会主义历史中会有许多后继者,其中既包括列宁(至少有时),也包括比阿特丽斯·韦伯和西德尼·韦伯(Beatrice and Sidney Webb)。[1]

又如,在亨利·海德门与马克思主义的关系问题上,霍布斯鲍姆指出,"这个组织(指海德门发起成立的'社会民主联盟'——引者注)除了培养了几批天才的工人阶级活动家以外(这个贡献不能否定),其他方面的成就微不足道。这些天才的工人活动家后来成为英国共产党的主要发起人"[2]。

再比如,在莫里斯与马克思主义的关系问题上,汤普森在1955年完成的《威廉·莫里斯:从浪漫主义到革命》中指出,声称莫里斯作为一名政治理论家的重要性的理由主要是:第一,在英国马克思主义传统中,莫里斯是最早,同时也是迄今为止最具原创性和创造性的思想家;第二,莫里斯是在共产主义制度层面谈论诸如社会生活组织等建设性思想的先驱。因此,任何熟悉社会主义理

---

[1] 阿拉斯代·麦金太尔:《〈关于费尔巴哈的提纲〉:一条未行之路》,载复旦大学当代国外马克思主义研究中心《当代国外马克思主义评论》(第9辑),人民出版社,2011,第323页。
[2] Eric Hobsbawn, *Labouring Men: Studies in the History of Labour* (London: The Weidenfeld and Nicolson Press, 1968), p. 234.

论的人都不会怀疑莫里斯的马克思主义立场。尽管某些次要的情况给这个问题蒙上了阴影。当然,相关的证据可以在莫里斯自己的著作中找到。莫里斯所有的社会主义著作都充满了关于阶级斗争的例证。这一点,对他来说,的确是最重要的。需要指出的是,他还把革命的社会主义与改良主义做了明确的区分。[1]

在1973年发表的《致莱泽克·科拉科夫斯基的公开信》中,汤普森进一步指出:从英国实际出发,莫里斯用独立补充的洞见丰富了"马克思建立的传统",是一名真正意义上的马克思主义者。[2]

与汤普森不同,佩里·安德森认为,莫里斯与马克思主义的关系,涉及对历史的还原而非本体论的建构。他在《英国马克思主义的内部争论》一文中指出:

> 《威廉·莫里斯:从浪漫主义到革命》的最初版本,是为了显示莫里斯的道德和政治想象力的非凡独创性,并使他重新成为革命的马克思主义者。这样做的时候,它实际上承认了这两个目标之间并无显著的矛盾,甚至没有紧张。然而,现在,这种无恶意的联结假设已经无法再维持下去了。莫里斯受到马克思影响之前,在他自己的浪漫主义观点之外发展了一种关于资本主义批判的深刻理论。在学习马克思的思想之后,那种理论继续影响着莫里斯的社会主义著作。在此过程中产生的共产主义道德视角,就其造成的损害而言,是极度缺乏正统马克思主义的传统的。因此,"将他理解为一个(经过

---

[1] E. P. Thompson, *William Morris: Romantic to Revolutionary* (London: The Merlin Press, 1976), pp. 751-762.

[2] E. P. Thompson, "An Open Letter to Leszek Kolakowski," in E. P. Thompson, *The Poverty of Theory & Other Essays* (New York: Monthly Review Press, 1978), p. 333.

改造的)浪漫主义者,比理解他是一个(顺从的)马克思主义者更重要"。

的确,在今天看来,莫里斯在马克思主义传统中的重要性,与其说是由于他对马克思主义传统的坚持,不如说是由于马克思主义的"缺席"或未能达到这种坚持的一半。莫里斯的马克思主义"转向"提供了一个马克思主义未能回报的契机。……莫里斯的乌托邦式共产主义,独立于浪漫主义传统,有着一种慷慨和自信的视野,而这正是历史唯物主义主流所缺少的。因为共产主义的目标本身如果没有预先的欲望或"需要"的教育是无法实现的。科学不能告诉我们渴望什么或如何渴望。莫里斯把它看作社会主义者的任务(他自己的首要任务),帮助人们发现他们的需求,鼓励他们欲求得更多,挑战不同的欲求,并设想一个未来的社会,在这个社会中他们最终获得了自由。

……然而,汤普森别有用心的理论解释了为什么马克思主义作为一个整体长期未能继承莫里斯的遗产,却不那么容易被接受。……从本质上讲,汤普森是在用本体论来代替对莫里斯与马克思主义关系的历史解释。[1]

初看起来,这不过是英国马克思主义内部的一场思想交锋,它围绕如何看待莫里斯的政治理论遗产展开。但如果从新左派传统的整个立场来看,这里实际上涉及一个更为具体的问题,即如何准确把握19世纪英国社会主义传统中的马克思主义因素,以及"马

---

[1] Perry Anderson, *Arguments with English Marxism* (London: The Verso Press, 1980), pp. 158-160.

克思主义过去在英国的重要性"(佩里·安德森语)。因此,在探讨莫里斯与马克思主义的关系上,只有将目光更多地聚焦于此,才能在深入理解和阐释"莫里斯传统"的基础上,推动马克思主义在英国的本土化。然而,新左派事实上主要为战后英国社会主义的未来寻找根据的策略定位,决定了这只能是一个永远不能完成的任务。

综观前文要旨,我们以为,搞清楚马克思与19世纪英国社会主义思潮之间的纷繁关系,不能仅仅从某个现成的结论或预设(如斯大林主义、"工党—费边"传统)出发,而应将其置于一个动态的意识形态祛魅后的结构中予以把握("新左派传统"的启示)。由此出发,我们将思想史的梳理作为完整、准确、全面把握两者关系的基本前提,在此基础上,通过比较、鉴别和再批判等手段,赋予"科学社会主义的介入"以历史唯物主义的深刻内涵,进而找到全景式再现两者关系的恰切路径。"扬弃"与"反哺"[1]概念的捕获和使用,力图在历史与逻辑相统一的唯物辩证法层面给出我们关于变化中的两者关系的审慎回答。

---

[1] 1883年3月14日,在写给威廉·李卜克内西的信中,恩格斯无限惋惜地说道:"虽然今天晚上我看到他仰卧在床上,面孔已经僵硬,但是我仍然不能想象,这个天才的头脑不再用他那强有力的思想来哺育新旧大陆的无产阶级运动了。我们之所以有今天的一切,都应当归功于他;现代运动当前所取得的一切成就,都应归功于他的理论活动和实践活动;没有他,我们至今还会在黑暗中徘徊。"[参见《马克思恩格斯文集》(第10卷),人民出版社,2009,第502页。]要知道,在这里,恩格斯首次使用了仿生学意义上的"哺育"概念。我们的"反哺"概念,正是取自恩格斯的用法。确切地说,我们是在"哺育"与反"哺育"的联通意义上使用了"反哺"的概念。"哺育"是就19世纪早期英国社会主义对马克思社会主义思想所产生的"教化"而言的;"反哺"是就马克思主义对1848年后英国社会主义所产生的"影响"而言的。

上 篇
19世纪英国社会主义思潮史

在导言中，我们已经比较清晰地指出，由于受到不同理论传统的影响，19世纪英国社会主义的研究主要存在三种倾向：一是对"科学社会主义的介入"视而不见，遮蔽了马克思社会主义思想在19世纪英国社会传播的思想史线索；二是将这种介入看作"历史的终结"，忽视了19世纪英国社会主义历史的特殊性及其演进逻辑；三是"另起炉灶"后将重点放在局部思潮上，并不关心19世纪英国社会主义思潮的"全局"。

19世纪英国社会主义变迁的一系列核心问题因此一直没有得到很好的解决。但是，如果将"科学社会主义的介入"由社会主义"从空想到科学"的认知框架拓宽至"从理论到现实"的认知框架，则不仅可以避免19世纪英国社会主义思潮的片面化理解和抽象化解读，还有利于重塑马克思、马克思主义的形象。

进一步来说，只有赋予"科学社会主义的介入"以历史唯物主义的内涵，从思想交互的原初语境、观念发生的历史深处和关系生产的物质领域来呈现事物的本来面貌，才能在作为共有物的工业革命、法国大革命和思想文化传统的时空政治中，切身领会马克思和19世纪英国社会主义思潮之间既隐又显的关系，也正因如此，我们才能深刻把握19世纪英国社会主义思潮的思想史价值。

第一章　作为共有物的诸时空政治

　　尽管西方右翼学者、政党不自觉地将注意力放在撇清19世纪英国社会主义思潮与马克思的关系问题上，但必须指出的是，马克思和19世纪英国社会主义思潮皆因受到工业革命、法国大革命和思想文化传统等不同程度的影响而不以人的意志为转移地联系在一起。当然，在这里，这种联系并不是直接的，而是中介化的、理论上的。即便如此，我们也不应否认这个事实。客观地讲，它对于我们解读两者的关系具有本体论的意义，是我们深刻认识两者之间理论关系的思想前提。基于此，本章从历史发生学的视角，重点探讨了工业革命、法国大革命和思想文化传统（包括自然法学说、理性主义和清教精神等）作为迈克尔·哈特（Michael Hardt）、安东尼奥·奈格里（Antonio Negri）意义上的共有物在决定两者据有不同的理论面貌、思维形态和实践取向上发挥的作用。

第一节
工业革命的时空政治

工业革命不仅仅是一个改变人类历史进程的世界近代历史上最重要的事件,而且还是一个具有世界历史意义的重要概念。进一步说,对工业革命的理解不能停留于事实性的描述层面,还应深入批判性的反思领域。再进一步说,工业革命既理所应当催生了19世纪英国社会主义的意识形态批判,还不可避免孕育了马克思的"拜物教"批判。这集中反映在两者对资产阶级工业革命观的不同理解和改造上。马克思的"拜物教"批判,在对经济社会形态的科学思考中阐释了蕴含于工业革命理性深处的人类解放原则,完成了工业革命"颠倒"的颠倒的任务。

一、资产阶级的工业革命观

所谓资产阶级的工业革命观,是指在历史上形成的资产阶级看待工业革命及其后果的总的态度。它根源于现代性意义上新技术或机器的发明,并以大工业为前提。"大工业——把自然力用于工业目的,采用机器生产以及实行最广泛的分工"[1]。在此基础上,资本主义得到普遍发展。"这种发展又反过来促进了工业的扩展,同时,随着工业、商业、航海业和铁路的扩展,资产阶级也在同一程度上发展起来,增加自己的资本,把中世纪遗留下来的一切阶

---

[1] 马克思恩格斯:《德意志意识形态》(节选本),人民出版社,2018,第59页。

级排挤到后面去"[1]。最后，资产阶级的命运发生了根本改变，"从大工业和世界市场建立的时候起，它在现代的代议制国家里夺得了独占的政治统治"[2]。这为资产阶级工业革命观的确立和发展创造了条件。

资产阶级工业革命观的形成经历了一个历史过程。工业革命初期，"因为它的利益在开始时的确同其余一切非统治阶级的共同利益还有更多的联系，在当时存在的那些关系的压力下还不能够发展为特殊阶级的特殊利益"[3]，停留在了消除其"一般利益"的幻想阶段。在大工业时期，资产阶级越来越认识到"特殊利益"的幻想上升为意识形态对于巩固和加强现存统治秩序的重要性。最后，对工业革命的认知在资产阶级那里"愈发下降为唯心的词句、有意识的幻想和有目的的虚伪"[4]，直至堕落为狭隘的资产阶级意识形态。

进一步说，工业革命的"普照的光"被资产阶级的物质利益所束缚，进而被唯心地解释为资产阶级意识形态的"原教旨"，用来滋养某种与"卡桑德拉式的文化悲观主义"[5]传统相抗衡的阶级繁荣的盲目乐观主义（如"关于被机器排挤的工人会得到补偿"的经济学理论、约翰·克拉潘及其学派的史学观点）。这种消极的"乐观主义"假设眼前的工业文明是发展和进步的全部真理，同时宣布对工业革命及其后果的有效评估只能在资产阶级的价值观框架内才能做出。发展和进步被限制在了意识的领域。工业革命的"普遍

---

1 《马克思恩格斯选集》（第1卷），人民出版社，2012，第401—402页。
2 《马克思恩格斯选集》（第1卷），人民出版社，2012，第402页。
3 《马克思恩格斯选集》（第1卷），人民出版社，2012，第180页。
4 《马克思恩格斯全集》（第3卷），人民出版社，1960，第331页。
5 伊曼纽尔·沃勒斯坦：《否思社会科学——19世纪范式的局限》，刘琦岩、叶萌芽译，生活·读书·新知三联书店，2008，第14页。

主义"异化为"普适的奢望"[1]。由此可见,沃勒斯坦关于资产阶级的工业革命观本质上是一种资产阶级的"权力修辞"[2]的论断并非妄言。这种像资本一样具有无限扩张功能的霸权逻辑,犹如丹尼尔·贝尔眼中的"工具力量"[3],编织起维护资本主义的种种谎言。它们起初以一种较高级的结构形式隐匿在安德鲁·尤尔的《工厂哲学》[4]之中,后来作为显白的教诲(如弗朗西斯·福山的政治逻辑、科耶夫的历史哲学"处方"[5])遍布资本主义的主流意识形态世界。

二、19世纪英国社会主义的意识形态批判

对资产阶级工业革命观最原始也是最直接的反动,在资本主义内部建构起一种激进的对抗形式——社会主义的意识形态批判。由于工业革命发生、发展的时空特点,19世纪的欧洲成了它

---

[1] 朱利安:《论普世》,吴泓渺、赵鸣译,北京大学出版社,2016,第106页。

[2] Immanuel Wallerste, *European Universalism*: *The Rhetoric of Power* (New York: New Press, 2006), p. xv.

[3] 丹尼尔·贝尔:《后工业社会的来临——对社会预测的一项探索》,高铦、王宏周、魏章玲译,新华出版社,1997,第18页。

[4] 《工厂哲学》(1835)是研究工业革命与资本主义生产关系相互作用规律及其发展趋势的重要著作,在它发表的那个年代代表较高的学术水平。在这方面,约翰·斯图亚特·穆勒的《政治经济学原理》(1848)、威廉·罗雪尔的《国民经济学原理》(1854)、纳索·威廉·西尼尔的《政治经济学大纲》(1836),甚至是弗里德里希·李斯特的《政治经济学的国民体系》(1841)都要逊色于它。但它借以鼓吹的进步理念,无疑是一种极其隐晦的资产阶级"权力修辞"。在尤尔看来,工业革命带来的机器和大工业就是资产阶级统治的科学和道德,因为"它长期以来为统治者带来了竞争的资源,工人幸福生活的物质基础;事实上,也让我们成了诸多民族的主宰者,以及整个世界的恩人"。[Andrew Ure, *The Philosophy of Manufactures* (London: Charles Knight, 1835), p. 6.]

[5] 佩里·安德森:《交锋地带》,郭英剑、郝素玲等译,中国社会科学出版社,2008,第372—380页。

的主战场。在英国,第一个批评作家是查尔斯·霍尔[1],接着便有罗伯特·欧文和他的学派,反资本主义的批评家莱文斯顿[2]、霍吉斯金[3]及其他几位匿名的作家,最后一位则是19世纪80年代英国"社会主义同盟"的创始人、艺术家威廉·莫里斯。在这里面,莫里斯的批判是最深刻的。

在莫里斯看来,资产阶级工业革命观集中体现在资产阶级关于劳动者离不开机器的谎言之中。莫里斯倒不是痛恨机器本身,而是痛恨机器会使劳动产品非人格化这一点。也就是说,莫里斯相信"机器本身对于工人从生活资料中'游离'出来是没有责任的"[4]。但是,机器的资本主义运用的确使劳动者的劳动发生了异化。进一步说,人们不再能从"制作物品的多样化,对创造的渴望,由于感到自己有用而产生的自尊心以及灵巧地运用身体的各种能力"[5]中获得劳动的愉快感了,因而劳动失去了艺术存在的价值。莫里斯预言,在未来社会,机器或新技术的发明也许是多余的,因为"机器不能产生艺术品"[6]。莫里斯对资产阶级工业革命观的美学批判,无疑是睿智和富有启发意义的。但需要指出的是,与19

---

1 查尔斯·霍尔(Charles Hall,1745—1825),英国空想社会主义者,医生。霍尔的主要代表作是《文明的影响》(*Effects of Civilisation*,1805)。
2 皮尔西·莱文斯顿(Piercy Ravenstone,? —1830),英国经济学家,具有无政府主义倾向的李嘉图式社会主义者,维护无产阶级利益,反对马尔萨斯主义。莱文斯顿的主要著作是《论公债制度及其影响》(1824)。
3 托马斯·霍吉斯金(Thomas Hodgskin,1787—1869),英国经济学家和政论家,李嘉图式空想社会主义者,19世纪英国主要的反资本主义学者,维护无产阶级的利益。霍吉斯金的主要著作包括《保护劳动反对资本的要求》(1825)、《通俗政治经济学在伦敦机械学学会的四次演讲》(1827)以及《财产的自然权利和人为权利的比较》(1832)。
4 《马克思恩格斯全集》(第44卷),人民出版社,2001,第508页。
5 Holbrook Jackson, *William Morris*, *On Art and Socialism* (London: The John Lehmann Ltd Press, 1947), p. 70.
6 威廉·莫里斯:《乌有乡消息》,黄嘉德、包玉珂译,商务印书馆,1981,第223页。

世纪其他英国社会主义者一样,莫里斯的批判,在实践层面也存在致命的弱点。用尼古拉斯·佩夫斯纳的话来说,"他的社会主义观点,离托马斯·莫尔更近一些而不是卡尔·马克思。在他的观念中,主要考虑的是如何让现存社会中的劳动恢复到快乐的状态"[1]。

毋庸置疑,19 世纪英国社会主义的意识形态批判有其历史进步意义。但从总体上看,这种批判是一种不接地气的"空想主义"。之所以这么说,主要是因为其"包办社会进步"[2]的历史唯心主义解释原则:工业革命将带来前工业社会的"普遍和谐"(霍吉斯金)、后工业社会的"普遍合作""普遍福利"(欧文派)或未来社会的"普遍民主"(莫里斯),而"这些概念的内容在它们所处的社会中是永远实现不了的,因为在现行社会秩序的限制下,人们不可能用它们来规范自己的生活和行动"[3]。也就是说,19 世纪英国社会主义的意识形态批判,服膺一种工业革命和人与社会利害关系的想象逻辑(这一点与保守主义极其相似),以至于这种体制内部"沉默的生产力"(借用卡尔·冯·萨维尼的说法)在追求自身"潜能"的过程中被扼杀在纯粹我思的境域。正是在这一意义上,我们不妨说,19 世纪英国社会主义的意识形态批判,本质上是一种超越历史情境或脱离实践的理想主义,一种列宁眼中的"政治上的乌托邦"[4]。

---

[1] Nikolaus Pevsner, *Pioneers of Modern Design: From William Morris to Walter Gropius* (London: The Lowe & Brydone Press, 1975), p. 24.
[2] 《马克思恩格斯全集》(第 16 卷),人民出版社,1964,第 255 页。
[3] 卡尔·曼海姆:《意识形态与乌托邦——知识社会学导论》,李步楼、尚伟、祁阿红等译,商务印书馆,2014,第 236 页。
[4] 《列宁选集》(第 2 卷),人民出版社,2012,第 297 页。

三、马克思的"拜物教"批判

从历史唯物主义出发,马克思将19世纪英国社会主义的意识形态批判推进到了拜物教批判的层面。马克思的"拜物教"批判,从分析资产阶级工业革命观的物质技术基础——"机器和大工业"与相对剩余价值的生产之间的关系入手,深刻揭示了资产阶级工业革命观的拜物教特征,指出"机器是生产剩余价值的手段",进而在对社会经济形态的科学思考中阐释了蕴含于工业革命理性深处的人类解放原则,完成了工业革命"颠倒"的颠倒的任务。

1. 资产阶级的工业革命观:一种机器拜物教

在马克思看来,资产阶级的工业革命观在本质上是一种机器拜物教。这在统治阶级资产阶级,尤其是在资产阶级庸俗经济学家那里暴露得十分明显。之所以这么说,是因为"对他们说来,机器除了资本主义的利用以外不可能有别的利用。因此,在他们看来,机器使用工人和工人使用机器是一回事。所以,谁要是揭露机器的资本主义应用的真相,谁就是根本不愿意有机器的应用,就是社会进步的敌人"[1]。也就是说,在这里,为"作为工业革命起点的机器"[2]的资本主义运用作机械辩护是资产阶级工业革命观的核心。然而归根结底,这是因为"詹姆斯·穆勒、麦克库洛赫、托伦斯、西尼耳、约翰·斯图亚特·穆勒等一整批资产阶级经济学家断言,所有排挤工人的机器,总是同时地而且必然地游离出相应的资

---

[1] 《马克思恩格斯全集》(第44卷),人民出版社,2001,第508—509页。
[2] 《马克思恩格斯全集》(第44卷),人民出版社,2001,第432页。

本,去如数雇用这些被排挤的工人"[1]。这显然是一种"厚颜无耻"的辩护士行为。事实上,"机器的这种作用,在这里被说成是对工人阶级的补偿,其实正相反,是对工人的极端可怕的鞭笞"[2]。具体来说,

> 由于采用新机器或扩大旧机器,一部分可变资本转化为不变资本,这是"束缚"资本并从而"游离"工人的活动。……现在他们全被"游离"出来,并且每一笔希望执行职能的新资本都能支配他们。不管这种资本吸引的是这些工人,还是另一些工人,只要这笔资本刚好足以从市场上雇走被机器抛到市场上的那么多工人,那么对劳动的总需求的影响就等于零。……可见,寻求投资场所的追加资本本来会激起的劳动总需求的增加,在以上每一种场合都会按照工人被机器抛向街头的程度而抵消。因此,这也就是说,资本主义生产的机制安排好,不让资本的绝对增长伴有劳动总需求的相应增加。而辩护士就把这叫作对于被排挤的工人在被抛入产业后备军的过渡时期中遭受贫困、痛苦和可能死亡的一种补偿![3]

资产阶级经济学上的这种乐观主义同样也说明,机器的资本主义应用是一种与并不狭隘的资本主义生产方式相适应的机器拜物教。它的产生并非偶然,有其历史的必然性。进一步说,当机器的资本主义应用成为主导性的社会关系形式时,资本主义生产的当事人,特别是"被机器使用的工人"在观念上也会因为受到资产

---

[1] 《马克思恩格斯全集》(第44卷),人民出版社,2001,第504页。
[2] 《马克思恩格斯全集》(第44卷),人民出版社,2001,第507页。
[3] 《马克思恩格斯全集》(第44卷),人民出版社,2001,第736—737页。

阶级的蒙骗而认同了这一现实。马克思的"拜物教"批判,不仅要揭露机器的资本主义运用背后的真相,还要让工人挣脱机器的资本主义运用的拜物教观念的束缚,在科学理论的指导下,担负起革命主体的历史使命。

2."机器是生产剩余价值的手段"

在马克思看来,机器的资本主义应用的真相存在于相对剩余价值的各种特殊的生产方法之中。这要从分析资本主义使用机器的目的谈起。马克思认为,资产阶级经济学家没有也不可能说到点子上。这主要是因为他们看不到机器与机器的资本主义应用的内在冲突和矛盾。马克思通过考察机器生产对工人的直接影响后指出:

> 机器怎样通过占有妇女劳动和儿童劳动增加资本剥削的人身材料,机器怎样通过无限度地延长工作日侵吞工人的全部生活时间,最后,机器的发展虽然使人们能在越来越短的时间内提供惊人地增长的产品,但又怎样作为系统的手段,用来在每一时刻内榨取更多的劳动或不断地加强对劳动力的剥削。[1]

当然,如果在资本主义工厂的有组织的机器体系中,这种冲突和矛盾将更加凸出。相反,资产阶级经济学家认为:

> 同机器的资本主义应用不可分离的矛盾和对抗是不存在的,因为这些矛盾和对抗不是从机器本身产生的,而是从机器

---

[1] 《马克思恩格斯全集》(第44卷),人民出版社,2001,第482页。

的资本主义应用产生的! 因为机器就其本身来说缩短劳动时间,而它的资本主义应用延长工作日;因为机器本身减轻劳动,而它的资本主义应用提高劳动强度;因为机器本身是人对自然力的胜利,而它的资本主义应用使人受自然力奴役;因为机器本身增加生产者的财富,而它的资本主义应用使生产者变成需要救济的贫民,如此等等。[1]

也即是说,在资产阶级经济学家看来,这不是机器的资本主义应用的过错,恰恰是机器寻求自身存在感的目的。很显然,机器的资本主义应用的真相正是被上述"经济学辩护论的主要点"遮蔽了。正因如此,马克思通过批判资产阶级经济学家所谓的补偿理论,揭露了机器的资本主义应用的真相。在《资本论》第一卷的"机器和大工业"章中,马克思开宗明义地指出,"像其他一切发展劳动生产力的方法一样,机器是要使商品便宜,是要缩短工人为自己花费的工作日部分,以便延长他无偿地给予资本家的工作日部分。机器是生产剩余价值的手段"[2]。

3. 工业革命"颠倒"的颠倒

马克思并没有停留于指出资产阶级工业革命观的拜物教特征,而是进一步从唯物史观的立场出发,通过对经济社会形态的科学思考,阐释了蕴含于工业革命理性深处的人类解放原则,揭示了让工人挣脱机器的资本主义运用的拜物教观念束缚的道路,完成了工业革命"颠倒"的颠倒的任务。

在《资本论》中,马克思尽管充分认可机器拜物教的客观存在,

---

1 《马克思恩格斯全集》(第 44 卷),人民出版社,2001,第 508 页。
2 《马克思恩格斯全集》(第 44 卷),人民出版社,2001,第 427 页。

但他并没有像后来的一些西方马克思主义者那样，陷入对机器的现实统治及观念霸权的无可奈何之中，而是继续贯彻历史唯物主义的方法论，从资本主义社会经济形态的进一步发展所凸显出来的内在矛盾中，找到了解构机器拜物教统治的现实路径。在马克思看来，"要有充分发达的商品生产，才能从经验本身得出科学的认识"[1]。资产阶级偏见以及隐藏在这些偏见后面的资产阶级利益决不会看到这一点，因为资产阶级的利己观念使他们"把自己的生产关系和所有制关系从历史的、在生产过程中是暂时的关系变成永恒的自然规律和理性规律"[2]。19世纪英国社会主义的意识形态批判以及这种批判背后的软弱性和不独立性决不能实现这一点，因为这是"一种不以社会力量为依托，也不以阶级政治力量的成长和发展为支撑的愿望"[3]。也就是说，在资本主义发展尚不充分，其内在矛盾尚未充分暴露的时候，要想找到让工人挣脱机器的资本主义运用的拜物教观念束缚的道路，是很困难的。而一旦资本主义生产过程的内在矛盾发展到了一定的水平，那么，不仅会出现客体维度上的资本主义经济危机，而且在主体维度上，工人也有可能挣脱机器拜物教的观念束缚，在科学的工业革命理论的指导下，寻找到实现自身解放的道路。进一步说，只有当机器的资本主义运用转变为机器的社会主义运用时，工人才能真正成为社会的主人。在这里，马克思实际上明确了工业革命理性深处蕴含的人类解放原则。

"人类解放"的原则，即通过对工业革命与人和社会间相

---

1 《马克思恩格斯全集》(第44卷)，人民出版社，2001，第92页。
2 《马克思恩格斯选集》(第1卷)，人民出版社，2012，第417页。
3 《列宁选集》(第2卷)，人民出版社，2012，第297页。

互作用的一般规律及其演变发展的趋势和导向问题的考察，来昭示"人类解放"的道路。"人类解放"的原则既是马克思考察工业革命与人和社会间相互作用的一般规律及其演变发展的趋势和导向问题的方法论原则，又是马克思建构科学的工业革命理论的主旨，也正因为如此，马克思才把工业革命与人和社会解放间关系发展的一般规律及趋势，作为工业革命理论基本问题的核心。[1]

进一步说，人类解放的原则既是一个理论问题，更是一个实践问题。一方面，强调工业革命之于人类的普遍利益，否定任何不依赖于客观规律的"自我意识"及其与之相联系着的资产阶级所有制关系。另一方面，强调人类解放的客观物质条件和历史过程性，正所谓"'解放'是一种历史活动，不是思想活动，'解放'是由历史的关系，是由工业状况、商业状况、农业状况、交往状况促成的"[2]。具体说来，在机器拜物教占统治地位的资本主义发展阶段，"工人要学会把机器和机器的资本主义应用区别开来，从而学会把自己的攻击从物质生产资料本身转向物质生产资料的社会使用形式，是需要时间和经验的"[3]。当然，工业无产阶级作为"大工业本身的产物"[4]，它的普遍联合直至暴力推翻资产阶级的统一行动将为这种解放提供主体维度上的坚实保障。如此一来，马克思的"拜物教"批判，将被资产阶级颠倒了的工业革命和人与社会的关系重又置于实现人类解放的历史和逻辑之中。

---

[1] 叶险明：《马克思的工业革命理论与现时代》，北京出版社，2001，第72页。
[2] 《马克思恩格斯选集》（第1卷），人民出版社，2012，第154页。
[3] 《马克思恩格斯全集》（第44卷），人民出版社，2001，第493页。
[4] 《马克思恩格斯文集》（第2卷），人民出版社，2009，第41页。

第二节
法国大革命的时空政治

法国大革命过去是、现在是,甚至将来也是,就像对它的解释也会从新的有利的视角(包括"作为一种世界体系的意义与重要性的特定方面")来看一样——一个真正的世界历史性事件。[1] 比较政治学视域中的法国大革命,创造了一种崭新的"事件"文化,即期望通过政治革命实现被统治阶级自身解放的革命逻辑,为后来的社会主义者提供了一种将资产阶级革命和社会主义革命在不同的思想情境中联系起来加以考察的方案,进而催生了思想史上性质迥异的两类社会革命形式:和平改良与暴力革命。前者是19世纪英国社会主义观念政治的主流,后者是马克思解放政治的根本。

一、一种研究法国大革命的新范式

法国大革命研究在新时期新领域取得新进展,必须进一步解放思想、实事求是,在守正创新中推动新旧范式转换,以新事实、新材料为根据不断探索新理念、新方法。就此而言,西方马克思主义的探索是值得肯定的。20世纪80年代,英国马克思主义者佩里·安德森提出,1789年的法国大革命使"西方的整个意识形态世界改

---

[1] 费伦茨·费赫尔:《法国大革命与现代性的诞生》,罗跃军等译,黑龙江大学出版社,2010,第35—36页。

观了"[1],第一次在学术史上将近200年来对法国大革命的传统理解延伸和拓展到了观念政治学领域。接着,美国学者小威廉·H.休厄尔(William H. Sewell Jr.)谈到"革命本身的思想"是法国大革命"没有预期到的"产物之一[2]。21世纪初,美国新马克思主义者伊曼纽尔·沃勒斯坦更是直言不讳地指出,"法国大革命是这个现代世界所有政治激情的体现,可能甚至比它唯一真正可匹敌的一个象征性事件——俄国革命更彻底"[3],进而将安德森开启的法国大革命研究推进到了更具前瞻性的反思领域。至此,西方马克思主义推动的法国大革命研究至少在三个理论节点上实现了突破。一是学科界限的跨越,即从史学等专业学科领域进入更加前沿的交叉学科领域,如法国大革命与现代性问题的研究。二是价值观的中立,即更加注重问题本身的研究,如法国大革命"文化性解读"的兴起。三是研究对象(目标)的创新,即实现了从深度向广度的质性跃迁,如法国大革命"社会性解释"[4]的转型,等等。在我们看来,这不仅大大推进了学术界对法国大革命价值逻辑的多元化理解,而且还预设了一种解读法国大革命的新范式,即比较政治学的视野及方法论构架,为法国大革命的社会性解读模式进一步走向当代提供了重要的契机。

1　Perry Anderson, *Arguments with English Marxism* (London: The Verso Press, 1980), p. 36.
2　William H. Sewell, Jr, "Ideologies and Social Revolutions: Reflections on the French Case," *The Journal of Modern History* 57, No. 1 (1985): 81.
3　伊曼纽尔·沃勒斯坦:《现代世界体系——资本主义世界经济大扩张的第二时期1730—1840年代》(第三卷),郭方、夏继果、顾宁译,社会科学文献出版社,2013,第21页。
4　T. C. W. 布兰宁:《法国大革命:阶级战争抑或文化冲突》,梁赤民等译,北京大学出版社,2020,第15页。

二、19世纪英国社会主义观念图景中的"法国革命"

和平改良是马克思主义诞生前19世纪社会主义运动中较为流行的一种社会革命形式，英国的情况最为典型。这一度被认为是法国大革命在英国的独特回响。这种独特性的形成有其特定的历史、文化和社会根源。从历史上看，法国大革命在英国知识界最早引起强烈关注，随后又在劳工界产生广泛影响。19世纪英国知名政治哲学家威廉·葛德文（William Godwin）三卷本的《政治正义论》，之所以被认为"是法国启蒙运动和法国大革命在英国文坛上最独特、最令人注目的反响之一"[1]，是因为葛德文不仅亲身经历过法国大革命，而且还终身热衷于推翻旧制度的社会革命。此外，英国文坛还出现了一个"热心法国革命"的历史时期，年轻的科勒里季（Samuel Taylor Coleridge）、骚锡（Robert Southey）、华兹华斯（William Wordsworth）和约翰·锡尔沃耳（John Thelwall）是其间最活跃的代表[2]，他们以激进文学方式对布尔乔亚统治的浪漫主义批判，实质是公开反抗资本主义制度的战斗宣言。法国大革命的革命逻辑，正是通过例如葛德文和19世纪英国文坛浪漫主义诗人的体验式复现，给后世的英国社会主义者，尤其是中产阶级的知识分子社会主义者以思想教益和实践启迪。罗伯特·欧文的社会主义转向充分说明了这一点，尽管他始终主张以和平的方式变革旧制度建立新社会。

对于英国劳工界来说，法国大革命"开发了民主共和主义在民

---

[1] 维·彼·沃尔金等：《论空想社会主义》（中卷），郭一民等译，商务印书馆，1982，第116页。
[2] 马克斯·比尔：《英国社会主义史》（上卷），何新舜译，商务印书馆，1959，第92页。

众动员方面的潜力,并营造了革命变迁中催人奋进的紧张气氛"[1]。换句话说,法国大革命不仅为新政治文化变迁中的英国工人激进运动提供了舆论支持,更重要的是为复活英国的雅各宾传统在思想上做了准备。需要指出的是,英国劳工界对这种外来"政治文化"的吸收,离不开英裔美籍思想家托马斯·潘恩(Thomas Paine)发挥的纽带作用。进一步说,英国工人激进主义(英国劳工社会主义的早期形式)的形成,与潘恩的代表作——《人的权利》的中介息息相关。《人的权利》之所以能够在法国大革命和英国工人激进主义之间架起联系的桥梁,是因为其取材于法国大革命的"人权"逻辑在被英国中产阶级奉为圭臬的同时,还得到了广大劳工群众的积极响应。这条逻辑用潘恩的话来讲,即:

> 一、人在权利上生来而且始终是自由和平等的。为此,社会区别只能建立在公共功能的基础之上。二、一切政治结社的目的,均在于保护人的天赋和不可剥夺的权利;这些权利是:自由、财产、安全及反抗压迫。三、国民系整个主权之本原;任何个人、任何人群都不得拥有并非明确来自国民的任何权力。[2]

很显然,"国民"的概念在这里模糊了阶级的界限,进而使法国大革命的"革命"逻辑作为观念意识形态(英国人与生俱来拥有一种追求自由和平等的权利),直接以某种潜在的抗争意识进入工业革命条件下生产与交换、资本与劳动、阶级国家与普罗社会之间的

---

[1] 林·亨特:《法国大革命中的政治、文化和阶级》,汪珍珠译,华东师范大学出版社,2011,第28页。
[2] 托马斯·潘恩:《人的权利》,戴炳然译,复旦大学出版社,2013,第96页。

矛盾日益激化的英国，形塑了不能直接用于区分某种阶级存在类型的本土化意义上的英国雅各宾传统。

法国大革命通过《人的权利》激发了英国工人激进主义。但是，激进主义作为一种雅各宾传统起初只是英国有产阶级，特别是中产阶级知识分子的"专利"。那么，英国工人激进主义是如何在法国大革命创造的"新政治文化"氛围中得以确立并发挥作用的呢？

第一，在扬弃英国中产阶级温和的雅各宾传统中得以确立自身。法国大革命以来，"革命"的内涵正不断固化为一个国家或社会与政治生活中出现的一种突然的、根本性的、革故鼎新式的改变。[1] "激进派（这里指英国中产阶级旧激进派——引者注）相信，宣扬自由、平等和博爱将预示着理性与正义时代的到来，只有在那样的时代里才有和平与繁荣"[2]。但是，英国工人激进派并不满足于中产阶级仅停留在理性和正义层面追求变革政治生活的想象。换言之，基于改变经济上被剥削、政治上受压迫的双重目的，英国工人阶级明确要求消灭旧式激进主义的幻想，创造属于自己的激进主义，进而推翻资产阶级的国家政权。法国大革命时期英国有组织的群众性运动出现了第一次高潮，是这种目标向前推进的良好开端。同时，这也被认为是"法国革命在英国造成的意想不到的后果"[3]。早期的英国工人激进主义，特别是1848年前的宪章派社会主义，正是在这样一种强烈愿望驱动下形成和发展起来的。也正是在这一过程中，中产阶级温和的雅各宾传统最终被扬弃，工

---

1 费伦茨·费赫尔：《法国大革命与现代性的诞生》，罗跃军等译，黑龙江大学出版社，2010，第17页。
2 哈里·狄金森：《英国激进主义与法国大革命：1789—1815》，辛旭译，北京师范大学出版社，2016，第111页。
3 钱乘旦、许洁明：《英国通史》，上海社会科学院出版社，2012，第239页。

人激进主义文化得以确立。正如英国学者哈里·狄金森(Harry T. Dickinson)在《英国激进主义与法国大革命:1789—1815》中指出的:

> 毫无疑问,法国的政治事件在复苏那些富有经验的激进派对英国国内改革的兴致一事上,起到了重要的推动作用……但是,法国大革命最大的影响却体现在那些18世纪90年代早期涌现出来,遍布于伦敦和其他地方郡县更为激进的新团体身上。这些新的激进派经常被称作英国雅各宾派。它们竭力发展组织机构,将其成员成分扩展到更低的社会阶层,推进更具革命性的目标,并且发展出实现这些目标的新方式。法国大革命唤醒这些人投入政治行动,并为他们提供了纠正自己所受社会不公的理念。[1]

第二,在扬弃法国资产阶级雅各宾传统的过程中得到更新和再兴。英国工人激进主义形成后,通过对法国大革命资产阶级性质的否定性超越,在社会主义革命的思想情境中实现了革命主题的转换,这既是法国大革命革命逻辑在英国的新生,也是社会主义革命逻辑优越于资产阶级革命逻辑的重要体现。1848年后宪章派左翼的崛起,充分证明了这一点(参见下篇第五章)。这也告诉我们,法国资产阶级的雅各宾传统,实际上是在宪章派左翼的马克思主义转向过程中逐渐被克服并在新的质点得到延续的。

随着英国工人激进主义的形成和发展,法国大革命的革命逻

---

[1] 哈里·狄金森:《英国激进主义与法国大革命:1789—1815》,辛旭译,北京师范大学出版社,2016,第13页。

辑在新的理论和实践层面实现了价值重塑,但这并没有使英国的工人激进主义超越资产阶级改良主义而成为19世纪英国"社会革命"的主导意志。在19世纪英国社会主义思潮史上,欧文自始至终被认为是和平改良资本主义"无理性制度"的积极倡导者,"转向马克思主义后,宪章派左翼重新回到与中产阶级联合的老路,海德门又走上保守党的改良主义道路,而莫里斯复兴工艺美术的极限抱负使其陷入了乌托邦共产主义的泥潭"[1]。从文化和社会根源来看,这不仅与英国工会斗争(以经济斗争为主)和政治斗争的畸形发展有关,而且还与"柏克定律"形成以来英国社会不断发展壮大的保守主义文化的根深蒂固相关——正所谓"现状说明英国改良胜过法国革命"[2]。总之,由于近代英国形成的独特的历史文化传统和政治环境的共同作用,19世纪英国的社会主义在其和平改良的"社会革命"逻辑最终走向空想的事实中不可避免地回到了法国大革命的资产阶级"政治革命"的逻辑原点。

三、马克思解放政治框架中的法国大革命

法国大革命的革命逻辑在新的理论和实践层面实现的价值重塑,虽然没有促使19世纪英国走出"社会革命"的和平改良逻辑,但却引导马克思创立了关于无产阶级解放的暴力革命学说,在社会革命领域开启了实现人类解放的新政治、新未来。马克思通过对法国大革命革命逻辑的接受、批判和改造,系统阐述了包括革命

---

[1] 陈挺:《19世纪英国社会主义思潮的三次马克思主义转向》,《马克思主义理论学科研究》,2020年第4期第160页。
[2] 埃德蒙·柏克:《反思法国大革命》,张雅楠译,上海社会科学院出版社,2014,第29页。

的动力、领导力量、道路和前途的社会革命的新路径。

在马克思看来,法国大革命的革命逻辑体现了一种现代意义上的解放政治,即表征"政治国家的建立和市民社会分解为独立的个体"[1],这无疑是历史的进步。由于"法国贵族和法国僧侣的消极普遍意义决定了同他们最接近却又截然对立的阶级即资产阶级的积极普遍意义"[2],市民社会从封建的等级制、同业公会和特权中解放出来,资产阶级这个特定的阶级获得了民主自由。但是,法国大革命的"解放政治"没有超出政治解放的叙事框架。这是因为,"政治革命把市民生活分解成几个组成部分,但没有变革这些组成部分本身,没有加以批判。它把市民社会,也就是把需要、劳动、私人利益和私人权利等领域看作自己持续存在的基础,看作无须进一步论证的前提,从而看作自己的自然基础"[3]。再进一步,法国大革命作为资产阶级革命,只是市民社会的一部分解放了自己,从而取得普遍统治,它丝毫不触及旧制度的基础。这是政治解放不彻底的原因,也是它的表现。而要突破政治解放的历史局限性,政治革命就必须上升为社会革命,进而实现人的解放。

那么,社会革命的实际可能性在哪里呢?马克思认为,"就在于形成一个被戴上彻底的锁链的阶级,一个并非市民社会阶级的市民社会阶级,形成一个表明一切等级解体的等级……社会解体的这个结果,就是无产阶级这个特殊等级"[4]。"无产阶级要求否定私有财产"[5],并对社会进行革命的改造。"革命之所以必需,不仅是因为没有任何其他的办法能够推翻统治阶级,而且还因为推

---

1 《马克思恩格斯全集》(第3卷),人民出版社,2002,第188页。
2 《马克思恩格斯全集》(第3卷),人民出版社,2002,第211页。
3 《马克思恩格斯全集》(第3卷),人民出版社,2002,第188页。
4 《马克思恩格斯全集》(第3卷),人民出版社,2002,第213页。
5 《马克思恩格斯全集》(第3卷),人民出版社,2002,第213页。

翻统治阶级的那个阶级,只有在革命中才能抛掉自己身上的一切陈旧的肮脏东西,才能胜任重建社会的工作"[1]。当代美国历史学家、年鉴学派新生代代表林·亨特(Lynn Hunt)据此认为,"马克思是从法国大革命这个例子中形成了可以通过革命重新构建社会的观念"[2]。这是一个重要的发现。但是,这里的革命显然不是也不应该是资产阶级"政治解放"意义上的革命,而是无产阶级领导的具有社会灵魂的社会革命。它的前途是具有更高的生产力和与之相适应的生产关系的社会主义。"社会主义不通过革命是不可能实现的。社会主义需要这种政治行动,因为它需要破坏和废除旧的东西。但是,只要它的有组织的活动在哪里开始,它的自我目的,即它的灵魂在哪里显露出来,它,社会主义,也就在哪里抛弃政治的外壳"[3]。这正是马克思从法国大革命的革命逻辑中得到的教益。因此,资产阶级革命逻辑必然要被社会主义革命逻辑所取代,资产阶级革命要进一步走向社会主义革命。在马克思那里,社会主义革命常常被称为"共产主义革命"。

共产主义革命的前途是人类解放,"任何解放都是使人的世界和人的关系回归于人自身"[4]。这一方面是马克思基于卢梭的政治人抽象概念,批判反思法国大革命的政治解放逻辑——"把人归结为公民,归结为法人"[5]得出的"一种带有伦理意味的主体辩证法逻辑推论的结果"[6]。另一方面,则在社会革命的本体论层面解

---

[1] 《马克思恩格斯选集》(第1卷),人民出版社,2012,第171页。
[2] 林·亨特:《法国大革命中的政治、文化和阶级》,汪珍珠译,华东师范大学出版社,2011,第66页。
[3] 《马克思恩格斯全集》(第3卷),人民出版社,2002,第395页。
[4] 《马克思恩格斯全集》(第3卷),人民出版社,2002,第189页。
[5] 《马克思恩格斯全集》(第3卷),人民出版社,2002,第189页。
[6] 张一兵:《马克思:共产主义与人类主体的现实解放》,《社会主义研究》,1995年第4期第42页。

释了人与社会发展的内在一致性和辩证前景。就此而论,法国大革命史研究专家、法国学者弗朗索瓦·傅勒(François Furet)的推论是有一定道理的。他在《马克思与法国大革命》中指出:

> 搞懂法国革命一再复活的特性是19世纪政治思想的一个经典问题。它首先由从卢瓦耶——拉科尔到托克维尔的那些自由主义者提出,并为基佐的思想和政治活动提供了全部意义。对马克思来说,这个问题的提法似乎搞反了:这不是一个终结革命的问题,而是一个发动另一场革命的问题。后一革命也许在形式上相似,然而由于其内容不再是政治革命,而是社会革命,因而确定是一场新的革命。1789年标志着中产阶级的胜利;19世纪的任务就是确保无产阶级的胜利。现代的冲突不再是资本家和贵族之间的对立,而是在资本主义经济的两大集团——工人阶级和资产阶级——之间的冲突。[1]

但是,傅勒解释法国大革命的政治决定论立场决不会明白:马克思之所以不会像他那样孤立、抽象地看待法国大革命的革命逻辑,尤其是看不到法国大革命所代表的资产阶级革命的现实合理性,是因为他认识到"迄今为止的一切革命始终没有触动活动的性质,始终不过是按另外的方式分配这种活动,不过是在另一些人中间重新分配劳动,而共产主义革命则针对活动迄今具有的性质,消灭劳动,并消灭任何阶级的统治以及这些阶级本身"[2]。相较而论,法国当代激进左翼哲学家阿兰·巴迪欧(Alain Badiou,

---

[1] 傅勒:《马克思与法国大革命》,朱学平译,华东师范大学出版社,2016,第78页。
[2] 《马克思恩格斯选集》(第1卷),人民出版社,2012,第170—171页。

1937—)倡议在 21 世纪重新打造"共产主义假设"的思路则是发人深省的。在他看来,"伴随着法国大革命的爆发,共产主义假设(19 世纪的马克思与巴黎公社是其第一阶段)开启了政治现代性的时代"[1]。也就是说,巴迪欧透过法国大革命倒是看到了人的解放的攸关问题,即"'解放'是一种历史活动,不是思想活动"[2],只不过他希冀出现的新"政治事件"始终存在着"撇开了一切经济内涵"[3]的吊诡。

那么,事情似乎又回到了它的原点。不过,马克思有言在先,真正的人的解放"只有在现实的世界中并使用现实的手段才能实现"[4]。在实现人类解放的道路上,我们始终需要记取的是:

> 共产主义对我们来说不是应当确立的状况,不是现实应当与之相适应的理想。我们所称为共产主义的是那种消灭现存状况的现实的运动。这个运动的条件是由现有的前提产生的。[5]

也就是说,通过对法国大革命资产阶级革命逻辑的批判改造,马克思找到了使"社会革命"的逻辑走向科学并应用于指导实践的解决方案,即在具体的建立在对社会现实的超越决定的政治实践(暴力革命的方式)中,开创出一个全新的路径和方向,这条路径,就是共产主义。

---

1 阿兰·巴迪欧:《共产主义假设》,载复旦大学当代国外马克思主义研究中心《当代国外马克思主义评论》(第 8 辑),人民出版社,2010,第 35 页。
2 《马克思恩格斯选集》(第 1 卷),人民出版社,2012,第 154 页。
3 Alain Badiou, *Condtions* (New York: Continuum, 2008), p. 173.
4 《马克思恩格斯选集》(第 1 卷),人民出版社,2012,第 154 页。
5 《马克思恩格斯选集》(第 1 卷),人民出版社,2012,第 166 页。

四、正确认识"社会革命"的两种形式

和平改良与暴力革命作为社会主义思想史上"社会革命"的两种基本形式,在社会主义的价值追求上以不同的方式延续和发展了法国大革命的革命逻辑。这是我们在法国大革命的视域中比较19世纪英国社会主义观念和马克思的社会主义学说得出的结论。但是,这并非要模糊两者的界限。相反,我们必须明确两者的原则分歧和差异。

首先,和平改良的本质是社会改良。19世纪英国社会主义的"社会革命"方案提供了最具说服力的素材。第一,反对一切形式的阶级斗争尤其是工人的革命行动,将"社会革命"的发动完全寄托在统治阶级身上。比如《共产党宣言》"批判的空想的社会主义和共产主义"中公开揭露的欧文及"欧文派"的学说和海德门的"社会主义自动实现论"。第二,强调脱离革命行动的选举政治,将社会主义的实现寄托在工人阶级的革命教育上。比如晚年莫里斯乌托邦式的"民主"共产主义观。

由此可见,19世纪英国社会兴起的和平改良的"社会革命"形式,实质上是一种资产阶级的"社会管理学",因为这种"方案"将社会改良本身当作目的。正是在这一意义上,波兰马克思主义者罗莎·卢森堡(Rosa Luxemburg)在主要是批判修正主义者爱德华·伯恩斯坦(Eduard Bernstein)的《社会改良还是社会革命?》一文中指出,"它不愿意资本主义矛盾完全成熟,通过革命的突变在

尖头上消灭矛盾,它倒愿意折断矛盾的尖头,缓和矛盾"[1]。这与马克思主张暴力革命作为"社会革命"形式的解放政治形成鲜明对比。

其次,暴力革命是社会革命的根本形式。马克思人类解放的革命新政治,不仅看到了法国大革命的资产阶级革命逻辑及其发展出的社会主义革命逻辑,而且还将被统治阶级的解放和共产主义的价值原则统一了起来,将科学性与实践性相统一的方法论原则融入"共产主义运动"的全过程(详见中篇第四章第三节)。

最后,两种"社会革命"形式的当代变迁及启示。法国大革命作为母题,对于暴力革命与和平改良这两种相互冲突的"社会革命"形式的早期形成而言,无疑是名副其实的。然而,还需指出的是,从两种"社会革命"形式的当代变迁路径来看,法国大革命的影响依然清晰可见,这主要表现在两条截然不同的"社会革命"道路的孕育。一条恪守和平改良的原则。以英国为例,20世纪以来,在英国工党社会主义意识形态变迁的不同阶段产生了悉尼·韦伯(Sidney Webb)和贝阿特丽丝·韦伯(Beatrice Potter Webb)夫妇、萧伯纳(George Bernard Shaw)等代表的费边社会主义道路,哈罗德·拉斯基(Harold Joseph Laski)、安东尼·克罗斯兰(Anthony Crosland)等代表的"民主社会主义"道路以及安东尼·吉登斯(Anthony Giddens)的"第三条道路"等。不过,由于和平改良的内在局限,工党逐步取消公有制条款的"社会革命"策略很快也破产了。一条坚持暴力革命的主张由马克思提出。以经典马克思主义为例,20世纪以来,在科学共产主义谱系内部先后走出了

---

[1] 罗莎·卢森堡:《社会改良还是社会革命?》,徐坚译,生活·读书·新知三联书店,1958,第30—31页。

俄国的"十月革命"道路,旧中国的新民主主义革命道路,新中国的社会主义革命、建设和改革的道路等。必须指出的是,中国道路是俄国"十月革命"道路的延续和创新。

两种"社会革命"形式的当代延展昭示我们:只有树立马克思主义的世界观,才能客观全面地揭示法国大革命的革命逻辑及其内蕴的丰富时代内涵。同时,也只有坚定"社会革命"的社会主义立场,避免资产阶级改良主义的侵蚀,才能将法国大革命在当代创造的具有第一性的"事件"文化推向朝着马克思奠定的革命事业前进。

第三节
思想文化传统的时空政治

思想文化传统是历史长时段中形成的具有持久影响力和相对稳定性的一种精神现象(意识的形态),它是人们日常生活和思考的重要依据,同时也是不同社会主义思潮酝酿、形成的先天构式和"活性"成分。诚如莱泽克·科拉科夫斯基所言,"激励社会主义思想的不仅仅是对受压迫阶级苦难的反思,而且还有诸如利益的敌对和冲突,以及关于不平等和压迫违背上帝或大自然让人们生活在和平与和谐状态之中的意志这些问题的哲学的或宗教的观念"[1]。马克思和19世纪英国社会主义,除了在工业革命和法国大革命的社会历史情境中从不同视角对资本主义进行解构,还基

---

[1] 莱泽克·科拉科夫斯基:《马克思主义的主要流派》(第1卷),唐少杰、顾维艰、宁向东译,黑龙江大学出版社,2015,第189页。

于相同的思想文化传统,在体现为自然法的奴隶与主人、理性主义的放逐与拯救、清教精神的遮蔽与解蔽等的差异化理解及其后果的认识论图景中建构了截然不同的社会主义立场及方法。

一、自然法的奴隶与主人

自然法本质上是一种历史唯心主义的伦理学体系。作为思想文化传统,自然法"既影响着西方人的日常道德行为和政治活动,也影响着他们对于整个世界秩序的构想。这些东西经历千多年之久的思考、辩驳和传承而积淀成为西方社会潜在的合法性意识"[1]。一般来说,自然法是在亚里士多德、斯多葛学派、罗马法、中世纪经院主义、文艺复兴及其以后,特别是古典经济学家的自然法理论的基础上形成发展起来的。作为后世哲学和政治学观念的衍生地和竞技场,自然法在18世纪发展到了最高峰——正所谓"18世纪是与基督教精神相反的古典古代精神的复活。唯物主义和共和政体——古代世界的哲学和政治——又复活了"[2]。

尽管随着19世纪科学实证主义、社会历史主义、文化浪漫主义等现代理论的兴起,自然法经历了不断边缘化的过程。但每当社会发生动荡或剧变的时候,总会出现自然法的"复兴"运动。在英国,这集中体现在:自然法凭借一种依赖意识,被从事社会批判的理论家和政治活动家运用于敌对观点的反驳或正义行为的伸张。

然而,罗伯斯庇尔(Maximilien Robespierre,1758—1794)和

---

1 吴彦:《自然法名著译丛总序》,载雅克·马里旦《人权与自然法》,吴彦译,商务印书馆,2019,总序第1页。
2 《马克思恩格斯文集》(第1卷),人民出版社,2009,第89页。

拿破仑(Napoléon Bonaparte，1769—1821)对让-雅克·卢梭(Jean-Jacques Rousseau，1712—1778)自然权利说的毁坏，加之埃德蒙德·柏克(Edmund Burke，1729—1797)的推波助澜，自然法曾一度被耶利米·边沁[1]的功利主义所取代。边沁的一个核心观点是"最大多数人的最大幸福是正确与错误的衡量标准"[2]。很显然，它启发了罗伯特·欧文、威廉·汤普森[3]和约翰·格雷[4]等一批倡导人类幸福论的19世纪早期英国社会主义者。也正是在这一意义上，马克思、恩格斯在《神圣家族》(1844)中指出，"欧文则从边沁的体系出发去论证英国的共产主义"[5]。不过，与葛德文把功利原则完全一般地理解为公民的义务不同，功利主义创始人边沁"在人类的爱无非是开明的利己主义这一论点中承认，单个利益和普遍利益是同一的，而且还用最大多数人的最大幸福代替了'普遍

---

[1] 耶利米·边沁(Jeremy Bentham，1748—1832)，英国社会学家、哲学家和经济学家，功利主义理论的主要代表，主张效用原则是社会生活的基础。边沁的主要著作包括：《关于政府的断想》(又译《政府片论》，1776)、《道德与立法原则导论》(1789)以及《惩罚和奖赏的理论》(埃·杜蒙编，1826)。

[2] 边沁：《政府片论》，沈叔平译，商务印书馆，1995，第92页。

[3] 威廉·汤普森(William Thompson，1785？—1833)，爱尔兰经济学家，李嘉图派空想社会主义者，欧文的信徒。汤普森早期信仰边沁的功利主义，1822年开始转向欧文学说，是"从功利主义者发展成为资本主义剥削的早期批评者，其思想影响了合作社、工会、宪章运动以及卡尔·马克思"［参见：William Thompson, *Dictionary of National Biography* (1st Supplement)(London: Smith, Elder & Co. 1901).］汤普森的主要代表作是：《最能促进人类幸福的财富分配原理的研究》(1824)、《人类一半(妇女)为反对人类另一半(男人)使她们在政治上、从而在社会上和家庭中屈居奴隶地位而发出的呼吁》(1825)、《劳动的报酬》(1827)以及《根据互助合作、共同占有、平等劳动和平等分配生活享受资料各项原则，迅速而经济地建立公社的具体建议》(1830)等。

[4] 约翰·格雷(John Gray，1798—1850)，欧文派社会主义者，李嘉图式社会主义经济学家。格雷同时也是一位多产的学者，他的主要著作包括：《人类幸福论》(1825)、《社会制度．论交换原理》(1831)、《防止人民不幸的可靠手段》(1842)、《关于货币的本质和用途的讲义》(1848)、《通货问题》(1847)以及《社会制度》(1851)等。

[5] 《马克思恩格斯全集》(第2卷)，人民出版社，1957，第167页。

福利'"[1]。也就是说,边沁进一步强调了功利原则的根本社会本性,即个人的利益。

  这里,边沁在自己的经验中犯了黑格尔在理论上犯过的同样错误;他没有认真地克服二者的对立,他使主语从属于谓语,使整体从属于部分,因此把一切都颠倒了。最初他说普遍利益和单个利益是不可分的,后来他就仅止于片面地谈论赤裸裸的单个利益;他的论点只是另一个论点即关于人就是人类的论点在经验上的表现,但因为这一论点是在经验上表现出来的,所以它不是把类的权利赋予自由的、意识到自身和创造自身的人,而是赋予粗野的、盲目的、陷于矛盾的人。边沁使自由竞争成为伦理道德的实质,他根据财产的规律即物的规律,根据自然规律调整人类的关系;因此,这里是旧的、基督教的、自然形成的世界秩序的结束,即外在化的最高点,而不是那种应该由意识到自身的人在完全自由的条件下创造的新秩序的开始。[2]

这样一来,边沁的功利主义哲学就将个人完全凌驾在社会之上,同时把人的相对独立性看成对物的绝对依赖性,进而不可避免地将对社会应尽的义务、道德和责任等"普遍利益"置于相对次要的地位。这样一种"社会"的观念,用 R. H. 托尼的话说,就是把社会当作"股份公司而不是一个有机组织,股东们的责任是完全有限

---

[1] 《马克思恩格斯文集》(第1卷),人民出版社,2009,第106页。
[2] 《马克思恩格斯文集》(第1卷),人民出版社,2009,第106页。

的。他们加入它为的是保证永恒的自然法则已经授予他们的权利"[1]。

更重要的是,"边沁没有越出国家的范围,但他抽去了国家的全部内容,用社会的原则代替了政治的原则,使政治组织成为社会内容的形式,因而使矛盾达到了最高点"[2]。要从根本上化解这一矛盾,已然超出了社会主义者欧文及其追随者的能力范围。不过,他们并没有就此放弃,而是开发了一种更加高级和严密的功利主义自然法体系。之后,通过霍吉斯金等李嘉图式社会主义者、1848年前的宪章派社会主义者的努力,加之日益尖锐的新旧济贫法之争,自然法又恢复了其反资本主义论证的主流地位。

19世纪早期英国的"共产主义者、社会主义者和反资本主义批评家",对自然法的理解主要聚焦于财产权公有的自我意识的依赖。在他们看来,财产权不再是神圣不可侵犯,而是要为了社会的"共同善"而"再分配"。这是对洛克论述的财产成为人的一项权利的重新思考。正是在此基础上,他们形成了财产公有的自然权利说。概括起来有两个要点:第一,土地等表现为物质生产、生活资料的财富原本是公有的;第二,劳动是创造和衡量财富或财产的唯一标准。进一步的目的,或许是为了支持这样一些革命的论点:既然财产公有是"自然"的规定,那么,私有财产的存在则是不道德的,应该消灭私有财产赖以产生的人为制度;既然劳动创造并占有财产是"自然"的规定,那么,地租、利润和利息等非劳动收益则是不允许的,应该取缔一切不劳而获的行为,确保劳动在产品分配过程中所处的永恒真理位置,即劳动的人格权。然而我们看到,19

---

[1] R. H. Tawaney, *Religion and the Rise of Capitalism: A Historical Study* (London: The Butler & Tanner Ltd Press, 1948), p.192.
[2] 《马克思恩格斯文集》(第1卷),人民出版社,2009,第106页。

世纪英国社会主义者从欧文到威廉·莫里斯，都只是在自然法的经验直观（消极肯定）领域注解自然法，进而充当了自然法的奴隶。关于这一点，我们将在下面几章的相关论述中得到进一步证实。

与前者不同，马克思在辩证反思（积极否定）的意义上理解自然法，进而成为自然法的主人。当然，熟悉马克思思想发展史的人们都知道，马克思对自然法特别是近代自然法的批判始于《黑格尔法哲学批判》，而定型于《德意志意识形态》[1]。但是，马克思何以超越了自然法，以及怎样在共产主义历史运动和社会主义的思想谱系内解读自然法的问题，一直没有得到系统的回答。在这里，我们认为，除了德法年鉴时期马克思在《论犹太人问题》和《〈黑格尔法哲学批判〉导言》中对自然法所做的历史现象学解构之外，《1844年经济学哲学手稿》是一个关键性的思想文本。这主要是因为，在这一阶段，马克思已经开始在哲学社会主义（或积极人道主义）的思想路径上理解和阐释自然法，进而为马克思后来基于历史唯物主义的自然法批判和改造奠定了基础。具体说来，马克思通过揭露"国民经济学"长期以来对自然法的资产阶级政治经济学滥用，以不破坏自然法常识为一般的知识论边界，在共产主义历史运动和社会主义的思想谱系内成功地扬弃了自然法，即既克服了欧文、李嘉图式社会主义者等长期将自然法当作其假定回归或观念构造基础的缺陷，又保留了自然法在去中介化的思辨理性中的德性地位。

首先，在"异化劳动和私有财产"部分，马克思从总体上指认了"国民经济学"的自然法僭越，即作为国民经济学基础的私有财产

---

[1] 相关讨论参见林进平：《马克思对近代自然法正义观的批判——从〈黑格尔法哲学批判〉到〈德意志意识形态〉》，《马克思主义与现实》，2008年第6期第27—32页。

并非不证自明的逻辑的事物(自然的秩序),而是有待进行前提批判的事物的逻辑(社会的秩序)。没有私有财产的政治经济学也能够存在。基于此,在关于私有财产的本质的探讨中,马克思明确指出:

> 国民经济学从私有财产的事实出发。它没有给我们说明这个事实。它把私有财产在现实中所经历的物质过程,放进一般的、抽象的公式,然后把这些公式当作规律。……国民经济学家只是使问题坠入五里雾中。……就是说,他把他应当加以说明的东西假定为一种具有历史形式的事实。[1]

进一步说,在马克思看来,"私有财产的事实"不是也不应该成为国民经济学家口中所谓的"必然的、不可避免的、自然的结果"[2]等滥用自然法的词句,相反,它需要在现实的物质生产层面得到澄清。因此,马克思接着指出:

> 我们且从当前的经济事实出发。……这一事实无非是表明:劳动所生产的对象,即劳动的产品,作为一种异己的存在物,作为不依赖于生产者的力量,同劳动相对立。劳动的产品是固定在某个对象中的、物化的劳动,这就是劳动的对象化。劳动的现实化就是劳动的对象化。在国民经济学假定的状况中,劳动的这种现实化表现为工人的非现实化,对象化表现为对象的丧失和被对象奴役,占有表现为异化、外化。[3]

---

[1] 《马克思恩格斯全集》(第3卷),人民出版社,2002,第266—267页。
[2] 《马克思恩格斯全集》(第3卷),人民出版社,2002,第267页。
[3] 《马克思恩格斯全集》(第3卷),人民出版社,2002,第267—268页。

也就是说,尽管私有财产表现为异化劳动的根据,但从现实的角度来看,私有财产是作为"当前经济事实"的异化劳动的结果出现的。离开异化劳动就不存在所谓私有财产的事实,这是国民经济学家没有说明的"事物的逻辑"。马克思从异化劳动对私有财产的关系进一步得出结论:

> 社会从私有财产等等解放出来、从奴役制解放出来,是通过工人解放这种政治形式来表现的,这并不是因为这里涉及的仅仅是工人的解放,而是因为工人的解放还包含普遍的人的解放;其所以如此,是因为整个的人类奴役制就包含在工人对生产的关系中,而一切奴役关系只不过是这种关系的变形和后果罢了。[1]

其次,在"私有财产和劳动"部分,马克思指认了"启蒙国民经济学"对自然法的滥用,即作为财富(私有财产)的主体本质的劳动并非排斥人类文明,否定社会道德,不顾人的尊严的原始力量,而是人的本质力量的确证。劳动是扬弃私有财产的劳动。于是,马克思从劳动对私有财产的关系得出结论:

> 以劳动为原则的国民经济学表面上承认人,毋宁说,不过是彻底实现对人的否定而已,因为人本身已不再同私有财产的外在本质处于外部的紧张关系中,而是人本身成了私有财产的这种紧张的本质。……因此,如果上述国民经济学是从表面上承认人、人的独立性、自主活动等等开始,并由于把私

---

[1] 《马克思恩格斯全集》(第3卷),人民出版社,2002,第278页。

有财产移入人自身的本质中而能够不再受制于作为存在于人之外的本质的私有财产的那些地域性的、民族的等等的规定，从而发挥一种世界主义的、普遍的、摧毁一切界限和束缚的能量，以便自己作为惟一的政策、普遍性、界限和束缚取代这些规定，——那么国民经济学在它往后的发展过程中必定抛弃这种伪善性，而表现出自己的十足的昔尼克主义。它也是这么做的……它十分片面地，因而也更加明确和彻底地发挥了关于劳动是财富的惟一本质的论点，然而它表明，这个学说的结论与上述原来的观点相反，不如说是敌视人的。[1]

"启蒙国民经济学"（以斯密为代表）把劳动提高为政治经济学的唯一原则是有进步意义的，但它把私有财产的规律看作永恒的规律，把资本主义看作天然合理的社会形态，并竭力为此进行辩护，则是对自然法常识的公然违背和挑战。因为尽管自然法以抽象的正义为原则，但启蒙国民经济学家赤裸裸的犬儒主义意识形态将最后仅剩的体现为抽象正义的人的尊严也剥夺殆尽了。所以马克思说：

> 从斯密经过萨伊到李嘉图、穆勒等等，国民经济学的昔尼克主义不仅相对地增长了——因为工业所造成的后果在后面这些人面前以更发达和更充满矛盾的形式表现出来——，而且肯定地说，他们总是自觉地在排斥人这方面比他们的先驱走得更远，……因为他们使具有活动形式的私有财产成为主体，就是说，既使人成为本质，又同时使作为某种非存在物的

---

[1] 《马克思恩格斯全集》（第 3 卷），人民出版社，2002，第 290 页。

人成为本质。支离破碎的工业现实不仅没有推翻，相反，却证实了他们的自身支离破碎的原则。他们的原则本来就是这种支离破碎状态的原则。[1]

最后，在"私有财产和共产主义"部分，马克思在哲学社会主义（或积极人道主义）的阐释路径上扬弃了欧文和李嘉图式社会主义者的自然法崇拜，为从历史唯物主义角度理解和阐释自然法准备了条件。在马克思看来，推翻与启蒙国民经济学支离破碎的原则相对应的支离破碎的工业现实，就要从根本上消灭人的本质的异化、劳动的异化和私有财产，而"自我异化的扬弃同自我异化走的是一条道路"[2]。于是，马克思构建起从积极的人道主义立场出发理解和阐释自然法的社会主义独立意识。

第一，源于自然法依赖的欧文的"粗陋的共产主义"，"从私有财产的普遍性来看私有财产关系"，即以财产的公有（"自然的规定"）抽象地反对财产的私有，到处否定人的"个性"，始终是一种消极的人道主义追求。因此，要从"人的"需要的本性去理解私有财产的本质，而当认识到私有财产的本质就是人的自我异化的时候，才能在自然法的界限内从主体方面扬弃私有财产，走向现实的共产主义。

这种共产主义，作为完成了的自然主义，等于人道主义，作为完成了的人道主义，等于自然主义，它是人和自然之间、人和人之间的矛盾的真正解决，是存在和本质、对象化和自我

---

[1] 《马克思恩格斯全集》(第3卷)，人民出版社，2002，第291页。
[2] 《马克思恩格斯全集》(第3卷)，人民出版社，2002，第294页。

确证、自由和必然、个体和类之间的斗争的真正解决。它是历史之谜的解答,而且知道自己就是这种解答。[1]

第二,源于自然法依赖的消极的人道主义,看不到"历史的全部运动"对于共产主义的真实意义,而"在积极人道主义的视野中,共产主义最本质的规定是历史的运动"[2]。因为在马克思看来,"历史的全部运动,既是它的现实的产生活动——它的经验存在的诞生活动,——同时,对它的思维着的意识来说,又是它的被理解和被认识到的生成运动"[3]。事实上,包括"粗陋的共产主义"在内的各种"处于私有财产即人的异化的影响下"的共产主义都只是这一运动在不同历史阶段的理论表现形式。共产主义的历史运动的目标是社会主义。这集中体现了马克思的社会解放理念。正如马克思强调指出的,"社会性质是整个运动的普遍性质"[4],历史运动将社会主义作为人的本质的"积极的自我意识"和现实生活中"人的社会形式"。

第三,自然法只有在去中介化的思辨理性中运行才能被服务于共产主义的自我生成运动,进而以道德的自我保存方式实现"人的发展的目标"。欧文从无神论开始的共产主义以扬弃宗教的异化为中介,除了"重演了夫妻吵架医生劝解的故事"外,对于人和自然界的"实在性"的把握没有任何的现实性和实效性。这是对自然法关于人与自然关系的误识。事实上,"对社会主义的人来说,整个所谓世界历史不外是人通过人的劳动而诞生的过程,是自然界

---

1 《马克思恩格斯全集》(第3卷),人民出版社,2002,第297页。
2 韩蒙:《马克思思想变迁的社会主义线索》,江苏人民出版社,2021,第158页。
3 《马克思恩格斯全集》(第3卷),人民出版社,2002,第297页。
4 《马克思恩格斯全集》(第3卷),人民出版社,2002,第301页。

对人来说的生成过程"[1]。也就是说,"社会主义的人"不是通过"对神的否定"而设定的"人的存在",而是人通过自身劳动直接生成的去中介化的"社会存在物"。前者的结果堪比康德意义上的"人为自然立法",而后者的结果则相当于以"自然(无中介)"的名义为现实世界立法。因为社会主义"是从把人和自然界看作本质这种理论上和实践上的感性意识开始的"[2]。这是马克思在《1844年经济学哲学手稿》中实现的对自然法的哲学社会主义理解。

需要指出的是,在与恩格斯合著的《德意志意识形态》(1845)中,马克思将上述对自然法的哲学社会主义理解推进到了历史唯物主义层面;与此相关的,对私有财产违反人性的思考贯穿马克思的全部著作。也即是说,马克思对自然法的理解和运用一直保留了从道德层面对私有财产进行反思的自觉意识。当然,这也是自然法传统持续影响到马克思后期的政治经济学批判的重要原因。

二、理性主义的放逐与拯救

通俗地说,理性主义就是宣扬理性至上,它的本质是一种哲学立场或文化传统。在哲学史上,理性主义经历了从传统理性主义向现代理性主义的发展。正是在此过程中,主张通过社会改良或者革命的方式结束资本主义"非理性"制度的社会主义解决方案应运而生,并在19世纪中叶确立了自身的科学形态。

19世纪英国本土最早的社会主义观念,形成于现代理性主义兴起之初,还带有较多传统理性主义的色彩。比如:坚持绝对真理

---

[1] 《马克思恩格斯全集》(第3卷),人民出版社,2002,第310页。
[2] 《马克思恩格斯全集》(第3卷),人民出版社,2002,第311页。

观、把价值抽象普遍化、遵循线性进步史观等等。对此,恩格斯曾以欧文及其门徒为例,在其早期著作《英国工人阶级状况》中进行了不遗余力的批判。在恩格斯看来:

> 社会主义者十分温顺随和;不管现存的各种关系如何坏,他们还是承认这些关系有合理性,因为他们除了争取公众信任外,对改变现存关系的其他一切途径是一概否定的。同时他们的原则又是如此抽象,如果他们的原则保持现在的形式,他们是永远也不能争得公众信任的。此外,社会主义者还经常抱怨下层阶级颓废堕落,他们看不见社会制度的这种瓦解中含有进步成分,看不见唯利是图的伪善的有产阶级更严重的道德堕落。他们不承认历史的发展,所以他们打算一下子就把国家置于共产主义的境界,而不是进一步开展政治斗争以达到国家自行消亡的目的。他们固然了解工人为什么反对资产者,但是,他们认为愤怒这种唯一能够引导工人前进的手段并没有什么用处,为此他们宣扬对英国的现状更加没有用处的慈善和博爱。他们只承认心理的发展,只承认和过去毫无联系的抽象的人的发展。[1]

众所周知,这种局面的出现,归根结底是由当时英国不成熟的社会矛盾和阶级斗争状况所决定的。但不可否认的是,这种通常被界定为非科学形态的社会主义的出现还有其与生俱来的"决定性"因素,即支撑它形成和发展的"理性"根基。那么,19世纪英国社会主义者眼中的理性是什么?他们又是如何放逐作为一种认识

---

[1] 《马克思恩格斯文集》(第1卷),人民出版社,2009,第471—472页。

论根基的理性主义传统的？

英国人和德国人、法国人一样，相信理性是此岸世界的神圣存在物。但是，自从"培根未能用他的理性解决唯心主义和实在论的矛盾"以来，英国人"就认为理性根本不能解决这个矛盾，干脆把唯心主义丢到一边，而把经验看作是惟一的拯救良方"[1]。青年恩格斯这里提到的"经验"概念，源自约翰·洛克（John Locke）的"白板说"，从本质上讲是一个排斥超验理性的经验理性范畴，但不能理解为乔治·贝克莱（George Berkeley）意义上的"主观经验"理性，也不能理解成马赫主义者主张的"感觉经验"理性，倒是与后来的现象学中的"直观经验"理性在方法论上有点相似。当然，"英国的理性主义不是把精神同物质对立起来，也不是把人同自然界对立起来，而是致力于揭示那些把人束缚于自己所处环境的各种关系，因而较快地从唯灵论发展为唯物主义，并表现为经验论和感觉论"[2]。所以，英国的"经验理性"与理性主义的认识论传统（如笛卡尔、莱布尼茨的理性主义）相比更是风马牛不相及。确切地说，英国的"经验理性"作为一种经验唯物主义，在实践上，是对理性至上主义的反动，因为其始终强调"一切都从经验和可证实的或直观的事实出发"[3]。这种"经验唯物主义"与现代社会主义观念的结合直接发展为理性主义的"三次（被）放逐"。

首先，从休谟的怀疑论出发反对宗教、论证社会主义。在 19

---

[1] 《马克思恩格斯全集》（第 3 卷），人民出版社，2002，第 529—530 页。
[2] 奥古斯特·科尔纽：《马克思的思想起源》，王瑾译，中国人民大学出版社，1987，第 3 页。
[3] 《马克思恩格斯全集》（第 3 卷），人民出版社，2002，第 432 页。

世纪早期的英国社会主义者[1]看来,上帝和宗教信仰属于超验理性的范畴,关于上帝是否存在的争论本质上是一项徒劳无益的工作,因为"我们以'真正的事实'为立足点"[2]。也就是说,在经验理性面前,上帝和宗教信仰之类的虚幻东西是不可知的,更是值得怀疑的。这正是休谟怀疑论的要点。正如恩格斯在《英国状况十八世纪》中指出的:

> 这种看问题的方法推论:我们无法知道上帝是否存在;即使上帝存在,他也不可能和我们有任何交往,因此,我们必须这样安排自己的实践活动,就像上帝是不存在的。我们无法知道,灵魂是否能同肉体有区别,灵魂是否不死;因此,我们生活起来就好像此生是我们仅有的一生,用不着为那些超出我们的理解力的事物操心。简单地说,这种怀疑论在实践上恰好是法国的唯物主义。[3]

也就是说,这些社会主义者事实上是从"法国的唯物主义"出发开始论证自己的"共产主义论点"的。"'在直白的意义上明确地说',法国唯物主义有两个派别:一派起源于笛卡儿,一派起源于洛克。后一派主要是法国有教养的分子,它直接导向社会主义"[4]。

进一步说,这里的"法国唯物主义"不是笛卡尔意义上的唯物主义,而是起源于洛克的法国唯物主义。"笛卡尔的唯物主义对人

---

[1] 这里主要指罗伯特·欧文和欧文派无神论者约翰·瓦茨(John Watts,1818—1887)、查尔斯·绍斯韦尔(Charles Southwell,1814—1860)等人,参见恩格斯《伦敦来信三》。
[2] 《马克思恩格斯全集》(第3卷),人民出版社,2002,第433页。
[3] 《马克思恩格斯全集》(第3卷),人民出版社,2002,第530页。
[4] 《马克思恩格斯文集》(第1卷),人民出版社,2009,第327—328页。

和社会没有特殊影响,而洛克的唯物主义社会影响很大,能够产生出关于知识的历史性的真正理论。例如,对于孔狄亚克来说,因为没有语言的知识是不可能的,所以从语言存在的意义上说,知识必然是社会生活的产物"[1]。美国学者保罗·托马斯(Paul Thomas)的这一指认,大大深化了法国唯物主义的两个派别在历史上的理解,进而强化了19世纪早期英国社会主义的经验唯物主义认识论基础。

其次,把调和主义、激进主义、实证主义、精英主义奉为复兴社会主义的"法宝"。比如,在19世纪中后期复兴英国社会主义的实践中,哈尼的调和主义与现代社会主义观念相结合,滋长了小资产阶级的民主派社会主义;海德门的激进主义与现代社会主义观念相结合,形成的"革命"马克思主义;海德门的实证主义与现代社会主义观念相结合,产生的"科学"马克思主义;海德门的精英主义与现代社会主义观念相结合,发展的"政治"马克思主义等。

最后,用审美体验、乌托邦想象去构建社会主义。这里主要指的是威廉·莫里斯的"感情用事的社会主义"及其建构特征。莫里斯的"情感经验"理性与现代社会主义观念的结合,构成了理性主义在19世纪英国社会主义那里的第三次放逐。如果说欧文、海德门建构的社会主义立场是来自"右面的"理性主义的放逐,那么莫里斯晚年的"革命社会主义与乌托邦实践"则是来自"左面的"理性主义的放逐。因为它总是不求助于过去和现在的"经验理性",而是求助于未来的乌托邦理想和生活之美。

相较于19世纪英国本土社会主义的观念论基础及其实践,马

---

[1] 保罗·托马斯:《马克思主义与科学社会主义——从恩格斯到阿尔都塞》,王远河、王克军译,江苏人民出版社,2011,第56—57页。

克思的科学共产主义思想恰恰是在现代理性主义的语境中塑形并得到理解和传播的。"现代理性主义是一种文化精神,它不是纯粹思辨的产物,而是对现代工业社会文化危机的一种批判和沉思"[1]。马克思基于现代理性主义的既有视域,坚持辩证的真理观、把价值和人的实践活动贯通起来、恪守唯物史观的基本原则,在从根本上超越传统理性主义的同时,深刻阐发了科学共产主义的基本原理,为现代理性主义的发展指明了方向。就此而论,马克思科学共产主义思想的问世及发展(具体化)开辟了通往拯救理性主义的康庄大道。这主要是因为科学共产主义将理性主义建立在揭示人类社会发展一般规律及其趋势的正确轨道上。而这"给力求阐明社会生产的真实历史发展的、批判的、唯物主义的社会主义"[2]扫清了道路。

因此,马克思对理性主义的拯救并非仅仅是一种抽象的形而上学关怀,更是确立和弘扬一种与人的存在和解放密切相关的植根于现实社会运动的历史性逻辑。与这种拯救同步的是马克思社会主义思想的"四次转变"。

首先,从社会主义的普遍理性(绝对知识)到社会主义的自由理性和自我意识。这一转变完成于马克思的《1844年经济学哲学手稿》和《评一个普鲁士人的〈普鲁士国王和社会改革〉》。在撰写博士论文及后来主编《莱茵报》时期,马克思"以理性的自我意识作为评论一切的基础"[3]。在转向政治经济学研究以后,马克思通过"对黑格尔的辩证法和整个哲学的批判"指出,社会主义不是近代

---

1 衣俊卿:《论马克思从传统理性主义到现代理性主义的转变》,《浙江学刊》,1992年第5期第6页。

2 《马克思恩格斯全集》(第25卷),人民出版社,2001,第425—426页。

3 仰海峰:《马克思的社会转型思想》,《中国社会科学》,2022年第2期第5页。

理性主义意义上高度抽象的普遍理性或"绝对知识",而是"人的不再以宗教的扬弃为中介的积极的自我意识",它是"从把人和自然界看做本质这种理论上和实践上的感性意识开始的"。[1] 与此同时,通过对右翼青年黑格尔派分子阿尔诺德·卢格的批判,马克思从市民社会的自我异化、世界本身的原理的"社会思想"出发并指出,"一个哲学的民族只有在社会主义中才能找到与它相适应的实践,因而也只有在无产阶级身上才能找到它的解放的积极因素"[2]。"马克思牢牢地把握了无产阶级的历史使命,在这基础之上,朝着把共产主义原则具体化的方向迈出了一步"[3],即将"现代社会主义"建立在了费尔巴哈人本唯物主义的基础之上。"费尔巴哈是唯一对黑格尔辩证法采取严肃的、批判的态度的人;只有他在这个领域内作出了真正的发现,总之,他真正克服了旧哲学"。但是,"费尔巴哈把否定的否定仅仅看做哲学同自身的矛盾,看做在否定神学(超验性等等)之后又肯定神学的哲学,即同自身相对立而肯定神学的哲学"[4]。因此,马克思对现代理性主义的拯救需要进入基于实践的新唯物主义阶段。

其次,从"积极的人道主义"到"实践"的社会主义。与恩格斯合著《神圣家族,或对批判的批判所做的批判》是这一转变发生的重要契机。

> 批判的批判教导工人们说,只要他们在思想上征服了资本这个范畴,他们也就消除了现实的资本;只要他们在意识中

---

[1] 《马克思恩格斯文集》(第1卷),人民出版社,2009,第197页。
[2] 《马克思恩格斯全集》(第3卷),人民出版社,2002,第391页。
[3] 城塚登:《青年马克思的思想——社会主义思想史的创立》,尚晶晶、李成鼎等译校,求实出版社,1988,第106页。
[4] 《马克思恩格斯文集》(第1卷),人民出版社,2009,第200页。

改变自己的"抽象的我",并把现实地改变自己的现实存在、改变自己存在的现实条件,即改变自己的现实的"我"的任何行动当做非批判的行为轻蔑地加以拒绝,他们就会现实地发生变化并使自己成为现实的人。这种"精神"既然把现实只看做一些范畴,它自然也就把人的一切活动和实践统统归结为批判的批判的辩证思维过程。[1]

通过对鲍威尔兄弟"批判的社会主义"的反驳,马克思和恩格斯共同提出了一种更加贴近现实工人运动和工业运动的"群众的社会主义"。基于此,马克思在《关于费尔巴哈的提纲》中完成了这一转变。通过对包括费尔巴哈的唯物主义的一切旧唯物主义的批判,马克思从实践观点的解释原则出发并指出,费尔巴哈"在《基督教的本质》中仅仅把理论的活动看做是真正人的活动,而对于实践则只是从它的卑污的犹太人的表现形式去理解和确定。因此,他不了解'革命的'、'实践批判的'活动的意义"。如此一来,马克思就将"现代社会主义"建立在实践的新唯物主义基础之上。但是,正如阿尔都塞在《保卫马克思》中指出的:"由《关于费尔巴哈的提纲》所宣告的新的哲学立场仅仅是一项宣言;它并没有被和盘托出"[2]。因此,马克思对现代理性主义的拯救需要进入基于历史观的共产主义运动的正面阐释阶段。

再次,从"实践"的社会主义到"历史唯物主义"的共产主义。《德意志意识形态》《马克思致帕维尔·瓦西里耶维奇·安年科夫》《哲学的贫困》《共产党宣言》是标志这一转变完成的四个重要的渐

---

1 《马克思恩格斯文集》(第1卷),人民出版社,2009,第274页。
2 阿尔都塞:《保卫马克思》,顾良译,商务印书馆,1984,第267页。

进性文本。第一,"对费尔巴哈、布·鲍威尔和施蒂纳所代表的现代德国哲学的批判"。马克思从新唯物主义的历史观出发并指出,社会主义是基于物质生产实践和共产主义实践的历史性话语,真正的社会主义者是"共产主义的唯物主义者"[1]。第二,"对各式各样先知所代表的德国社会主义的批判"。马克思从大工业发展、社会分工和无产阶级运动出发并指出,共产主义和社会主义的"真理"不是用意识形态的方法虚构幻想出来的联系,而是"现实运动的表现"[2]。第三,对蒲鲁东唯心史观和小资产阶级政治经济学的形而上学方法的批判。马克思从唯物史观的基本原理出发并指出,蒲鲁东完全不理解人类历史的发展和不了解社会现状,"更不会了解力求推翻这种社会现状的运动和这个革命运动在文献上的表现"[3]。社会主义是工人阶级在资本主义条件下进行斗争的目标。同时,

> 被压迫阶级的解放必然意味着新社会的建立。要使被压迫阶级能够解放自己,就必须使既得的生产力和现存的社会关系不再能够继续并存。……劳动阶级解放的条件就是要消灭一切阶级;正如第三等级即市民等级解放的条件就是消灭一切等级一样。[4]

第四,批判魏特林的"工人共产主义"。马克思从"批判的共产主义"的立场出发,指摘魏特林的"工人共产主义"缺乏充足的政治

---

1 《马克思恩格斯文集》(第1卷),人民出版社,2009,第530页。
2 《马克思恩格斯文集》(第1卷),人民出版社,2009,第588—589页。
3 《马克思恩格斯文集》(第10卷),人民出版社,2009,第52页。
4 《马克思恩格斯文集》(第1卷),人民出版社,2009,第655页。

经济学理论支撑,进而认为"问题并不在于实现某种空想的体系,而在于要自觉地参加我们眼前发生的革命地改造社会的历史过程"[1]。

于是,马克思依据科学理论将正义者同盟改组为共产主义者同盟,并"以宣言方式"阐述了共产党人的历史观和共产主义观,最终将"现代社会主义"牢牢地建立在历史唯物主义的基础之上。但是,正如有学者指出的,"从马克思的思想发展历程来看,此时他在生产力与所有制关系的矛盾运动中揭示无产阶级革命的理路,很大程度上仍旧是一种'理想模型'"[2]。因此,马克思对现代理性主义的拯救需要进入彻底剖析资本主义生产过程的内部结构阶段。

最后,从"历史唯物主义"的共产主义到"革命的科学"社会主义。这一转变主要是在马克思创建"国际工人协会"和写作《资本论》及系列经济学手稿期间完成的。通过对社会主义政治经济学传统与共产主义的无产阶级实践传统的科学整合,马克思一方面在《1857—1858年经济学手稿》和《资本论》中指认了李嘉图式社会主义和"蒲鲁东主义"关于平等交换制度、劳动货币方案背后的对抗性生产关系前提,另一方面在《工资、价格和利润》《法兰西内战》《哥达纲领批判》等文献中批判了"工联主义""拉萨尔主义""巴枯宁主义"割裂经济斗争与政治行动在工人实践中的危害,最终将"现代社会主义"建立在了由唯物史观和剩余价值规律"两大发现"统摄的"革命的科学"社会主义基础之上。"革命的科学"社会主义的理念[3]在"生产关系的历史性规定"中实现了对(现代)理性主义的深度拯救。

---

1 《马克思恩格斯全集》(第14卷),人民出版社,1964,第464—465页。
2 韩蒙:《马克思思想变迁的社会主义线索》,江苏人民出版社,2021,第251页。
3 韩蒙:《马克思思想变迁的社会主义线索》,江苏人民出版社,2021,第326—360页。

三、清教精神的遮蔽与解蔽

清教精神发端于宗教信仰[1]，体现为一种表面和谐内在紧张的意识力量，是一个矛盾的复合体。正如 R. H. 托尼指出的：

> 每个人的心中既有社会主义，又有个人主义；既有集权主义，又有对自由的追求；……清教内部具有保守的、传统的因素，同样也有革命的因素；既有接受铁一般纪律的集体主义，又有公然蔑视人类日常惯例的个人主义；既有收获人间果实的精打细算，又有能使万物翻新的宗教狂热。因为长期生长在一起，它们之间的不和谐被隐藏起来，但在内战的熔炉中它们又被分解，长老派和独立派、贵族和平均派、政治家和商人以及空想主义者都用困惑的眼睛盯着这个曾被他们当作朋友并肩前进的怪物。[2]

马克斯·韦伯[3]认为，卫斯理教派所倡导的节制、禁欲、服从、

---

[1] 清教是流传到英格兰的加尔文教义中"关于神和人的本性的教义"的一个分支，"它并不局限于某一个教派，它不仅体现在英国国教会（如果说英国国教会确实算作一种清教的话），而且体现在从国教会分化出来的其他教会。它不仅决定了关于神学和教会治理的观念，而且规定了政治思想、商业关系、家庭生活和个人行为的细节"。（参见 R. H. 托尼：《宗教与资本主义的兴起》，赵月瑟、夏镇平译，上海译文出版社，2006，第 118 页。）

[2] R. H. 托尼：《宗教与资本主义的兴起》，赵月瑟、夏镇平译，上海译文出版社，2006，第 127 页。

[3] 马克斯·韦伯（Max Weber，1864—1920），德国著名社会学家、哲学家，被誉为与卡尔·马克思、埃米尔·涂尔干并列的现代社会学的三大奠基人之一。韦伯的主要著作包括《新教伦理与资本主义精神》（第一部分 1904 年出版，第二部分 1905 年出版）、《论解释的社会学的若干范畴》（1913）、《古代犹太教》（1917）以及《经济与社会》（1921）等。

遵守纪律等清教精神,"使世界理性化,摈除作为达到拯救的手法的魔力,这一点天主教徒从来没有像清教徒那样来得彻底"[1]。E. P. 汤普森进一步认为,18世纪英国非国教的卫斯理宗作为清教精神近乎神圣的承担者和诠释者,"间接地助长了劳动人民的自信心理和组织能力"[2]。这在霍布斯鲍姆看来,主要是因为:

> 首先……他们传福音的技术与教义内容,普遍能够切合其所诉求的劳工阶级的条件。其次……在原始卫理公会教派的教导中,没有任何劝阻劳工阶级建立自卫组织的内容,反而有许多鼓励这种行动的内容,这一点是极为明晰可鉴的。再次,是他们的组织。韦尔茅斯博士(Dr. Wearmouth)曾长篇累牍地描述劳工运动从卫理公会教派移借过来的东西,这一论点虽然被他过度夸张了,但仍颇能站得住脚。教堂——特别是小而自给自足的乡村教堂——提供了一个学校,人们可在这里学得各种组织形式,以追求种种不同的目标。同时,我们经常可以在矿工与农场劳工当中发现:他们的工会组织模式正是从该教派移植过来的。其中最重要的是:该教派反神职权威(anti-sacerdotal)的性质,提供了第一流的甄拔暨训练领导者与干部的机制。……只要是在它能站稳脚跟的劳工群众中,由于其技术上极为卓著的切合性,它鲜少不被转变成一所干部的学校。[3]

---

[1] 马克斯·韦伯:《新教伦理与资本主义精神》,于晓、陈维纲等译,生活·读书·新知三联书店,1987,第89页。

[2] E. P. 汤普森:《英国工人阶级的形成》(上),钱乘旦、杨豫、潘兴明等译,译林出版社,2001,第31页。

[3] 艾瑞克·霍布斯鲍姆:《原始的叛乱——十九至二十世纪社会运动的古朴形式》,杨德睿译,社会科学文献出版社,2014,第169页。

当然，这与清教精神的世俗主义转向是密不可分的。

世俗主义是将整部伦敦劳工史串连起来的一根主线：从伦敦的雅各宾主义分子与普雷斯（London Jacobins and Francis Place），通过反宗教的欧文学派暨其合作社成员、反宗教的新闻工作者与书商，追随霍利约克（Holvoake）并群聚在布拉德洛科学厅（Hall of Science）的思想自由开放的激进派分子，到毫不掩饰其对于宫廷辞藻之嫌恶的社会民主同盟（Social Dem ocratic Feder ation）与伦敦费边主义分子。[1]

此外，清教精神中体现的"公有制思想和尝试"[2]，"千年王国论的传统"[3]和"自然权利观"[4]也是不容忽视的因素。然而无论如何，从结果来看，"在十九世纪结束之前，或许除了作为一种更加强化英国工运原本就极强大的温和及改良主义偏向的传统之外"[5]，清教精神作为一种思想文化领域的传统的积极作用显然没有被有效地激发出来，而是随着社会主义的"贵族化"（欧文派）和工联主义的阻挠被历史地遮蔽了。

马克思社会主义思想的形成，与这种发端于宗教信仰的清教

---

[1] 艾瑞克·霍布斯鲍姆：《原始的叛乱——十九至二十世纪社会运动的古朴形式》，杨德睿译，社会科学文献出版社，2014，第154页。

[2] E. P. 汤普森：《英国工人阶级的形成》（上），钱乘旦、杨豫、潘兴明等译，译林出版社，2001，第37—38页。

[3] E. P. 汤普森：《英国工人阶级的形成》（上），钱乘旦、杨豫、潘兴明等译，译林出版社，2001，第38—42页。

[4] 参见英国资产阶级激进主义者、清教思想家约瑟夫·普利斯特列（Joseph Priestley 1733—1804）1769年出版的《论政府的首要原则以及政治、民主和宗教的性质》一书。

[5] 艾瑞克·霍布斯鲍姆：《原始的叛乱——十九至二十世纪社会运动的古朴形式》，杨德睿译，社会科学文献出版社，2014，第181页。

精神没有必然的联系,但也不是一点关系都没有。这里,我们姑且把它理解为前进道路上的反思关系。因为,从某种意义上讲,马克思关于人类解放的共产主义议程,事实上构成了对清教精神之最高宗旨——人的救赎(方式)——的激进扬弃和解蔽。具体来说,马克思致力于把清教精神内部的"革命因素"扬弃为一种有助于唤醒无产阶级的阶级意识和集体行动,同时"将人类救赎的可能性转变为一个即将在此实现的历史现象"[1]。由此,工人阶级自觉的社会组织被赋予世界历史的意义,相应地,全人类的"救赎"不再是彼岸世界的精神救赎,而被奠基于此在界的无产阶级的自身解放。

---

1 Shlomo Avineri, *The Social and Political Thought of Karl Marx* (Cambridge: Cambridge University Press, 1968), p. 164.

第二章　19世纪英国社会主义的历史嬗变

19世纪英国社会主义流派众多、纷繁复杂，同时"社会主义理论使自己批判地、理论地对待各种事物及其发展"[1]，因此，如果要从整体上把握其演化逻辑和发展脉络，必须梳理每一个历史时期英国社会主义观念的特殊性，并从其起源的历史唯物主义考察入手，揭示它的基本诉求、理论内涵和意识形态特征，从而更好地把握其思想史价值。

第一节
关于"起源"的历史唯物主义考察

西方马克思主义法兰克福学派的灵魂人物西奥多·阿多诺（Theodor Wiesengrund Adorno，1903—1969）在讨论如何通过遗忘范畴的一般性起源确证概念自身的正当性问题时曾指出，"历史

---

[1] 费迪南·滕尼斯：《共同体与社会》，张巍卓译，商务印书馆，2019，第30页。

唯物主义是对起源的回忆"[1]。这让我们联想到卢卡奇《历史与阶级意识》中的一段话：

> 只有当一方面人类存在借以形成的全部范畴表现为这种存在本身的规定（而不仅是它的可把握性的规定），另一方面这全部范畴的顺序、关系和联系表现为历史过程本身的因素，表现为现在的结构特征时，起源和历史才可能一致，或更确切地说，才可能纯粹是同一过程的因素。[2]

也就是说，卢卡奇关于起源与历史的辩证关系的阐释，事实上充当了阿多诺这一命题的理论注脚，尽管前者的任务在于领会"无产阶级的历史认识"。如是，接下来要思考的就是如何通过"回忆"的机制建构起"客观历史"的原像问题。然而我们注意到，作为阿多诺的对话者，德国学者阿尔弗雷德·索恩-雷特尔（Alfred Sohn-Rethel,1899—1990）曾经说过这样一段话："社会的现实抽象向思维抽象的转变存在着严重不足：对于思想家来说，作为结果的概念是并且一直是不可思议的，因为他们难以接近其起源"[3]。这里，作为对阿多诺的一个肯定性辩护，我们认为，社会的现实抽象向思维抽象的转变不应也不纯粹是一个"时空压缩"的理性干预过程，从回忆起源的历史唯物主义方法论来看，这种转变的核心当是作为必然性的"起源"的运动，或者说"起源"自身结构的呈现。19世

---

[1] 阿尔弗雷德·索恩-雷特尔：《脑力劳动与体力劳动：西方历史的认识论》，谢永康、侯振武译，南京大学出版社，2015，第80页。
[2] 卢卡奇：《历史与阶级意识——关于马克思主义辩证法的研究》，杜章智、任立、燕宏远译，商务印书馆，1996，第241页。
[3] 阿尔弗雷德·索恩-雷特尔：《脑力劳动与体力劳动：西方历史的认识论》，谢永康、侯振武译，南京大学出版社，2015，第78页。

纪英国社会主义起源的"回忆"力图将其自身建立在这种超越传统主客二分的认识论地平上。

值得引起注意的是,在此之前,马克斯·比尔的英国社会主义历史研究认为,英国社会主义范畴的"原型"是有着较强适应能力的自然法观念之"亚种"。因为:

> 直到十九世纪上半期,虽然有柏克和边沁大倡异议,英国的社会主义者、济贫法改革者和社会改革者仍然是用这个思想体系作根据。由黑耳斯的亚历山大、司科塔斯和奥卡姆以至洛克、博林布鲁克、亚伯拉罕·塔克和佩利;由布莱克顿以至布莱克斯顿;由威克里夫和鲍尔以至霍季斯金、菲格斯·奥康瑙尔和红衣主教曼宁等人之间,社会和政治哲学一向由自然权利的理论所支配。然而,在这十数世纪中,自然法的观念实际上经过不断的种种不同的变化和解释,尚未弄模糊的只剩下原来的骨架了。这种观念显然是一种有用的假说,必须用种种解释和注疏加以支持,而这些解释和注疏只不过是自然法观念对英国和整个欧洲社会不断发生的思想上和社会上的深刻变化的一种适应罢了。[1]

这里暂且不论比尔的结论正确与否,需要立即予以回应的是:英国社会主义不仅具有"英国"的起源,而且内在居有"社会主义"的起源,后者又区分为一般的和特殊的两种。因为"起源"与"历史"在很多时候并不一致,同时"起源"又植根于"历史"。所以,不仅要"回忆"英国社会主义的一般起源,还要在具体的社会形态中

---

[1] 马克斯·比尔:《英国社会主义史》(上卷),何新舜译,商务印书馆,1959,第9页。

呈现其特殊的起源,并揭示两者在逻辑上的"同一"关系,或者说满足概念的"交换抽象"形式。

一、反对一般的剥削和贫富对立的"起源"

反对一般的剥削和贫富对立,是资本主义生产方式确立之前,被统治阶级反抗统治阶级在社会主义观念上的抽象表现,其实质是反对一般的私有制。这种理想化的目标,是私有制产生之后,劳动人民反抗剥削和压迫的自然流露和感情投射。列宁曾经说过,"剥削的存在,永远会在被剥削者本身和个别'知识分子'代表中间产生一些与这一制度相反的理想","这些理想对于马克思主义者说来,是非常宝贵的"[1]。列宁还说,"许多世纪以来,甚至几千年以来,人类早已幻想过'立即'消灭所有一切剥削"[2]。这说明,对剥削和压迫的一般反对是不分种族、国界和跨越时空的,凡是有剥削和贫富对立的地方,就有反抗和反抗的各种形式。当然,这首先决定于社会生产力发展的不同程度以及受此制约的人们的思想水平。

19世纪甚至更早以前英国的社会主义或共产主义,不仅是受剥削者和个别"知识分子"反对一般剥削和贫富对立的理想化表达,而且严格地合乎伦理与宗教精神,与只限于通过道德和宗教生活完成自我改造的基督教传统相互渗透、融通,远不是"政治、叛乱和革命性"的。

这种与原始基督教精神教义相勾连的社会主义、共产主义传

---

[1] 《列宁全集》(第1卷),人民出版社,1984,第393—394页。
[2] 《列宁全集》(第1卷),人民出版社,1984,第642页。

统("本来意义的社会主义和共产主义的体系"[1]),构成了19世纪英国社会主义的一般起源。这是因为:一方面它们的存在借以追求的全部价值表现为这种存在本身的规定(尽管因为时代久远失去了具体的所指);另一方面,这全部价值的"增殖"和更新表现为历史过程本身的因素,表现为当下的结构特征和需要策略。

二、反对资本主义的剥削和贫富对立的"起源"

反对资本主义剥削和贫富对立,是资本主义生产方式确立以后,被统治阶级反抗统治阶级在社会主义观念上的具体表现,其实质是反对资本主义私有制。这种理想化的目标,是资本主义私有制产生之后,工人阶级反抗资本家剥削和压迫的自然流露和感情投射。

理论界普遍认为,在"个别'知识分子'代表"中,托马斯·莫尔[2]是最早痛斥资本主义私有制的那一个。所以,"莫尔是近代社会主义的第一个探索者"[3]。因为第一,后来被称为"社会主义者"的资本主义反对派远未降世。第二,资本主义生产关系刚刚诞生、各类矛盾尚未展开。第三,《乌托邦》是一部在反对资本主义与追求共产主义之间初步建立起联系的开山之作。[4] 第四,莫尔的乌托邦理想的创制,首次将对社会主义起源的理解建立在对"资产阶

---

1 《马克思恩格斯文集》(第2卷),人民出版社,2009,第62页。
2 托马斯·莫尔(Thomas More,1478—1535),欧洲早期空想社会主义学说的创始人,人文主义学者和政治家。莫尔的代表作是《乌托邦》(全名《关于最完美的国家制度和乌托邦新岛的既有益又有趣的金书》,1516)。
3 高放、黄达强:《社会主义思想史》(上),中国人民大学出版社,1987,第61页。
4 美国空想社会主义者爱德华·贝拉米(Edward Bellamy,1850—1898)的代表作《回顾——公元2000—1887年》的创作巩固了《乌托邦》的这一地位,而受到《回顾》直接影响的威廉·莫里斯的《乌有乡消息》更是凸显了莫尔的重要意义。

级积累"最初征兆的反思[1]之上。

据此,"莫尔传统"被认为是19世纪英国社会主义在历史和逻辑上的直接起源。当然,这也可以被认为是19世纪英国社会主义的"革命性起源":

> 在工业革命和法国革命的影响下所产生的社会主义思想的主要来源是确信不受支配的财富集中和难以驾驭的竞争必然导致日益贫困和危机,而这种制度必须被另一种制度所取代,在新的制度中,生产和交换组织将消灭贫穷和压迫,并且产生一种建立在平等基础上的社会物品的再分配制度。这也许是指财富的完全平均化,或者"按劳分配"的原则,或者最终指"按需分配"的原则。[2]

这种经过科拉科夫斯基式实证阐释的有着具体所指的社会主义、共产主义传统,在19世纪以前,除了以莫尔为代表的16世纪英国上层知识分子的"温和派空想社会主义",还包括以掘地派运动领袖杰腊德·温斯坦莱(Gerrard Winstanle,1609—1652)和W.埃弗拉德代表的17世纪英国下层贫苦大众的"激进派空想社会主义"。需要说明的是,尽管18世纪英国本土没有再出现过像莫尔和温斯坦莱那样知名的空想社会主义者,但却不乏各类空想社会主义的酝酿和形成,它们始终在反对资本主义剥削和贫富对立的名义下聚集、扩散、再聚集,以至于汇入19世纪的社会主义洪流之中。

---

1 莱泽克·科拉科夫斯基:《马克思主义的主要流派》(第1卷),唐少杰、顾维艰、宁向东译,黑龙江大学出版社,2015,第189页。
2 莱泽克·科拉科夫斯基:《马克思主义的主要流派》(第1卷),唐少杰、顾维艰、宁向东译,黑龙江大学出版社,2015,第188页。

第二节
19 世纪英国社会主义的演替

18 世纪末 19 世纪初,"哲学家和科学家所梦想的东西,手艺工人和立法者所惧怕的东西,都一一出现了"[1]。其根源乃是"社会的"革命。在这过程中,英国老百姓的生活不是变好了,而是变得更加捉襟见肘了。第一,继圈地运动使农民失去土地等生产资料后,工业革命使小生产者进一步沦为仅靠出卖劳动力为生的无产阶级,同时新工艺的发明和机器的普遍使用,使资本家大量雇佣女工和童工成为可能。[2] 第二,从家庭手工工场或农村转移出来的失业者和无地农民,远未形成同统治阶级抗衡的自觉的集体意识或组织观念。第三,整个社会还没有一项保护劳工权益的立法,相反,限制公民人身自由与权利的《反结社法》大行其道。

1793 年,"拿破仑战争"爆发,英国局势进一步恶化。战争不但没有缓和社会矛盾,反而加重了人民的赋税,导致物价猛涨,贸易急剧起落。此外,战争造成的社会创伤,加剧了英国社会各阶级之间的矛盾。农业工人、工匠和织工,尤其是技术工人发动的"原始的叛乱",在规模和激烈程度上始终是最引人注目的。其中,"卢德运动最像一次工业工人的一种'农民暴动',他们不是掠夺庄园别墅,而是袭击象征其受压迫的最直接的目标——剪毛机或动力

---

[1] 马克斯·比尔:《英国社会主义史》(上卷),何新舜译,商务印书馆,1959,第 86 页。
[2] 据统计,"1835 年,英国棉纺织业中 18 岁以下的童工有 9.5 万人,占全部工人的 43.3%;女工 11.9 万人,占全部工人的 54.3%。1839 年,在英国的 419560 名工人中,除了 23%是成年男工外,其余都是女工和儿童。"(参见蒋孟引:《英国史》,中国社会科学出版社,1988,第 80 页。)

织布厂"[1]。1812年,反对使用新机器的运动达到了高潮。同年,英国上院通过了一项法案,对破坏机器的人处以死刑。

1815年,"拿破仑战争"宣告结束。但由于战争导致的工农业连年衰退、工资缩水、大批工人失业以及沉重的赋税,再加上谷物法的出台,工人运动在1815—1820年间再次高涨。其中既有制止粮食出口的类似骚动,也有失业工人捣毁机器和设置施粥所而流血[2],甚至有人试图举行起义。1819年8月爆发的彼得卢事件[3],标志着这一时期的运动达到了顶峰。

在汤普森看来,"彼得卢事件违反了'生而自由的英国人'的所有信念和成见——言论自由的权利,'光明正大的态度',不可攻击无防备者的禁忌等等"[4]。这充分说明:在民主传统比较发达的国家,资本家集团的利益始终是第一位的,相应的,阶级斗争必不可免。这种认识,逐渐成为正在形成中的英国工人阶级的阶级自我意识,同时潜在呼唤一种指引社会变革的理论武器。19世纪英国社会主义呼之欲出。立19世纪英国社会主义潮头的,非罗伯特·欧文的空想社会主义莫属。"欧文的思想在19世纪20年代开始渗入英国的工人阶级,在30年代初最为流行。'全国生产大联盟'的失败,是欧文主义发展中的转折点。后来,欧文主义的宣传再也

---

1 E. P. 汤普森:《英国工人阶级的形成》(下),钱乘旦、杨豫、潘兴明等译,译林出版社,2001,第699—700页。

2 莫尔顿、台德:《英国工人运动史:1770—1920》,叶周、周立方、周敏仪等译,生活·读书·新知三联书店,1962,第37页。

3 史称"彼得卢惨案"。1819年8月16日,英国兰开夏郡的八万多工人群众在曼彻斯特附近的圣彼得广场(St. Peter's Field)举行集会,要求改革选举制度和废除《谷物法》,遭到政府军队和骑兵屠杀,酿成了十一人死、数百人受伤的悲剧。

4 E. P. 汤普森:《英国工人阶级的形成》(下),钱乘旦、杨豫、潘兴明等译,译林出版社,2001,第807页。

不受到群众的热烈欢迎了。"[1]

在19世纪早期的英国社会主义思潮中,李嘉图式社会主义是一个重要的流派,它总体上诉诸公平、正义的价值取向和从政治经济学视角论证社会主义的致思路径,成为马克思政治经济学批判的重要参照。但是,劳动价值论的形式批判只能使政治经济学的社会主义规划走向"空想主义",不能将社会主义引向科学。随着工人运动的发展,李嘉图式社会主义逐渐被宪章派社会主义取代。

1848年2月,《共产党宣言》在伦敦发表,马克思主义诞生了。受马克思主义的直接影响,厄内斯特·琼斯(E. Jones, 1819—1869)和乔治·朱利安·哈尼(G. J. Harney, 1817—1897)代表的宪章派左翼迅速崛起,宪章派社会主义有了新的气象。不过,到50年代末也退出了历史舞台。

十九世纪六七十年代,英国进入自由竞争资本主义的鼎盛期。由于工会和合作社等组织的努力,统治阶级在经济和政治方面做了某些让步,阶级矛盾有所缓和。但是,资本家对工人的剥削始终存在;局部斗争或"社会革命"时有发生。然而,总体上看,这是一个相对和谐、太平的时期。这种情况一直延续到1880年。

19世纪80年代,自由主义的危机、巴黎公社的影响、劳工运动和社会主义的再兴,加上马克思主义的传播,英国社会主义的复兴具备了相对充足的主客观条件。1881年,海德门成立英国第一个马克思主义社团"民主联盟"。但刚开始的时候,联盟的性质还比较模糊[联盟成员"爱尔兰土地同盟"领导人达维特(Michael

---

[1] 维·彼·沃尔金等:《论空想社会主义》(中卷),郭一民等译,商务印书馆,1980,第328页。

Davitt,1846—1906)鼓吹的土地国有化政策,是唯一具有鲜明社会主义性质的内容]。经过一年多的磨合,到1882年,联盟的性质逐渐清晰,首次公开发表了一个明确拥护社会主义的宣言。宣言要求土地、资本等生产要素归全体人民所有;批判生产资料私有制中的垄断与土地垄断一样,是剥削产生的根源。

1883年1月,正值"民主联盟从激进主义向社会主义过渡"的关键时刻,威廉·莫里斯加入联盟。1884年8月,民主联盟改称"社会民主联盟"。同年12月,社会民主联盟发生分裂,主体分为两派:以"社会民主联盟"为阵营的改良派和以"社会主义同盟"为阵营的革命派。

从1885年年初到1900年"劳工代表委员会"(LRC)成立以前,英国社会一共存在三个彼此对立、相互斗争的社会主义组织(不包括无政府主义者和无政府共产主义者联盟),即海德门执掌的"社会民主联盟"、莫里斯领导的"社会主义同盟"和萧伯纳、韦伯夫妇等人发起的费边社。费边社成立于1884年。在1889年年底《费边社会主义论文集》出版时,费边社会主义才成为一种明确的理论体系。"这种社会主义跟社会民主党人的马克思主义迥然不同,跟威廉·莫里斯和社会主义联盟的半无政府主义的'自由共产主义'也大相径庭"[1]。其实质是以渐进改革的方式达到社会治理目标的国家社会主义。费边社会主义后来成为英国工党(1906)的主流意识形态,但从20世纪50年代开始被不断挑战,直到1995年被新工党及其"第三条道路"所代表的修正主义意义上的民主社会主义取代为止。

1　G. D. H. 柯尔:《社会主义思想史》(第3卷上册),何瑞丰译,商务印书馆,1981,第120页。

综上所述,由于科学社会主义的介入,19世纪英国社会主义出现了某种不以人的意志为转移的"认识论断裂",其走向更趋明朗。

进一步说,19世纪英国社会主义存在"前马克思主义"和"马克思(主义)"两个时期。"前马克思主义"时期,主要包括欧文"批判的空想的"社会主义、李嘉图式社会主义和1848年前的宪章派社会主义。欧文的"批判的空想的"社会主义的基本观点是:社会主义是一种建立在消灭私有制代之以生产资料(非生活资料)公有制和自然法基础之上的无差别的理性社会,这种社会要求消灭城乡差别、工业和农业差别、脑力劳动和体力劳动差别,实行教育同生产劳动相结合,培养全面发展的新人,倡导妇女解放和婚姻自由,"主张实行有平等的劳动义务和平等的取得产品的权利"[1];社会主义的实质是"超越资产阶级和无产阶级的对立"[2],其组织形式是"合作社"或"国内移民区";国家不是阶级统治的工具,是纯粹的生产管理机构,因此社会主义完全可以通过和平的方式实现。李嘉图式社会主义的基本观点是:社会主义是劳动产品全部归劳动者所有的分配正义的合作社会;劳动和资本的对立是一切不平等的根源,因此"社会主义"的任务,即在现实中批判和揭露劳资矛盾,并对之进行伦理改造。只有推翻资本主义国家政权,才能建立起没有剥削和贫富对立的社会。1848年前的宪章派社会主义的基本观点是:社会主义是人民平等的参与选举与国家管理的民主制社会;普选权斗争是工人阶级掌握政治统治权的根本形式,更是社会主义革命的题中应有之义;和平请愿与罢工运动相结合是取

---

1 《马克思恩格斯文集》(第9卷),人民出版社,2009,第282页。
2 《马克思恩格斯文集》(第1卷),人民出版社,2009,第471页。

得普选权的一般途径。

"马克思(主义)"时期,主要涵盖1848年后的宪章派社会主义和"复兴时期"的社会主义[1]。1848年后的宪章派社会主义的基本观点是:社会主义是工人阶级的共同财富,同时又是工人不信仰宗教的最坚决的表现[2],只有实现社会主义和宪章运动的融合,工人阶级才会真正成为英国的统治者;光有普选权还不足以解放工人阶级,政治革命必须和社会变革同时并举;工人阶级完成社会解放的任务依赖于事先取得国家政权。"复兴时期"的社会主义,是以海德门、莫里斯为代表的英国早期马克思主义宣传者的思想学说体系。它的基本观点是:社会主义是一种政治力量,因此应该承担复兴宪章的使命,承担实现人文主义、美好劳动和意志自由的使命;社会主义是"自上而下"的少数社会精英的革命政治,因此议会斗争是和平长入社会主义的最佳路径;社会主义是通往共产主义的过渡阶段,它的前途是符合"纯正人性"的"真正的社会主义"——"共产主义社会的高级阶段"。劳动成为艺术的存在,是社会主义的实现。

---

[1] 需要指出的是,正如前文所说,19世纪的英国社会主义是一个错综复杂的观念体系,这里本着突出重点、讲清问题的原则,有些不会对本论题的判断或结论产生实质性影响的流派没有一一提及。如"马克思(主义)时期"在一定范围内存在的欧文主义、老宪章派的"民主"社会主义、工会主义、基督教社会主义(伦理社会主义),以及与新工会运动联系在一起的社会主义等等。

[2] 《马克思恩格斯文集》(第1卷),人民出版社,2009,第472页。

第三节
19世纪英国社会主义的价值祛魅

在社会主义思想史上,19世纪英国社会主义的研究长期被两种错误的倾向(传统)所左右。一是西方右翼学者(如费边社-工党分子)代表的"反马克思主义传统",认为19世纪英国社会主义是一个与马克思主义无关的话语和实践体系;二是苏联的某些学者,认为19世纪英国社会主义是毫无进步意义的、应该被马克思主义打成"反动的一帮"的空想学说。然而正如R. N. 伯尔基提出的,"在某种程度上,早期社会主义者为马克思提供了衬托,使马克思迈向包含所有维度的整合。但是,另一方面,相对这些学说和运动而言,假设一种目空一切的傲慢的氛围,这将是一个严重的错误"[1]。

第一,从谱系结构上看,马克思与19世纪英国社会主义,拥有共同的"道德"基础——社会主义和共产主义的价值悬设。正因如此,"空想社会主义者,有一些思想,和马克思主义,大致是一致的"[2]。比如,"它们关于未来社会的积极的主张,例如消灭城乡对立,……消灭雇佣劳动、提倡社会和谐"[3]等等。

第二,从实践格局上看,马克思的社会主义"不会满足于任何理论的思辨或承诺,它要达到理想社会的目的,必然要摆脱乌托邦的遐想,从而动摇一些思想家关于社会主义的各种假说在经验思

---

[1] R. N. 伯尔基:《马克思主义的起源》,伍庆、王文扬译,华东师范大学出版社,2007,第100页。
[2] 王荫庭:《普列汉诺夫哲学新论》,北京出版社,1988,第4页。
[3] 《马克思恩格斯文集》(第2卷),人民出版社,2009,第63页。

维中的合理性"[1]。相反,19世纪英国社会主义要么止于不切实际的社会改造计划,要么龟缩于小资产阶级的犬儒主义或革命者的"政治冷淡主义",要么浸淫于泛投机主义或美学救赎梦,势必走向与现实的分裂,进而堕落为对现实不发生作用的形式社会主义。[2]

第三,展望21世纪第二个20年,马克思主义理论大发展、大繁荣的基本前提依然是理论创新和实践创新,无论何种创新,马克思主义者都必须认真分析马克思以前的各种社会主义流派或观念体系的谱系结构和实践格局,在价值祛魅(批评评说)的基础上,重视和加强马克思社会主义思想史的全方位研究,推动马克思主义更好地走向当代。

1　徐觉哉:《社会主义流派史》(修订版),上海人民出版社,1999,第1页。
2　值得注意的是,有的学者将科学社会主义之外的各种社会主义观念体系统称为"价值社会主义"。[参见余文烈:《迈进21世纪的世界社会主义》,载复旦大学当代国外马克思主义研究中心《当代国外马克思主义评论》(第1辑),复旦大学出版社,2000,第270页。]这里用"形式社会主义"以示区别,意在强调其知识考古学(福柯用语)意义上的"价值"。

中 篇
马克思与1848年前的英国社会主义思潮

正如前文指出的,1848年前的英国社会主义思潮,主要包括欧文的"批判的空想的"社会主义、李嘉图式社会主义和1848年前的宪章派社会主义。这在科学社会主义诞生之前,已经存在将近30年了。

作为当时英国影响最深、波及面最广的社会主义学说,欧文学说不仅奠定了19世纪英国社会主义的知识社会学基础,而且因为"抨击现存社会的全部基础""提供了启发工人觉悟的极为宝贵的材料"[1],引起马克思的极大关注。基于改造世界观、重塑政治经济学批判原理和规范共产主义制度设计的三重逻辑,马克思全面剖析了欧文学说的形而上学本质,提出了替代欧文学说的政治经济学批判新原理,阐明了超越欧文学说的科学实践理性。

李嘉图式社会主义和1848年前的宪章派社会主义(合称"早期英国社会主义思潮")是19世纪上半叶英国社会主义思潮的重要组成部分。由于在理论上汇聚了一些"闪耀着部分真理光芒"的观点和方法,"早期英国社会主义思潮"得到马克思不同程度的赞许和认可。基于对资本主义的科学社会主义认知,马克思一方面在剩余价值学说的科学语境中扬弃了李嘉图式社会主义,另一方面,在阶级斗争学说的理论平台上扬弃了1848年前的宪章派社会主义。

---

1 《马克思恩格斯文集》(第2卷),人民出版社,2009,第63页。

第三章　扬弃Ⅰ：马克思与罗伯特·欧文的学说

罗伯特·欧文是19世纪英国空想社会主义的创始人。欧文主义学派是19世纪英国本土形成的最早、最具影响力的社会主义流派。那么，欧文是如何走上社会主义道路的？欧文学说的主要论题是什么？马克思又是怎样扬弃欧文学说的？

第一节
欧文其人

在19世纪英国的历史上，欧文曾是享誉资产阶级世界的工厂主、慈善家和社会活动家。受到统治阶级如此厚爱的"宠儿"，如何成了让资本家感到头疼的社会主义者？与法国的圣西门、傅立叶相比，欧文的思维方式有何独特之处？在英国社会主义思想史上，欧文又是怎样的一位人物？

一、社会主义者欧文的历史形成

罗伯特·欧文,1771年出生在英国北威尔士蒙哥马利郡纽塘镇一个家境并不富裕的家庭。父亲是制作马鞍的手工业者,母亲出身农家。由于经济原因,欧文只念完初级小学,九岁就开始在商店当学徒,同时还利用业余时间刻苦自学。1787年,他到英国纺织中心曼彻斯特当店员,两年后与人合办小工厂,不久便独立经营该厂。20岁时,善于经营和管理的欧文,被一个拥有500多名工人的大纺织厂聘为经理人。1793年,通过参加曼彻斯特"文学哲学协会"的活动,欧文接受了唯物主义启蒙学者的观点,之后,逐渐形成了著名的"人的性格形成理论",并在工厂中进行了试验。

1800年,欧文从曼彻斯特来到苏格兰,成为新拉纳克大棉纺厂的经理兼股东。"新拉纳克的实验"和处女作《新社会观,或人类性格的形成》(1813年)中提出的结论,不仅让欧文声名远播,而且还给他那个时代的社会主流意识形态以致命的打击。工厂制度弊端的自我揭露,还不至于马上引起统治阶级的恐慌和反击。然而,一旦选择站在工厂制度的对立面,情况就发生了根本的改变。

在《致拉纳克郡的报告》(1820年)中,欧文得出了一个坚定的结论:"在把机器从所有主的手里剥夺过来并用全社会占有强大生产力以代替私人占有的条件下,利用工厂制度下的机器来保证全体人民道德完善和幸福是十分紧迫的,而且是有实际可能的"[1]。这一表态,标志着欧文从资产阶级的工厂主一跃成为意识到自己

---

[1] H. E. 扎斯田克尔:《社会主义思想史纲》,南致善、陈森、郭一民译,商务印书馆,1990,第258页。

的计划主要是代表工人阶级这一受苦最深的阶级的利益的社会主义者。此后，欧文开始了用将近 40 年的时间来宣传和实施他的社会主义计划的梦想之旅。

1824 年美国印第安纳州"新和谐公社"的试验是欧文新生命的起点。尽管公社于 1828 年瓦解了，但这并没有使欧文丧失推动社会改革的信心。1829 年返英后，一贫如洗的欧文没有选择放弃其坚守一生的社会主义理想，反而以更加饱满的热情迅速投入在当时确有燎原之势的工人运动中。

怀着对合作运动的深厚感情，欧文希望借助工会的力量进一步推进合作社的事业。1831—1834 年间，欧文一方面在生产领域积极促进"全国生产部门大联盟（总工联）"的成立，推出"合作社计划"，另一方面在流通领域策划成立以劳动券为媒介的"全国劳动产品公平交换市场"，鼓励生产者按劳动的价值彼此直接交换产品。欧文的合作社方案最终没有奏效，1834 年这两项试验先后失败了。

究其原因，正如后来的欧文主义反对派指出的：在资本主义社会里，只要生产资料还是私人占有的，只要产品的生产还是无组织（又称"无政府主义"）的，只要生产还不是根据统一的经济计划进行的，商品的生产和需求就不可能实现均衡，这种合作社计划和劳动交换市场就不可能有成功的希望。

值得注意的是，尽管欧文的"合作社会主义"屡遭曲折，但"欧文善于在许多方面把社会主义思想远远地推出启蒙理论的范围，并以唯物主义的新发现和极少量创立社会科学的知识丰富了这一理论"[1]。在 1831 年成立"工人阶级及其他人的全国联合会"期

1　H. E. 扎斯田克尔：《社会主义思想史纲》，南致善、陈森、郭一民译，商务印书馆，1990，第 263 页。

间，欧文和他的门徒通过创办机关刊物《危机》杂志(1832年4月出版第一期)积极宣传社会主义思想，就是一个很好的证明。

宪章运动期间，欧文笔耕不辍，先后发表了《新道德世界书》(1836—1844年)、《论婚姻、宗教和私有财产》(1839年)和《人类头脑和实践中的革命》(1849年)三部论著，进一步论证并概述了他的空想社会主义观点。在社会实践方面，1939年，欧文及其信徒在英格兰汉普郡创办共产主义性质的"皇后林新村"(奎因伍德公社)，坚持了5年，最后仍以失败告终。1845年，欧文到美国召开了国际社会主义者大会，但没有产生多大影响。1848年欧洲革命期间，欧文曾赴巴黎发表公开讲演，并陆续翻译出版其写于早年的"数量很多的论述与形成优良性格有关的问题的出版物"，"教育了各劳动阶级达十余年之久"。[1]

1851年5月14日，欧文80寿诞日庆祝大会在伦敦约翰街举行，欧文发表演说。马克思出席并聆听了欧文的演说。[2] 需要指出的是，即使在晚年，欧文也没有放弃宣传和平改造资本主义"无理性制度"的观点。在写于1857年的《自传》中，欧文再一次强调了不久前向"当代先进人士代表大会"提出的考虑性建议，"怎样采取切实可行的、最好的和平方式，来废弃目前这种制造罪恶的、有害的错误制度，代之以用来治理世界各国人民的、消灭罪恶的或者说优良正确的社会制度，使其成为管理全人类的永恒不变的制度"[3]。1858年11月17日，欧文在故乡纽塘镇逝世，享年87岁。他把毕生精力奉献给了社会的改造和共产主义事业。

1　《欧文选集》(第3卷)，马清槐、吴忆萱、黄惟新译，商务印书馆，1984，第377页。
2　麦克莱伦：《卡尔·马克思传》，中国人民大学出版社，2005，第238页。
3　《欧文选集》(第3卷)，马清槐、吴忆萱、黄惟新译，商务印书馆，1984，第377页。

二、"面向实际"的思维方式

与圣西门、傅立叶的"笛卡尔式"思维不同,"面向实际"是欧文思维方式的一般特征。对待历史的不同态度很好地说明了这一点。在圣西门和傅立叶看来,历史是有自身发展规律可循的:社会形态的更替,要么是由人的理性,要么是由人的情欲推动的历史过程。相反,欧文对待历史的态度是以"对整个政治经济学的深刻研究"以及对现实的观察和分析为基础的。

这方面最好的例证是欧文关于土地私有制的形成过程的说明。在欧文看来,长期以来人们不敢肯定自己是否能够长久地占有土地,所以都不愿意种地,于是达成一种默契,承认在耕种上付出劳动的人有权占有土地(显然受到了卢梭的影响)。这样虽然破坏了自然权利,但却产生了土地私有制。正因如此,沃尔金认为,"在欧文的著作中,没见到他企图用自己的理论观点来概述历史发展的进程"[1]。这或许跟欧文关于历史的感性态度承袭的是"一种典型的启蒙式的历史观"[2]有关。不过,我们并不因此就完全认可英国学者 R. N. 伯尔基的如下观点:欧文在创新上与他们(指圣西门和傅立叶——引者注)任一位都不能相比。[3]

事实上,"欧文的逻辑前提、思考和结论的具体性,并不意味着理论思维的无力,也不是降低到事务主义的实用主义的一种表现,

---

1 维·彼·沃尔金等:《论空想社会主义》(中卷),郭一民等译,商务印书馆,1982,第 305 页。
2 张翼飞:《现代性与乌托邦——对西方现代乌托邦的类型学研究》,浙江大学博士论文,2012,第 143 页。
3 R. N. 伯尔基:《马克思主义的起源》,伍庆、王文扬译,华东师范大学出版社,2007,第 121 页。

而是受他的天才的理论思维的特点所支配的"[1]。譬如,欧文曾经提出废除资本主义生产资料私有制,并设想将社会建立在公有制基础上的大胆计划[2],而圣西门和傅立叶却没有提出如此"创新"的观点。

"面向实际"的思维方式的一个显著特点,就是赋予试验和实践以最重要的理论证明意义。也就是说,欧文的思维方式蕴含着有别于一般空想社会主义者的实践论证精神。这主要是因为欧文的"社会主义本身不是被剥削阶级的抗议,而是来源于对社会苦难、剥削和失业的观察与分析"[3]。从工厂主、慈善家到空想社会主义者的身份转变的内在经历说明了这一点。

欧文不满足于新拉纳克的试验,是一个直接的事例。在欧文看来,他给他的工人创造的生活条件,还远不是合乎人的尊严的。新拉纳克工人30年(1799—1829年)创造的部分财富"落到企业所有者的手里去了,他们除了领取5%的创业资本利息以外,还得到30万英镑(600万马克)以上的利润"[4]。但是,

> 生产的利润在所有的情形下都来自被生产的商品所包含的劳动价值。……商品所包含的劳动价值的精确数量决定于经过严格检查而证实为目前一天的劳动的真正价值量,计算的根据是现在一个普通劳动者有节制的劳动所能生产的生活

---

1 H.E.扎斯田克尔:《社会主义思想史纲》,南致善、陈森、郭一民译,商务印书馆,1990,第260页。
2 《欧文选集》(第2卷),柯象峰、何光来、秦果显译,商务印书馆,1984,第115页。
3 莱泽克·科拉科夫斯基:《马克思主义主要流派》(第1卷),唐少杰、顾维艰、宁向东译,黑龙江大学出版社,2015,第192页。
4 《马克思恩格斯文集》(第3卷),人民出版社,2009,第534—535页。

必需品与生活享用品种所包含的财富量。[1]

这种基于生活的"精确性"促使恩格斯得出:"欧文的共产主义就是通过这种纯粹商业的方式,作为所谓商业计算的果实产生出来的。它始终都保持着这种面向实际的性质"[2]。成为社会主义者之后,欧文不辞辛苦地奔波于公社实验和劳动阶级合作社运动的第一线,"面向实际"的思维方式得到进一步发展。

在一封《致约翰·菲力浦·贝克尔》的信中,马克思指出,欧文等社会主义者"一经踏上革命的道路,即使遇到失败,也总是能吸取新的力量,而且在历史的洪流中漂游得愈久,就变得愈坚决"[3]。这只能说明,"面向实际"的思维方式与欧文学说本身的空想性质并不矛盾。进一步说,

> 英国的社会主义者纯粹注重实践,因此,他们也提出建议,采取建立国内移民区等类似莫里逊氏丸的措施;他们的哲学是纯英国式的,怀疑论的哲学,就是说,他们不寄希望于理论,并为了实践起见遵循着他们的整套社会观点赖以为基础的唯物主义。……社会主义者和卡莱尔都只是在矛盾的范围内克服了矛盾,社会主义者在实践的范围内,卡莱尔在理论的范围内,但就是在这范围内,卡莱尔也只是直接地克服了矛盾,而社会主义者则判定了实际矛盾,通过思维超越了这种矛盾。[4]

---

1 《欧文选集》(第2卷),柯象峰、何光来、秦果显译,商务印书馆,1984,第324页。
2 《马克思恩格斯文集》(第3卷),人民出版社,2009,第535页。
3 《马克思恩格斯全集》(第30卷),人民出版社,1975,第522页。
4 《马克思恩格斯全集》(第3卷),人民出版社,2002,第523页。

所以,在某种意义上,社会主义者欧文的思维方式,代表了19世纪英国社会主义者的一般思维特征,它既有自身的局限,也为克服这一局限创造了思想的条件。

三、"英国共产主义的代表"

在社会主义思想史上,由于对科学社会主义"部分真理"的天才预示,欧文被马克思、恩格斯赞誉为"英国共产主义的代表"[1]。这分明是对空想社会主义者欧文的最高褒奖[2]。但必须指出的是,在英国社会主义思潮史上,欧文还被尊称为"给予英国的社会主义者以最有效的精神武器"的"英国社会主义之父"[3]和"英国本土社会主义的守护神"[4]。究其原因,主要是:第一,欧文的共产主义是"用实际手段来追求实际目的的最实际的运动"[5];第二,欧文是19世纪英国共产主义的第一理论表达者。关于第一点,马克思

---

1 《马克思恩格斯全集》(第3卷),人民出版社,1960,第236页。
2 国内外马克思主义理论界关于欧文在社会主义思想史上的地位的研究有很多,除了马克思、恩格斯的系统论述之外,还可参见苏联学者维·彼·沃尔金:《罗伯特·欧文》(欧文选集:第2卷),附录三;邝文陵:《欧文在社会主义思想史上的杰出贡献》,载高放、黄达强《社会主义思想史》(上册),中国人民大学出版社,1987,第226—233页。此处不再赘述。相反,国内外马克思主义理论界关于欧文在英国社会主义思想史上的地位的研究还不多见。除马克思恩格斯的这一褒奖外,普列汉诺夫1913年为世界出版社写的《十九世纪的空想社会主义》[参见普列汉诺夫等:《论空想社会主义》(上卷),中国人民大学编译室等译,商务印书馆,1980。]以及自称是沃尔金学生的扎斯田克尔的《思想家罗伯特·欧文》(参见 H. E. 扎斯田克尔:《社会主义思想史纲》,南致善、陈森、郭一民译,商务印书馆,1990。)中有过零星的观点。
3 Ralph Multiband, "The Politics of Robert Owen," *Journal of the History of Ideas* 15, No. 4 (1954):233.
4 R. N. 伯尔基:《马克思主义的起源》,伍庆、王文扬译,华东师范大学出版社,2007,第120页。
5 《马克思恩格斯全集》(第3卷),人民出版社,1960,第236页。

恩格斯在《德意志意识形态》"圣麦克斯"章里讲得已经很清楚了。至于第二点,我们有必要做进一步的解释。

提到欧文在英国历史上的地位,绝大多数人都会想到恩格斯在《社会主义从空想到科学的发展》中说的那句话,"当时英国的有利于工人的一切社会运动、一切实际进步,都是和欧文的名字联在一起的"[1]。殊不知,恩格斯恰恰是在"英国共产主义的第一理论表达者"的意义上使用了欧文的名字。也正是在这一意义上,扎斯田克尔的《思想家罗伯特·欧文》指出:

> 欧文的不朽的功绩是,他第一个克服了英国 18 世纪社会批评家这一遗产,不仅重复了关于通向最优良的社会制度的道路是由人的意识、意志和道德开辟的这一个老生常谈的真理,而且还作了一个十分宝贵的补充:通往这一制度的道路也就是生产力发展的道路。为了证明这一点,他创立了关于生产力和生产力不可逆转的发展的新学说。此时,他又给了马尔萨斯的"规律"一个打击,他强调指出进步总是这样发展的:人类创造的生产力的增长超过了全球人口的增长。问题就在于强大的生产力"利用情况很糟糕",并且"愚蠢地被浪费"了,而人类本来就应该使"机器的魔力"服从自己的意志的。欧文的思想进程合乎逻辑地得出了机器技术对人类的未来将发挥历史作用的结论。欧文作出了这一天才的发现,他第一个珍重工业革命和工业组织的工厂制度在未来的全部意义。[2]

---

[1] 《马克思恩格斯文集》(第 3 卷),人民出版社,2009,第 536 页。
[2] H. E. 扎斯田克尔:《社会主义思想史纲》,南致善、陈森、郭一民译,商务印书馆,1990,第 259 页。

扎斯田克尔的历史唯物主义出发点,使他关于欧文在英国资本主义批评史上的"不朽功绩"的评论抓住了要害,即揭示了欧文从隐藏在工业革命和工厂制度背后的生产力因素出发建构自己理论体系的秘密(欧文"面向实际"的思维方式在这里直接被发现)。

此外,很少有人知道,《资本论》时期的马克思在进一步明确这一点的意义上提到了欧文。他说:"罗伯特·欧文是合作工厂和合作商店之父,但是正如前面所指出的,他不像他的追随者那样,对这些孤立的转变要素的作用抱有任何幻想。他不仅在自己的实验中实际地以工厂制度为起点,而且还在理论上说明工厂制度是社会革命的起点。"[1] 这是欧文的学说超过圣西门和傅立叶的总根源。用恩格斯的话来说,就是欧文"他生活在另外一种环境中,即生活在产业革命和阶级对立已经尖锐化的时期"[2]。如此说来,欧文学说的工业化背景[3]是不容抹杀的。

或许,这正是普列汉诺夫为欧文鸣不平的出发点。在《十九世纪的空想社会主义》中,普列汉诺夫指出,"社会主义的大敌、剑桥大学教授福克斯威尔"的《英国社会主义思想史》捏造了许多关于欧文的不实之词。在他看来,欧文的影响力要远远大于李嘉图,

---

1 《马克思恩格斯全集》(第44卷),人民出版社,2001,第577页。
2 《马克思恩格斯全集》(第46卷),人民出版社,2003,第684页。
3 工业化或工业革命,是欧文学说形成和发展的重要背景。事实上,欧文正是在工业革命开辟的新质历史环境中逐渐走上社会主义道路的。"他的成年时期是在工业革命的顶峰时代,而他的晚年则是在工业革命完成的时期。"(参见 H. E. 扎斯田克尔:《社会主义思想史纲》,南致善、陈森、郭一民译,商务印书馆,1990,第253页。)欧文还通过对资本主义制度下机器使用的社会后果的分析,形成了他的经济危机理论:由于劳动者日益贫困,"农业和许多工厂生产部门的体力劳动的市场价格已经降低到最低程度,而科学发明所造成的生产力却迅速地继续上升,结果,为市场而生产的行业很快就要发生危机"。[参见《欧文选集》(第2卷),柯象峰、何光来、秦果显译,商务印书馆,1984,第223页。]1825年,英国爆发世界历史上第一次周期性经济危机。欧文第一时间在他主办的《危机》杂志中指出,这次经济危机是"生产过剩所引起的普遍灾难"。

"欧文的学生,他们之所以求助于资产阶级政治经济学,正是因为想利用它的结论来进一步发展他们老师的思想"[1]。我以为,进一步的原因是欧文基于英国社会现实的经验分析,让他的学生们看到"新生产力"[2]基础上的社会改革的前途。

在英国,欧文的理论体系和实践计划,不仅对早期英国杰出的激进社会主义理论家产生了深远影响,还对英国的工人运动起到了一定程度的动员作用。第一,欧文的合作主义思想,引起了例如约翰·格雷、威廉·汤普森等激进主义理论家的共鸣,形成了以"李嘉图的价值理论的推理作补充"的合作社会主义思潮。第二,欧文的合作化改良思想,得到了早期英国工人阶级先进分子的独立响应,在无产阶级发展的初期阶段提高了工人的觉悟。第三,晚年欧文关于劳资利益对立的深刻的历史主义的观察("欧文对于工业(资本主义)生产的历史观"[3]),催生了宪章派社会主义的夺取政权的话语逻辑。

此外,必须指出的是,欧文在英国社会主义思想史上的某些"影响"并不存在,它们只是某些别有用心的人或党派借以反对社会主义、攻击马克思主义的虚伪之辞。

第一,费边社分子制造的所谓"血缘论"

在费边社历史上,有些人处心积虑地将欧文装扮成"先驱者",以及俨然是一个改良主义的奠基者。例如 G. D. H. 柯尔在他的《社会主义思想史》(第1卷)中指出,"欧文一直被推许为英国社会

---

[1] 普列汉诺夫等:《论空想社会主义》(上卷),中国人民大学编译室等译,商务印书馆,1980,第95页。

[2] 《欧文选集》(第1卷),柯象峰、何光来、秦果显译,商务印书馆,1984,第305页。

[3] 《马克思恩格斯全集》(第46卷下),人民出版社,1979,第226页。

主义的奠基人"[1]。然而,稍微有点社会主义历史常识的人都知道,欧文的共产主义学说与费边社会主义讲的根本是两回事。只有那些故意抹黑欧文的人才不惜把他与费边社会主义扯上关系,甚至还将他的学说打上改良主义的标签。事实是什么呢？第一,柯尔声嘶力竭地鼓吹"社会主义",其真意不在于实现社会主义,而在于以伪乱真,反对社会主义。[2] 第二,社会改良一直是资本主义政治内在的组成部分,而支持这种改良的人不仅不关心向社会主义的发展问题,反而把社会改良看成反对向社会主义发展的重要预防措施。[3] 但是,欧文始终坚持生产资料的彻底的、共产主义的公有化。他断然否定"只对社会制度进行局部改革",并证明现存的制度"如果不是同它造成的痛苦、灾难、争夺、堕落和无数的惊恐和混乱一起继续存在下去,就得完全废除,以便让位于具有正确原则和良好作用的新制度……"[4]第三,欧文的思想并不反对其后不久就统治了国际社会主义运动的那个趋势,而是同社会主义思想的主流融合一起,扩充和加强了这主流。[5]

第二,工党捏造的所谓"基本原理说"

在英国工党历史上,民主社会主义理论家 A. 克罗斯兰最早将欧文的"社会主义的目标"列为同工业社会相联系的"现代（民主）社会主义"的"基本原理"之一。但他却在社会主义还没实现之前奢谈社会主义,说什么社会主义的目标是改善社会福利和实现社

---

1 G. D. H. 柯尔:《社会主义思想史》(第1卷),何瑞丰译,商务印书馆,1977,第90页。
2 G. D. H. 柯尔:《社会主义思想史》(第1卷),何瑞丰译,商务印书馆,1977,第2页。
3 拉尔夫·密利本德:《马克思主义与政治学》,黄子都译,商务印书馆,1984,第165页。
4 《欧文选集》(第2卷),柯象峰、何光来、秦果显译,商务印书馆,1984,第17页。
5 卡尔·兰道尔:《欧洲社会主义思想与运动史》(上卷第1册),群立译,商务印书馆,1994,第77页。

会平等，国有化（生产资料集体所有制）只是实现社会主义目标的手段。殊不知，在欧文那里，社会主义是建立在废除私有制的基础之上的。克罗斯兰不是将这一点作为工党社会主义意识形态的"基本原理"，而是抽象地谈论欧文的社会主义价值追求，将欧文的社会主义定义为伦理社会主义，简直是颠倒黑白。他说：

> "社会主义"这个词，是同19世纪早期欧文主义者一起登上现代历史舞台的……显然，欧文主义者是将"社会主义"一词建立在一种社会伦理观、一种坚持某种生活方式和道德价值的信仰之上的。那些他们认为可以实现这种"良好社会"的手段（废除私有制——引者注），已与今天完全无关。[1]

于是，克罗斯兰进一步提出了民主社会主义的五点原则，即政治自由主义、福利国家、混合经济、凯恩斯主义经济学和平等的信念[2]，并认为资本主义社会若能实现以上原则，"社会主义"也就自动实现了。

第二节
欧文学说的"三个论题"

欧文学说体系庞杂、内容丰富，也不乏自相矛盾之处。本节主要从欧文看待启蒙哲学、古典政治经济学以及私有制问题等前后

---

[1] 安东尼·克罗斯兰：《社会主义的未来》，轩传树、朱美荣、张寒译，上海人民出版社，2011，第63—64页。
[2] 徐觉哉：《社会主义流派史》（修订本），上海人民出版社，2007，第339页。

一致的态度上,考察居其学说核心位置的三个论题:"关于环境和教育起改变作用的唯物主义"[1]、劳动阶级的政治经济学原则以及"理性社会制度"的构想。

一、"关于环境和教育起改变作用的唯物主义"

"关于环境和教育起改变作用的唯物主义"(以下简称"欧文的唯物主义")是欧文学说的出发点和立足点,贯穿于欧文空想社会主义理论大厦的始终。它的主要文本依据是发表在1813年前后的《新社会观论人类性格的形成》(由4篇独立的论文组成),这是欧文成为社会主义者前的第一部作品,也是欧文笃信启蒙哲学的结果。"欧文的唯物主义"以威廉·葛德文的机械唯物主义环境决定论为直接来源,以反对"天赋观念论"为逻辑起点,同时以"人的性格形成理论"为思想形式。

1. "欧文的唯物主义"的来源

"欧文的唯物主义"观点诞生于19世纪的英国,这是毫无疑问的。但如果说它是18世纪启蒙哲学的产物也同样无可非议。这是因为,"罗伯特·欧文接受了唯物主义启蒙学者的学说:人的性格是先天组织和人在自己的一生中,特别是在发育时期所处的环境这两个方面的产物"[2]。这里的"唯物主义启蒙学者",一般是指18世纪法国的唯物主义者[3]。理论界因此进一步认为,欧文"人的性格由环境决定"的观点,来源于法国唯物主义哲学家爱尔维修

---

[1] 《马克思恩格斯文集》(第1卷),人民出版社,2009,第500页。
[2] 《马克思恩格斯文集》(第3卷),人民出版社,2009,第533页。
[3] 《欧文选集》(第2卷),柯象峰、何光来、秦果显译,商务印书馆,1984,第283页。

(1715—1771)、霍尔巴赫(1723—1789)提出的"人是环境(自然)的产物"的著名理论。然而依我所见,这种观点看似合理却失之笼统。确切地说,"欧文的唯物主义"以英国政治哲学家威廉·葛德文(1756—1836)的"机械唯物主义环境决定论"为直接的来源[1]。理由是:第一,从年代上说,欧文所属的时代与葛德文更加接近,欧文比葛德文只小15岁,相近的社会历史环境孕育的思想较易引起共鸣。第二,葛德文的思想根基是经英国本土思维模式中介过后的法国唯物主义,有助于"面向实际"的欧文在短时间内将其转化为自己的理论起点。第三,欧文传奇式的经历,决定了他不可能成为一个书斋式的理论家接受系统完整的唯物主义理论原著的思维训练。因此,他在理念、观点、方法的养成上,更多的是借助间接获得的灵感。[2]

2. "欧文的唯物主义"的逻辑起点

"欧文的唯物主义"的逻辑起点是反对"天赋观念论"。作为启蒙哲学的拥护者,欧文认为,人生下来只是块赋有"享受幸福的欲望、自然倾向的幼芽以及获得知识的官能"[3]的白板,人们关于周围世界的看法总是后天经验的结果。"人所接受的知识是从周围

---

[1] 欧文与葛德文之间的思想关系,普列汉诺夫早有先见。不过,他并没有直接地表达出来,而是含蓄地认为,"十九世纪的许多社会主义者跟他有很大的分歧。然而,他们有一点跟他是一致的,即他们都是以葛德文所接受的唯物主义者关于人的性格形成的学说作为出发点"。[参见普列汉诺夫:《论空想社会主义》(上卷),中国人民大学编译室等译,商务印书馆,1980,第80页。]

[2] 关于这一点,G. D. H. 柯尔和弗兰克·波德莫尔说得更加直白。在柯尔看来,即便是属于葛德文的观点,欧文也不是靠直接阅读其著作(指《政治正义论》)得来的,相反,他主要是通过参加当时一些进步人士的活动接触到的,因为欧文"从来不是一个博览群书的人"。[参见 G. D. H. 柯尔:《社会主义思想史》(第1卷),何瑞丰译,商务印书馆,1977,第92页。]弗兰克·波德莫尔的观点参见其撰写的《罗伯特·欧文与合作社》一文。[Frank Pod More, "Robert Owen and Cooperation," *The Economic Journal* 15, No. 58 (Jun. 1905): 257.]

[3] 《欧文选集》(第1卷),柯象峰、何光来、秦果显译,商务印书馆,1984,第58页。

事物中得来的,其中主要是从离他最近的前辈们的榜样和教导中得来的"[1]。基于此,欧文进一步得出:"个人所接受的观念与周围事实不符的,就是错误的,始终相符的,就是正确的"[2]。

但是,欧文随即又指出,人们从生下来开始就无法直接获得关于世界的真理性知识,人们的思想总是被来自教派、阶级、党派和国家的四层谬见所包围。在此情形下,人们获得的认识非但不是事物的本来面目,而且是有害的各自为是的层层意见。为害最大的,莫过于来自教派的观念所引起的意见分歧。[3] 这就是说,"前辈的榜样和教导"同样也是有问题的:

> 生来无知的人最初总以为自己行为的动机出于自己的意志,此后,别人也一直这样教导他们。他们的思想就是在这个基础上形成起来的;这个基础过去是,而且现在仍然是他们的一切观念的依据;这种观点与他们的一切想法都有联系;由此只能产生怀疑、混乱和神志不清![4]

为了使人变得明智和幸福,欧文认为,唯有在头脑中先起一个革命,摆脱一切根深蒂固的不正确的观念。

> 如果一个人的推理能力从幼儿时期开始就得到适当的培养或训练,而且他在儿童时期就受到合理的教导,知道要排除那些自己加以比较之后认为是自相矛盾的印象或观念,那么这

---

1 《欧文选集》(第1卷),柯象峰、何光来、秦果显译,商务印书馆,1984,第59页。
2 《欧文选集》(第1卷),柯象峰、何光来、秦果显译,商务印书馆,1984,第59页。
3 《欧文选集》(第1卷),柯象峰、何光来、秦果显译,商务印书馆,1984,第223页。
4 《欧文选集》(第1卷),柯象峰、何光来、秦果显译,商务印书馆,1984,第224页。

个人就会获得真实的知识,或者会获得所有的、未因相反的教育法而变得无理性的人都认为是自相符合或合乎真理的观念。[1]

因此欧文指出,"唯有充分而完整地揭橥这些原理,才能铲除愚昧与苦难,并使理性、智慧和幸福的统治巩固地建立起来"[2]。

3. "欧文的唯物主义"的主要思想形式

"欧文的唯物主义"以人的性格形成理论为主要的思想形式。所谓人的性格形成理论,即人的性格无论从可能性还是现实性方面,都不是由他自身形成的,恰恰相反,它是由外力形成的,比如前辈赋予的观念和习惯等。

欧文声称,这绝不是人们苦思冥想出来的结论,而是"实际通过观察种种事实、对它们反复进行思考并试验它们对于人生的日常事务究竟有多大用处之后而产生的"[3]。进一步说,关于人性的这种看法是以无可争辩的事实为根据的。为了使人们形成良好的性格,从而让社会成员都成为善良、聪明和有用的人,国家或者社会应该破除恶的环境,创造善的环境。"新环境不论从整体还是从每个部分来看都和已知的自然法则完全符合,连最精明的人也找不出丝毫不合之处来"[4]。基于此,欧文在新社会观上得出了必须把滋生罪恶的资本主义"旧环境"改造成充满正能量的共产主义"新环境"的革命结论。正是在这一意义上,马克思、恩格斯认为,欧文自始至终没有放弃"把唯物主义学说当做现实的人道主义学

---

1 《欧文选集》(第1卷),柯象峰、何光来、秦果显译,商务印书馆,1984,第59—60页。
2 《欧文选集》(第1卷),柯象峰、何光来、秦果显译,商务印书馆,1984,第49页。
3 《欧文选集》(第3卷),马清槐、吴忆萱、黄惟新译,商务印书馆,1984,第377页。
4 《欧文选集》(第1卷),柯象峰、何光来、秦果显译,商务印书馆,1984,第347页。

说和共产主义的逻辑基础加以发展"[1]。

需要指出的是,人的性格形成理论存在明显的局限。比如,欧文认为,无知和谬见是恶的环境的根源,而人类的性格与无知和谬见一样,是由人的生活条件造成的。为了改变恶的环境,就要把人类的理性从谬见的束缚中解放出来,不过,按照欧文"环境形成人的性格"的逻辑,要让理性从谬见中获得自由,首先就要改变恶的环境,即变革现行的社会制度。欧文陷入了矛盾之中。如何解决矛盾,欧文经验论的启蒙哲学立场,决定了"答案是心灵的突变,一种千年的跃进。他那环境机械唯物主义的严格定义注定他要么绝望,要么宣布一个世俗的千年王国"[2]。

二、劳动阶级的政治经济学原则

劳动阶级的政治经济学原则是欧文学说的核心立场,贯穿欧文空想社会主义理论大厦的始终,它的主要文本依据是发表于1820年的《致拉纳克郡报告》(由"导言""计划大纲"和"计划细节"三部分构成),这是欧文成为社会主义者的标志性作品,也是欧文与古典政治经济学原则决裂的重要形式。

1. 劳动阶级的政治经济学原则的提出

在研究解决劳动阶级普遍贫困和失业问题的过程中,欧文提出了与古典经济学原理相对立的劳动阶级的政治经济学原则。在欧文看来,造成劳动阶级普遍贫困和失业的主要原因是:首先,生

---

1 《马克思恩格斯文集》(第1卷),人民出版社,2009,第335页。
2 E. P. 汤普森:《英国工人阶级的形成》(下卷),钱乘旦、杨豫、潘兴明等译,译林出版社,2001,第927页。

产力的巨大进步及其不合理的利用。欧文指出，"我们必须承认，人们所取得的科学或人为的助力提高其生产力，而其自然需要却保持不变。随着生产力的提高，人们对体力以及与体力有关的许多附带条件的依靠便愈来愈少"[1]；其次，资本主义自由竞争条件下的生产过剩和大量商品堆积。在欧文看来，"目前劳动阶级缺少就业机会的直接原因是各种财富生产过剩。在现有的商业安排状况下，全世界所有的市场都发生存货过剩的现象"[2]，而最主要的是由于"新资本的这种特大增长量在社会中的分配方式有某种缺点而造成的。用商业上的话来说，这是缺乏与生产手段的多寡相适应的市场或交换手段而造成的"[3]。最后，古典政治经济学家固守的个人利益原则。欧文认为，"这种个人利益的原则，引起了人类的一切分裂以及阶级、教派、党派和国与国之间对立情感所产生的无穷错误与恶果，造成了忿怒和恶毒的情绪，以及人类直到现在所遭受的罪恶与苦难"[4]。为了克服这三个障碍，欧文提出了体现劳动阶级政治经济学原则的一揽子计划和措施。

2. 劳动阶级的政治经济学原则的基本内涵

欧文关于解决劳动阶级贫困和失业问题的社会改革计划和措施，目标明确，思路清晰，在经济理论方面驳斥了古典政治经济学的相关原理，集中反映了劳动阶级的政治经济学原则，即

使贫民和劳动阶级获得永久的、生产性的工作，从而解除公众困苦并消除不满情绪的计划。计划中的安排将大大改进

---

[1]《欧文选集》(第1卷)，柯象峰、何光来、秦果显译，商务印书馆，1984，第306页。
[2]《欧文选集》(第1卷)，柯象峰、何光来、秦果显译，商务印书馆，1984，第306页。
[3]《欧文选集》(第1卷)，柯象峰、何光来、秦果显译，商务印书馆，1984，第307页。
[4]《欧文选集》(第1卷)，柯象峰、何光来、秦果显译，商务印书馆，1984，第332页。

他们的性格,改善他们的生活状况,降低生产费用和消费费用,并开辟与生产相适应的市场。[1]

首先,生产力的"共同福利"原则。欧文认为,新生产力的合理利用不是个别人发财的特权,"以往各种机器的发明成倍地提高了劳动生产率,在某些情形下显然是个别的人获得了利益,而又使其他许多人的生活状况恶化"[2]。因此,从长远来看,生产力的良好安排应该以"公众福利或全体人民的总利益"为指导原则。这主要是由于新生产力的出现代表了社会的进步、"提供了改造社会的基础",而且这种新的力量是劳动阶级创造的[3],所以,"它作为大家的共同财产只应当为大家的共同福利服务"[4]。根据这一社会主义原则,欧文提出用锹取代犁耕地并辅以科学的组织,唯有如此,不仅劳动阶级未来的生计不愁可靠的来源,人们的性格大大改善,而且使"极端对立的种种利益重新结合起来,这些利益最能使社会原有的一切关系都发生分裂"[5]。

其次,交换的自然标准原则。交换的自然标准原则是欧文政治经济学批判的核心构件。欧文认为,"劳动阶级缺乏有益的工作,以及人民大众因此而遭受困苦"[6],主要是因为交换领域的不平等或"目前用来交换财富的流通手段存在缺点"[7]。所以,改变现状的有效方法是倡导公平的交换原则,即"在交换商品时完全按

---

[1] 《欧文选集》(第1卷),柯象峰、何光来、秦果显译,商务印书馆,1984,第303页。
[2] 《欧文选集》(第1卷),柯象峰、何光来、秦果显译,商务印书馆,1984,第351页。
[3] 《欧文选集》(第2卷),柯象峰、何光来、秦果显译,商务印书馆,1984,第94页。
[4] 《马克思恩格斯文集》(第3卷),人民出版社,2009,第535页。
[5] 《欧文选集》(第1卷),柯象峰、何光来、秦果显译,商务印书馆,1984,第321页。
[6] 《欧文选集》(第1卷),柯象峰、何光来、秦果显译,商务印书馆,1984,第305页。
[7] 《欧文选集》(第2卷),柯象峰、何光来、秦果显译,商务印书馆,1984,第200页。

照商品的主要成本,也就是根据每种商品中所包含的劳动量(这种劳动量可以公平地确定),并通过一种代表这种价值的方便的媒介(即"劳动券"——引者注)进行交换"[1]。正是在这里,欧文首次提出了一种与传统以黄金、白银和银行券、票据等"人为的标准"相区别的自然的标准,即按照商品中所包含的劳动量、"主要成本"进行交换的原则。根据这一原则,人类平均的劳动和能力就可以得到确定。因为"它既是一切财富的本质,它在每项产品中的价值便可以确定,它同其他价值的交换价值也可以随之而确定出来"[2]。欧文认为,交换的自然新标准的确立,除了可以打开一个极为有利的国内外市场,使劳动产品得到合理的交换以获得应得的价值之外,"人类劳动的需求将不再任人随意摆布,人类的生计将不象现在这样成为永远变动的一宗商品,劳动阶级也不再成为人为工资制度的奴隶。从效果上说,人为工资制度比野蛮或文明社会历来实行过的奴隶制度都更残酷"[3]。

最后,联合和彼此合作的原则。在欧文看来,被古典政治经济学奉为社会制度基石的个人利益原则,是"世间最违反真理的书生之见",它"不能使国家或个人增加财富,它本身就是贫困的唯一原因;如果没有这种原则在起作用,财富在世界上任何地方早就不会成为争夺的目标了"[4]。因此,用联合和彼此合作的原则(公众利益原则)取代个人利益的原则,不仅能够解决古典政治经济学原理关于一筹莫展的劳动阶级"在创造财富的条件十分充足时全部陷于贫困之中,或者是由于旁人贫困而陷于岌岌可危的境地"[5]的矛

---

[1] 《欧文选集》(第1卷),柯象峰、何光来、秦果显译,商务印书馆,1984,第324页。
[2] 《欧文选集》(第1卷),柯象峰、何光来、秦果显译,商务印书馆,1984,第310页。
[3] 《欧文选集》(第1卷),柯象峰、何光来、秦果显译,商务印书馆,1984,第310页。
[4] 《欧文选集》(第1卷),柯象峰、何光来、秦果显译,商务印书馆,1984,第332页。
[5] 《欧文选集》(第1卷),柯象峰、何光来、秦果显译,商务印书馆,1984,第333页。

盾,而且有助于通过人们之间的协作、组合和广泛的协商以发展"一门研究环境影响的科学",在"创造和守成"方面实现智力的联合,"这种智力可以使一切决定人们祸福的条件由全世界现有的人来直接控制和支配,并可以使目前确实不合理的个人奖惩制度完全成为不必要的东西"[1]。欧文认为,这个劳动阶级的普遍原理"会把迄今使人性成为本身最顽强的敌人的、各种卑微琐屑的、互相冲突的利益结合成为一个整体"[2]。根据这一原则,劳动阶级的利益得到妥善的安排,社会制度的基础得到根本性的变革,因为它使劳动阶级各个人的脑力和体力相结合、私人利益与公共利益完全等同起来,使各个国家也逐渐认识到,它们的权力与幸福只有在其他国家的权力与幸福同样增进的情况下才能得到充分和自然的发展。[3]

3. 劳动阶级的政治经济学原则的运用

欧文学说的最大特点是将劳动阶级的政治经济学原则,运用于资产阶级"人口过剩理论"的驳斥、古典政治经济学原理的批评以及资本主义"旧制度"的否定,这也是它最具吸引力的方面。

首先,驳斥马尔萨斯的"人口过剩理论"。

欧文认为,马尔萨斯的"人口过剩理论"与"共同福利"原则是背道而驰的。"共同福利"原则的实现与新生产力的提高和管理得当是成正比的,换言之,工人贫困和失业并不是永恒的自然现象,它是由人们的意志决定的。他的一般理由是:

> 体力劳动在适当的支配下是一切财富和国家繁荣的源

---

[1] 《欧文选集》(第1卷),柯象峰、何光来、秦果显译,商务印书馆,1984,第335页。
[2] 《欧文选集》(第1卷),柯象峰、何光来、秦果显译,商务印书馆,1984,第334页。
[3] 《欧文选集》(第1卷),柯象峰、何光来、秦果显译,商务印书馆,1984,第338页。

泉……体力劳动得到适当的支配后,在任何可以想象的世界人口增长的情况下,都可以在世界各地一直维持这种价值达许多世纪之久。……如果这样地支配体力劳动,我们就会发现,人口的增长有利于社会,而今后许多年内我们还无法鼓励人口象社会所要求的那样迅速增长。[1]

在实施锹耕作法以弥补生产力使用不当的计划时,欧文还提出了具体的理由,"……由于我国人口不足,可能在几世纪以后还无法全部用锹代替。然而在用犁耕作的制度下,人们甚至现在就认为大不列颠和爱尔兰的人口已经大大地过剩了"[2]。因此,资本主义条件下劳动的使用不当和生产力的浪费才是劳动阶级贫困和失业的主要原因。相应地,欧文认为,声称人口的增长将永远超过生活资料增长的"人口过剩理论"则是资本主义剥削制度的辩护学说。

其次,批判古典政治经济学原理。

在欧文看来,交换的自然标准原则能够成功应对"毁灭性的竞争和生产过剩所引起的普遍灾难"[3],因为它是"借助劳动券交换劳动价值相等的等价物的公平的劳动原则"[4],即以劳动产品交换等价劳动产品的本质规定。正因如此,第一,交换的自然标准原则与新生产力的提升及商业繁荣是一致的,它能使"劳动生产品的交换不受阻挠和限制,一直到财富生产得十分丰富,以致任何进一步的增加都被认为是没有用处的,而且也没有人想望增加为止"[5]。相反,古典政治经济学的人为价值标准与科学改进后财富和增值

---

1 《欧文选集》(第1卷),柯象峰、何光来、秦果显译,商务印书馆,1984,第304—305页。
2 《欧文选集》(第1卷),柯象峰、何光来、秦果显译,商务印书馆,1984,第320页。
3 《欧文选集》(第2卷),柯象峰、何光来、秦果显译,商务印书馆,1984,第202页。
4 《欧文选集》(第2卷),柯象峰、何光来、秦果显译,商务印书馆,1984,第202页。
5 《欧文选集》(第1卷),柯象峰、何光来、秦果显译,商务印书馆,1984,第313—314页。

财富的手段的增长是永远不匹配的,由此导致的劳动产品买卖市场的缺乏反过来致使商业陷于停滞;第二,交换的自然标准原则与劳动阶级的利益是一致的,劳动者既能生产出剩余产品也能得到公平合理的报酬。相反,商业、竞争的原则"不允许劳动者的劳动获得报酬"[1]。也正是在这一意义上,欧洲乌托邦研究会主席、英国知名左翼学者格里高利·克雷斯(Gregory Claeys)认为,"欧文关于资本家和劳动者之间不平等劳动交换的理论,以较为粗糙的形式完成了马克思剩余价值理论所描述的许多内容"[2]。

最后,资本主义"旧制度"的否定。

欧文认为,以个人利益原则为基石的资本主义"旧制度"本身,与联合和彼此合作的原则是相排斥的。第一,联合与彼此合作的原则是新社会制度的基石,协作社是新社会制度的生产组织或基本单位,它们是"根据联合劳动、联合消费、联合保有财产和特权均等的原则建立起来的"[3]公平而自然的制度。按照环境决定人的性格的原理,"新制度所形成的个人性格、行为和享受很快就能生动地说明一种社会比另一种社会优越得多,所以旧社会及其附属物的自然灭亡虽然是逐渐的,却不会静止不动"[4]。相反,根据个人利益原则建立起来的旧制度,"各有关方面相互之间以及它们与公众之间,经常存在着各种不同的利益与感情的对立,并且广泛地存在着互相抵制的原则"[5]。因此,同样依据"环境影响的科学",

---

[1] 《欧文选集》(第1卷),柯象峰、何光来、秦果显译,商务印书馆,1984,第312页。

[2] Gregory Claeys, "Robert Owen and Some Later Socialists," in Noel Thompson and Chris Williams, *Robert Owen and His Legacy* (Wales: Wales University Press, 2011), pp. 33-53.

[3] 《欧文选集》(第1卷),柯象峰、何光来、秦果显译,商务印书馆,1984,第327页。

[4] 《欧文选集》(第1卷),柯象峰、何光来、秦果显译,商务印书馆,1984,第337页。

[5] 《欧文选集》(第1卷),柯象峰、何光来、秦果显译,商务印书馆,1984,第352页。

目前的社会制度是"可能想出来的最反社会、最失策和最不合理的制度,在这种制度的影响下,人性中一切优良和宝贵的品质从婴儿时代起就受压抑,而且人们使用最违反天性的方法来发展最有害的个性倾向"[1]。第二,联合与彼此合作的原则与公众利益是相一致的,比如体现联合与彼此合作原则的协作社,

> 将作出安排把自己创造的财富分配给社员,并将剩余产品和其他协作社的剩余产品进行交换。不论协作社之间相距多远,有关交换的一般规章将使交换活动变得十分简单易行,协作社将根据英国银行新纸币的原理印制代表劳动价值的证券,用于一切内部的交易或交换。[2]

同时,"人性的一切自然需要可以通过最简易的管理方法得到充分的满足,那时这里所说的自私心就会由于没有充分的产生自私心的动机而不再存在"[3]。相反,个人利益原则"使人愚蠢地自私自利,使他和其他人对立;它制造了欺诈和虚伪;它盲目地促使人生产,却又剥夺了他的享受的智慧。他在力图占旁人的便宜时,自己反而吃了亏"[4]。因此,结论清楚地表明:以个人利益为基石的资本主义"旧制度"永远是公众利益的敌人。J. A. 霍布森认为,欧文的这一发现,"对资本主义为私利控制工业的理论和实践提出了强有力的、多种多样的挑战"[5]。

---

1 《欧文选集》(第1卷),柯象峰、何光来、秦果显译,商务印书馆,1984,第331页。
2 《欧文选集》(第1卷),柯象峰、何光来、秦果显译,商务印书馆,1984,第356—357页。
3 《欧文选集》(第1卷),柯象峰、何光来、秦果显译,商务印书馆,1984,第354—355页。
4 《欧文选集》(第1卷),柯象峰、何光来、秦果显译,商务印书馆,1984,第324页。
5 J. A. Hobson, *Democracy after the War* (London: The George Allen and Unwin Press, 1917), pp. 101-120.

三、理性社会制度的构想

理性社会制度的构想是欧文共产主义学说的落脚点,集中体现了欧文的思想成就。它的主要文本依据是《新道德世界书》(1836—1844 年)、《新道德世界的婚姻制度》(1838 年)、《论婚姻、宗教和私有财产》(1839 年)和《人类头脑和实践中的革命》(1849年)。

1. 理性社会制度的提出

在批判资本主义"旧制度"以及研究人类灾难的根源的过程中,欧文提出了建立在消灭私有制代之以生产资料(非生活资料)公有制和自然法基础上的理性社会制度构想。在欧文看来,"旧制度"是建立在私有财产基础上的无理性制度。它的实质是"依靠人们违反自然法所制定的奖惩规则来支持和管理的一种制度"[1]。个人奖惩本身作为灾难的经常根源,支持并促进构成人类灾难的根源的三种主要"谬见":一是认为人的性格是自己形成的;二是认为人能够随心所欲地相信什么或者不相信什么;三是认为人能够随心所欲地对人和事物表示爱憎、爱好、不关心和嫌恶。为了消除这三个障碍及由此产生的行为,就有了欧文所谓的创造人类幸福根源的"理性社会制度"构想。

2. 理性社会制度的基本内涵

关于创造人类幸福根源的理性社会制度,依据分明,方法统一,在社会改造的前提下明确反对私有制及其相关原理,可以说是

---

[1] 《欧文选集》(第 2 卷),柯象峰、何光来、秦果显译,商务印书馆,1984,第 14 页。

建立在生产资料公有制和自然法基础上的一套"共产主义方案"（或称"消除阶级差别的方案"[1]）。在欧文看来，

> "理性的社会制度"，在原理上和实践方法上，都是统一和不可分割的；它的每个部分都是为整体而存在的。这个统一的、长久的和内部协调的制度，以培养一切人的性格和管理他们的事务为宗旨；它基本上是预防邪恶的制度，使个人的奖惩成为十分多余的东西，因为这种奖惩是如此不义和有害。[2]

首先，依据的原理。在欧文看来，理性社会制度的建立遵循两个基本原理：一是以联合生产、生产资料公有制以及按需分配作为社会改造原则；二是以"完全排除赏罚与竞争的观念"作为教育的基本原则。

其次，实践的方法。欧文以为，理性社会制度的运行遵循平等和正义原则。所谓"平等"，即整个社会有平等的劳动义务和平等地取得产品的权利；所谓"正义"，即整个社会通过"以不变的自然法为基础的普遍适用的理性宪法"进行治理。这个平等、正义的理性社会的基层组织是公社，一般由 500—3 000 人组成，是一个独立的生产和消费单位。在合理组织起来的公社里，"纯粹个人日常用品以外的一切东西都变成公有财产"[3]；公社内部人员的利益是一致的；公社不存在商品交换，且公社之间按照自然的价值标准原则交换剩余产品；理性社会将通过试点建立模范公社，然后逐步推广建立公社联盟，在此基础上迅速扩展到全世界，"最后把全世界

---

1 《马克思恩格斯文集》（第3卷），人民出版社，2009，第525页。
2 《欧文选集》（第2卷），柯象峰、何光来、秦果显译，商务印书馆，1984，第16页。
3 《欧文选集》（第2卷），柯象峰、何光来、秦果显译，商务印书馆，1984，第13页。

联合成为一个只被共同的利益联系起来的伟大共和国"[1]。

最后,追求的目标。在欧文看来,"理性社会制度"旨在消灭谬见和无知,它的最终目标是为了"使各民族都能得到和平和幸福,并保证后代的幸福不断增进"[2]。

第三节
马克思超越欧文共产主义学说的三重逻辑

在创立科学社会主义的道路上,马克思高度重视欧文共产主义学说的批判与反思。基于改造世界观、重塑政治经济学批判原理和规范共产主义制度设计的三重逻辑,马克思全面剖析了欧文共产主义学说的形而上学本质,提出了替代"劳动阶级的政治经济学原则"的政治经济学批判新原理,阐明了实现共产主义的科学实践理性。

一、从直观(经验)唯物主义到实践唯物主义

透过人的性格形成理论,马克思发现,"欧文的唯物主义"始终在一种旧式的直观(经验)唯物主义范围内兜圈子,即《关于费尔巴哈的提纲》指出的,

> 有一种唯物主义学说,认为人是环境和教育的产物,因而

---

[1] 《欧文选集》(第2卷),柯象峰、何光来、秦果显译,商务印书馆,1984,第150页。
[2] 《欧文选集》(第2卷),柯象峰、何光来、秦果显译,商务印书馆,1984,第80页。

认为改变了的人是另一种环境和改变了的教育的产物,——这种学说忘记了:环境正是由人来改变的,而教育者本人一定是受教育的。因此,这种学说必然会把社会分成两部分,其中一部分高出于社会之上(例如在罗伯特·欧文那里就是如此)。[1]

进一步说,欧文的人的性格形成理论割裂了思维与存在的辩证统一关系,将"理想"当作纯粹理性的产物,高悬于社会现实之上,使之成为评价和规范社会现实的永恒尺度,并通过观念的说教和批判,乞求社会现实按照"理想"的目的发生变化。这本质上是一种对现实不发生作用的空想。马克思从人的对象性活动的实践特征出发,指出,"环境的改变和人的活动的一致,只能被看作是并合理地理解为革命的实践"[2]。也就是说,改变环境和教人从善在行动上并不矛盾,两者在付诸实践的过程中完全可以统摄为一个有机的整体。总之,马克思的新唯物主义把实践观点的思维方式引入欧文"面向实际"(直观)的经验认识论,把"理想"目的作为现实社会运动的合乎规律的结果宣示出来,在克服"欧文的唯物主义"在世界观上的形而上学缺陷的同时,也从根本上规避了在历史观上陷入唯心主义的风险。

二、从"交换"的自然价值标准到物质生产的劳动力原理

如同在世界观领域一样,欧文关于交换的自然标准原则也没有超出启蒙思想的范围,停留在了简单流通关系层面。确切地说,

---

[1] 《马克思恩格斯全集》(第3卷),人民出版社,1960,第4页。
[2] 《马克思恩格斯全集》(第3卷),人民出版社,1960,第4页。

欧文的政治经济学批判尽管"是以李嘉图为依据的"[1]，且发挥了有限的道德批判功能，但其用不是货币的"劳动货币（用银行券形式表现劳动价值的纸币）"去实现公平交易的经济方案，只是"手打麻袋意在驴子"[2]。进一步说，欧文以交换的自然标准为原理的"政治经济学批判"思路，企图通过货币形式、交换制度的改良来实现社会主义的经济方案，归根结底是一种不合时宜的"经济学上的空话"[3]。

相反，马克思的政治经济学批判，在资本主义生产关系的层面，以科学的劳动力价值原理为分析工具，不仅指出"欧文以直接社会化劳动为前提"[4]的"政治经济学平庸"，而且还论证了以商品生产为前提的"间接"社会化劳动的科学政治经济学。在马克思看来，劳动者贫困和失业的根源并不在流通领域而在生产领域。"危机固然在流通信贷领域最先发生，但根源是生产过程，只有生产过程的内在矛盾才是把握危机周期、超越资产阶级社会的科学依据"[5]。马克思完全明白，不从生产关系上消灭资本主义，就不能一劳永逸地解决资本剥削劳动的社会疾病，全世界无产者的解放就永远只能是一句空话。

三、从"理性的社会制度"到共产主义的制度安排

如同在世界观和政治经济学领域一样，欧文的理性社会制度构想依旧无法超出启蒙思想的范围。具体说来，尽管欧文预言共

1　《马克思恩格斯全集》（第45卷），人民出版社，2003，第18页。
2　《马克思恩格斯全集》（第30卷），人民出版社，1995，第194页。
3　《马克思恩格斯全集》（第31卷），人民出版社，1998，第480页。
4　《马克思恩格斯全集》（第44卷），人民出版社，2001，第115页。
5　韩蒙：《马克思思想变迁的社会主义线索》，江苏人民出版社，2021，第264—265页。

产主义将会以"新纪元"的形式很快到来,但由于它建立在不成熟的资本主义生产状况和不成熟的阶级状况的基础之上,因此,"就其内容来说必然是反动的"[1]。比如,在大工业刚刚兴起的英国,欧文不合时宜地提出用锹耕作法消除生产方式的资本主义性质;在无产阶级刚"作为新阶级的胚胎"形成的时候,欧文又不合时宜地提出建立无产阶级广泛联合的"和谐公社"的想法等。进一步说,欧文的"共产主义设计"由于"总是不加区别地向整个社会呼吁,而且主要是向统治阶级呼吁"[2],看不到彻底改变工人阶级生产生活状况的现实力量和正确道路。相反,马克思的共产主义制度安排,以对共产主义理论建构的人道主义逻辑、唯物史观逻辑和实践逻辑的理论阐释为基础,超越了欧文"带有纯粹空想的性质"的未来社会构想。

首先,通过阐释私有财产和共产主义矛盾的发展性消除,确立共产主义的人道主义逻辑。在马克思看来,圣西门、傅立叶对私有财产的理解还处于人的自我异化的阶段,他们的学说不是严格意义上的共产主义。共产主义是从人的自我异化即私有财产的积极扬弃开始的,最初的共产主义只是私有财产的初步扬弃,"开始时它作为普遍的私有财产出现"。欧文的观点体系直接从反对私有财产开始,也就是说,欧文对私有财产的理解已经从人的自我异化过渡到积极的扬弃私有财产阶段,属于"最初的共产主义"。但是,"它还没有理解私有财产的积极的本质,也还不了解需要所具有的人的本性,所以它还受私有财产的束缚和感染"[3]。只有当"私有财产即人的自我异化的积极的扬弃"的时候,才是完成了的共产主

---

1 《马克思恩格斯选集》(第1卷),人民出版社,2012,第431页。
2 《马克思恩格斯选集》(第1卷),人民出版社,2012,第432页。
3 《马克思恩格斯全集》(第3卷),人民出版社,2002,第297页。

义。进一步说,只有在私有财产和共产主义的矛盾在历史过程中实现真正的和解的时候,共产主义才是可能的。接着,马克思继续在《1844年经济学哲学手稿》中说道:

> 共产主义是私有财产即人的自我异化的积极的扬弃,因而是通过人并且为了人而对人的本质的真正占有;因此,它是人向自身、向社会的即合乎人性的人的复归,这种复归是完全的,自觉的和在以往发展的全部财富的范围内生成的。这种共产主义,……它是历史之谜的解答,而且知道自己就是这种解答。[1]

其次,通过说明扬弃"现实的历史的人"的异化的必然性,阐释共产主义的唯物史观逻辑。人的异化问题是马克思探索人的解放或进行共产主义设计的一个带有本体论性质的命题,其中确证消除人的异化的条件是理解马克思共产主义唯物史观逻辑的核心和关键。第一,在与恩格斯合写的《神圣家族》(1844年)中,马克思通过批判鲍威尔兄弟对"群众"的思辨想象及其主张的"批判的社会主义",提出了基于现实工人运动和工业运动的"群众的社会主义"观点,为在历史中消除人的异化初步探明了道路;第二,在《德意志意识形态》(1845年)中,马克思通过对一般意识形态,特别是德意志意识形态的批判,从"表现为对工业生产力与无产阶级行动的哲学凝练即'实践'"[2]的观点出发,论证了共产主义者"使现存世界革命化,实际地反对并改变现存的事物"[3]的必然性,进而提

---

[1] 《马克思恩格斯全集》(第3卷),人民出版社,2002,第297页。
[2] 韩蒙:《马克思思想变迁的社会主义线索》,江苏人民出版社,2021,第206页。
[3] 《马克思恩格斯文集》(第1卷),人民出版社,2009,第527页。

出了基于物质生产实践和共产主义实践的"实践的唯物主义即共产主义"的思想。但是，只有当"地域性的个人为世界历史性的，经验上普遍的个人所代替"之后，共产主义"在经验上才是可能的"。[1] 进一步说，从前提上看，人的异化的消灭，除了生产力的普遍发展和与此相联系的交往的普遍性之外，还有赖于培养和形成一种主体性的世界历史意识，即只有从无产阶级那里才能产生的必须进行不断革命的阶级斗争意识。而这在欧文的共产主义学说那里是找不到的。正如列宁所言，这主要是因为欧文"没有估计到阶级斗争、工人阶级夺取政权，推翻剥削者的阶级统治这样的根本问题"[2]。

最后，通过界定未来社会的性质、特征及发展阶段，明确共产主义的实践逻辑。共产主义不是从天上掉下来的，而是在无产阶级的革命实践中得来的。在生产力和生产关系之间的矛盾、无产者和资产者之间的斗争形势相比欧文的时代有了较大发展的历史阶段更是如此。马克思对此也有清醒的认识。当然，这种认识存在一个不断深化的过程。比如，在《哲学的贫困》(1847年)中，马克思从共产主义的唯物主义视野出发，从方法论和历史观层面批判了法国小资产阶级社会主义者普鲁东的"政治经济学的形而上学"，第一次将共产主义界定为立足于自为的无产阶级运动及其物质条件的"革命的科学"。在和恩格斯共同完成的《共产党宣言》(1848年)中，马克思通过对包括欧文的共产主义学说在内的一切非科学的"社会主义和共产主义的文献"的批判性考察，明确指出，无产阶级取得政权后，将通过"不断革命"逐渐消除剥削、消灭私有

---

[1] 《马克思恩格斯文集》(第1卷)，人民出版社，2009，第538—539页。
[2] 《列宁选集》(第4卷)，人民出版社，1975，第686页。

制,消灭阶级和阶级对立,以至实现"每个人的自由发展是一切人的自由发展的条件"[1]的联合体。很显然,这个联合体与共产主义社会是同质的,它的特征是大写的人的自由。在《政治经济学批判(1857—1858年手稿)》中,马克思对共产主义到来的生产关系前提做了进一步规定,即"社会形式"经过人的依赖关系到物的依赖关系的演变,最终进入"建立在个人全面发展和他们共同的、社会的生产能力成为从属于他们的社会财富这一基础上的自由个性"[2]的社会。在写于1875年的《哥达纲领批判》中,马克思对共产主义的最终实现问题进一步做了顶层设计。在他看来,共产主义的实现至少需要经过两个阶段,第一阶段即"共产主义社会第一阶段",这个阶段的共产主义是"经过长久阵痛刚刚从资本主义社会产生出来的……权利决不能超出社会的经济结构以及由经济结构制约的社会的文化发展"[3];第二阶段即共产主义社会的高级阶段,这个阶段的显著特征是权利平等和分配公平,因此它将作为一个普遍共同体而存在。总的来看,马克思关于共产主义理论建构的实践逻辑的阐释是在对资本主义危机及其发展趋势的深刻把握、与革命阵营内部的各种宗派分子如巴枯宁、拉萨尔及其流派的思想斗争以及国际工人运动和世界共产主义运动的展望中不断加深的。这也构成了马克思超越欧文共产主义学说的鲜明特征。

马克思超越欧文的共产主义学说,是历史上工业无产者与资产者之间的矛盾发展到不可调和阶段的必然结果。也就是说,在无产阶级和资产阶级之间的斗争还不是十分尖锐的最初时期出现的欧文体系,随着阶级对立和工业的发展,逐渐被体现先进生产力

---

1 《马克思恩格斯全集》(第4卷),人民出版社,1958,第491页。
2 《马克思恩格斯文集》(第8卷),人民出版社,2009,第52页。
3 《马克思恩格斯文集》(第3卷),人民出版社,2009,第435页。

发展要求和广大人民群众利益的马克思主义所取代,是不以人的意志为转移的客观趋势。进一步说,为了使社会主义从空想变为科学,马克思必须扬弃欧文"比较温和的批判性言论、经济学原理和关于未来社会的观念组成的色调极为复杂的"[1]空想共产主义学说,并首先将其置于现实的基础之上。对欧文的"旧唯物主义"和"空想主义"政治经济学的批判性解读,是马克思总体上超越欧文共产主义学说的哲学和政治经济学前提,为马克思实现对资本主义的科学社会主义认知创造了条件。

---

[1] 《马克思恩格斯文集》(第3卷),人民出版社,2009,第537页。

第四章　扬弃Ⅱ：马克思与"早期英国社会主义思潮"

　　李嘉图式社会主义与 1848 年前的宪章派社会主义统称"早期英国社会主义思潮"[1]，是 19 世纪早期英国社会主义的重要组成部分，分别为马克思的政治经济学批判和阶级斗争学说的创制提供了重要的、具体的方法论参考。那么，李嘉图式社会主义是如何建构自身的？它的主要观点是什么？有何特殊的思想史意义？1848 年前的宪章派社会主义是如何形成的？它的核心要义是什么？有何特殊的思想史意义？马克思又是如何扬弃"早期英国社会主义思潮"的？

---

[1] 李嘉图式社会主义与 1848 年前的宪章派社会主义所处的年代大致在 19 世纪 20—40 年代之间。为了方便阐述起见，我们将其统称为"早期英国社会主义思潮"。但若从年代上来看，欧文学说似乎也应属于这一范畴。之所以把它们区分开来研究，主要是因为：第一，就影响范围而言，欧文学说的传播面要更广泛些，尽管没有前者更"直接"；第二，就影响结果而言，欧文学说体现在整体的"世界观"框架上，即社会哲学(社会主义观念本身的反思)的抽象层面，而后者则体现在局部的"方法论"层面，即经济哲学(社会主义观念实现的经济学基础的反思)和政治哲学(社会主义观念实现的政治学基础的反思)的具体领域。

第一节
李嘉图式社会主义及其思想史意义

李嘉图式社会主义[1]流行于十九世纪二三十年代,是以李嘉

---

[1] 李嘉图式社会主义由两部分组成。一是以"李嘉图的价值理论的推理作补充"的"正统欧文主义";二是"以李嘉图理论为依据反对政治经济学家的无产阶级反对派"的观点(参见《马克思恩格斯全集》(第 26 卷第 3 册),人民出版社,1974,第 260 页)。前者的代表人物有乔治·缪迪(George Mudie)、埃布勒姆·库姆(Abram Combe,1785—1827)、约翰·格雷、威廉·汤普森、约翰·明特尔·摩根(John Minter Morgan,1782—1854)、托马斯·娄·埃德蒙兹(Thomas Rowe Edmonds,1803—1889)等,其中最负盛名的是威廉·汤普森。后者主要由四位资本主义批评家构成,最初的一位是致约翰·罗素勋爵"根据政治经济学基本原理得出的国民困难的原因及其解决办法(1821 年)"的一封公开信的匿名作者,以及皮尔西·莱文斯顿、托马斯·霍吉斯金和约翰·弗兰西斯·布雷(John Francis Bray,1809—1895)。需要指出的是,尽管这两种学说有着不同的出发点,但它们的经济学基础,都可以追溯到李嘉图的劳动价值论和工资分配原理,不论其使用是否符合李嘉图的本意。此外,必须明确的是,李嘉图之所以错误,是因为他并没有看到也不可能看到资本家生产的历史发展形式,他所理解的资本生产还只是他那个时代的家庭工业、农夫、小商人和独立的手艺工匠,而不是同思想功能和劳动工具相脱离的,且与工厂制度和大规模农业相适应的工资劳动(确切地说,应该是"雇佣劳动")。相反,李嘉图式社会主义却透过李嘉图的劳动工资理论朴素地看到了资本家的非生产性质:资本家只不过是把生产工具借给工资劳动者,而向他们索取资本的高额利润的人。在英国社会主义思想史上,最早提出类似观点的是处于"从潘恩和葛德文的时代到罗伯特·欧文、威廉·科贝特和理查·卡莱尔的时代之间"的查理·霍尔(Charlie Hall,1740—1820)。在仅有的一部传世之作——《文明的影响》(1805)中,霍尔抨击了当时流行的所谓资本主义贫富双方可以订立真正出于自愿的契约的观点,并深刻地揭露了利润的来源:"有产阶级之所以能剥削穷人,是因为他们的财富使他们能够以低于劳动力真正价值的价格购买劳动力。这中间的差额便成了'文明'社会的祸根——利润"[参见 G. D. H. 柯尔:《社会主义思想史》(第 1 卷),何瑞丰译,商务印书馆,1977,第 40 页]。我们认为,霍尔关于利润的"探讨",已经开始将矛头指向资本主义的生产,并触及资本主义剥削的特殊机制。李嘉图式社会主义正是沿着霍尔指引的方向,"为无产阶级的利益而利用李嘉图的价值理论和剩余价值理论来反对资本主义生产,以及用资产阶级自己的武器来和资产阶级进行斗争"[参见《马克思恩格斯全集》(第 24 卷),人民出版社,1972,第 18 页]。

图的经济学理论为出发点反对剥削和贫富对立的一股学院派激进思潮。在英国社会主义思想史上，李嘉图式社会主义总体上诉诸公平、正义的价值取向和从政治经济学视角论证社会主义的致思路径，为马克思的政治经济学批判提供了反思性参照。

一、从"贫穷和财富"到社会主义观的建构

与古典政治经济学的"两个教条"[1]不同，李嘉图式社会主义以资本主义条件下"贫穷和财富"的对立为主题，通过理解、阐释生产领域劳动和资本的关系，构建起以强调恢复劳动创造财富及分配正义的自然法传统为特征的社会主义观。

1. "贫穷和财富"的主题及其表征

李嘉图式社会主义以探讨社会的经济基础问题为出发点，这导致了资本主义条件下"贫穷和财富"对立问题的凸显。比如，有些"正统欧文主义"认为，相较于政府和立法机关等社会的上层建筑物，强调经济是首要的，经济基础发生了改变，矗立其上的上层建筑也将随之得到调整。同时，"工业主义只意味着短期的繁荣，跟着便是慢性的危机，群众的穷困和社会革命的爆发"[2]。因此，社会主义的目标是"改变财富的生产方式"。"无产阶级反对派"一向比"社会主义者"高明，他们一开始就从经济关系和规律本身来透视资本主义，最终落实到"贫穷和财富"的问题上，即考察了财富积累与贫穷增长的矛盾机制并提出了相应的解决方案。

---

[1] 参见白刚：《〈资本论〉"政治经济学批判"的逻辑转换》，《学术月刊》，2017年第12期，第60—68页。

[2] G. D. H. 柯尔：《社会主义思想史》（第1卷），何瑞丰译，商务印书馆，1977，第165页。

事实上,"贫穷和财富"的主题,始终是反资本主义谱系中的显性权力话语。李嘉图式社会主义也不例外。在其众多的研究成果中,我们发现,光是以"贫穷""财富"作为关键词命名的文献就占了很大部分的比例。这是因为,一方面"贫穷和财富"的选项表征了现实社会的冲突和差异。在李嘉图式社会主义看来,以私有制为前提的资本主义生产的目的是"剥削",非理性和无秩序是它的基本特征;资本主义的分配极其不合理,是对自然法的赤裸裸的背叛。结果,社会异化为少数人垄断过剩的财富和奢侈,多数人被迫忍受结构化的贫穷和痛苦;资本主义社会是由"贫穷和财富"构成的矛盾共同体,出路有两条:一是实行生产有序、交换自由、分配正义、消费合理的合作社会主义;二是回到不受政府限制的前资本主义的农业或工业社会。另一方面,"贫穷和财富"的选项还表征了站在无产阶级立场上维护劳动者阶级利益的重大伦理关切。在李嘉图式社会主义看来,资本主义危害一般国民,尤其破坏劳动者阶级的幸福、扭曲他们的人格;批判资本主义就是拯救劳动者阶级;对于劳动者阶级而言,揭露"贫穷和财富"的对立就是批判资本主义。基于此,资本主义"反对家们"开出了一剂以古典政治经济学为药引子,劳动阶级起来"闹革命"的良方。

2. 李嘉图式社会主义观的构建

"贫穷和财富"的主题是现代资本主义的历史现象学。从工业资本主义的整个运行过程来看,"贫穷和财富"的对立与分配不平等密切相关,但是,分配(关系)只是"结果",与生产(关系)联系在一起才有意义。那么,生产是如何组织的呢?这就涉及资本主义最核心的机密——由资本和雇佣劳动构成的资本主义的生产关系。李嘉图式社会主义通过理解和阐释生产领域劳动和资本的关系,构建起以强调恢复劳动创造价值(财富)以及分配正义的自然法传统为特征的社会主义观。

首先,强调恢复劳动创造价值(财富)和分配正义的自然法状态。在李嘉图式社会主义者看来,古典经济学关于劳动是一切财富创造者的观点没有过时,但是,需要在变化了的条件下重新理解劳动在生产和价值创造中的作用;劳动是衡量分配正义的基本准则(在马克思看来,这是其劳动学说比斯密和麦克库洛赫等人彻底的地方)。比如,欧文主义者缪迪认为,合作社会"真正的生产力量是人类的劳动,联合起来的人类劳动使生产能力无限增大"[1]。格雷指出,"劳动是价值的泉源"[2],各种产品的价值取决于生产它们时所耗费的劳动。所以"劳动是真实的价值标准,是唯一真实的价值尺度"[3],"劳动永远是并且应该是自然的价值尺度"[4]。同时,"劳动是财产的唯一的基础,因此,在任何社会中,财产都不外是积累的劳动"[5]。基于此,他区分了生产劳动和非生产劳动,并认为李嘉图的作为价值基础和衡量尺度的劳动概念只指在田间、工厂和厂矿从事生产的工资劳动。

威廉·汤普森则进一步认为,"财富是由劳动产生的;除劳动外没有别的要素能使任何欲望的对象成为财富品。劳动是财富唯一的普遍的衡量标准,也是财富的典型特征"[6]。同时,工人是真正的劳动者和财富的创造者,即使是利润这一资本剥削所增加的

---

[1] 马克斯·比尔:《英国社会主义史》(上卷),何新舜译,商务印书馆,1959,第184页。
[2] 约翰·格雷:《格雷文集》,陈太先、眭竹松译,商务印书馆,2009,第436页。
[3] 约翰·格雷:《格雷文集》,陈太先、眭竹松译,商务印书馆,2009,第438页。
[4] 约翰·格雷:《格雷文集》,陈太先、眭竹松译,商务印书馆,2009,第439页。
[5] 约翰·格雷:《人类幸福论》,张草纫译,商务印书馆,1963,第33页。
[6] 威廉·汤普森:《最能促进人类幸福的财富分配原理的研究》,何慕李译,商务印书馆,2009,第30页。

价值也完全来自工人劳动。[1] 需要指出的是,勃雷从自然法传统出发,对劳动是人的基本权利和"按劳取酬"的观点进行了说明。他认为:

> 仅仅只有劳动能产生价值,……每一个人对于由于他的诚实的劳动所能带给他的东西都有一种无可辩驳的权利。当他这样地取得他的劳动成果时,他并没有对任何其他人做了什么不公正的事,因为他并没有阻碍别人在同等的权利意义上取得相应的劳动果实。[2]

作为"李嘉图(式)社会主义的首位系统阐述者"[3],霍吉斯金从两个方面阐述了他对"劳动价值论"的新认识。第一,从"所有权保障和(资本)积累"的角度,他提出:价值并非由工资、利润和地租所构成,劳动是价值的唯一尺度,但是劳动,这个一切财富的创造者,不是商品。[4] 第二,从资本的所有权和生产的角度,他提出:资本所有者不是劳动者,因此是阻碍生产的原因,这是现时的社会状态。[5] 此外,霍吉斯金还就劳动是衡量分配正义的基本准则提出,"鉴于劳动不仅是一切财富的来源,还是实行公正分配的准则,任何时候当人们被私利引入歧途时,劳动使其良心变得正直,并且当立法者的政策受到权宜之计的错误观点的曲解时,劳动使其得到

---

[1] 马克斯·比尔:《英国社会主义史》(上卷),何新舜译,商务印书馆,1959,第200—201页。
[2] J. F. Bray, *Labour's Wrongs and Labour's Remedy, or the Age of Might and the Age of Right* (London: London University Press, 1839), p. 33.
[3] 吴宇晖、张嘉昕:《劳动产权理论述要》,《经济思想史评论》,2009年第1期第10页。
[4] 《马克思恩格斯全集》(第26卷第3册),人民出版社,1974,第349页。
[5] 托马斯·霍吉斯金:《通俗政治经济学》,王铁生译,商务印书馆,2014,第205页。

矫正"[1]。

其次,明确"社会主义"的任务。在李嘉图式社会主义看来,劳动和资本的对立是一切不平等的根源,因此"社会主义"的任务,即批判和揭露现实中的劳资矛盾,并对之进行伦理改造。第一,用"贫穷和财富"的对立影射批判劳动和资本的对立。比如,在汤普森看来,资本的生产和运营造成了两个对立的阶级,"一个阶级是劳动的,一个阶级是管制劳动的——前者是穷苦的,后者是富有的"[2]。勃雷进一步指出,资本家或雇主,从总方面来说,每一点积累都是来自工人阶级或被雇用的人并未放弃的酬金;通过这种办法变成富有的任何人,都是以使大多数人陷于贫困为前提的。这一切的根源是不平等的交易而不是一般人所谓的"个人的智力和体力的不平等"[3]。

第二,"劳动和资本"对立的伦理改造。比如,勃雷认为:

> 在现在的社会制度下,资本与劳动——铁铲与掘土者——是两种分离的和对抗的势力……虽然资本与劳动是密切联系起来的,并且是互相依赖的,并且二者总是为得一个共同目的而合作的,那一个目的应该就是生产,不应该是将一个人提得高高的,将另一个人压得低低的。在联系到某一些人或阶级的时候,资本与劳动就不能利益一致了——它们永远是对立的——因为资本家的利益常常是劳动人民的损失;并

---

1 托马斯·霍吉斯金:《通俗政治经济学》,王铁生译,商务印书馆,2014,第28—29页。
2 约翰·勃雷:《对劳动的迫害及其救治方案》,袁贤能译,商务印书馆,2009,第21页。
3 约翰·勃雷:《对劳动的迫害及其救治方案》,袁贤能译,商务印书馆,2009,第24页。

且劳动人民的穷困与劳役的必然后果,就是资本家的富有和安闲。[1]

此外,"小册子的作者"指出,"在劳动同资本交换的时候,对别人劳动的占有必须减少,或者说,工人从他自己的劳动中占有的必须多些,而资本占有的必须少些"[2]。霍吉斯金则指出,资本的实质是"劳动必须能在维持劳动者生计之外还必须能给资本家带来利润"[3],这是资本奴役劳动的真实写照,劳动者要翻身就不应再容忍和默许资本主义制度继续存在下去。

二、"政治经济学批判"路径及其依据

以能够发展生产力为客观依据,李嘉图式社会主义通过对古典劳动价值论的重新理解和阐释,构建了具有自身特点的"政治经济学批判"路径,实现了古典经济学与社会主义的初次联结。

1. 从劳动价值论的逻辑翻转到分配正义的探索

劳动价值论在社会财富的来源、价值量的决定乃至工资的议定等方面体现了自然科学的精确和人类理性的学问。换言之,劳动价值论在说明资本主义正常的运行机制方面发挥了近似科学的"辩护"作用。但问题是如何用来说明体现社会正义的财富(或价值)的分配问题。李嘉图式社会主义历史地看到了这一点。比如,汤普森曾尖锐地指出,"政治经济学的最终目的一直是增加社会上

---

[1] 约翰·勃雷:《对劳动的迫害及其救治方案》,袁贤能译,商务印书馆,2009,第68页。
[2] 《马克思恩格斯全集》(第26卷第3册),人民出版社,1974,第279页。
[3] 托马斯·霍吉斯金:《通俗政治经济学》,王铁生译,商务印书馆,2014,第207页。

财富积累的绝对量,至于如何分配每年的产品和多年积累下来的财富则留给了道德家和政治家按照他们神秘的智慧认为适当的比例来解决"[1]。因此,我们注意到,通过李嘉图劳动价值论、工资理论和资本(利润)生产和积累理论的"社会主义运用",李嘉图式社会主义提出了"劳动产品全部归劳动者享用""建立合作社会主义制度""推翻资本主义国家政权"等激进的观点。

首先,劳动价值论的自然法论证。在传统自然法的基础上,古典劳动价值论被用作论证"劳动产品全部归劳动者享用"的反向推理依据。在李嘉图式社会主义史上,最出色地运用这一方法的当属霍吉斯金。

霍吉斯金以洛克的自然法传统为前提,"把作为李嘉图论述问题的必然结果的总的论点表达出来了:资本是非生产的"[2]。他指出,"关于资本的理论,以及使劳动停在除工人生活费用之外还能为资本家生产利润的那个点上的实践,看来,都是同调节生产的自然法相违背的"[3]。因此,要从根本上实现"劳动产品全部归劳动者享用",就应该建立以自然法为基础的财产分配(所有)制,即以"自然财产律"取代"人为财产律"。

为了彻底实现这一点,他指出:第一,要实现不受政府立法干预的经济自由,特别是国内外的贸易自由,因为"人类生来就具有按其意愿在任何时间和任何地点与任何人进行买卖的自由,立法者们在任何情况下冒昧想要加以限制以前,必须证明这种自由会大大损害公众的利益,并且证明他们比大自然更为高明"[4]。同

1　威廉·汤普森:《最能促进人类幸福的财富分配原理的研究》,何慕李译,商务印书馆,2009,第53页。
2　《马克思恩格斯全集》(第26卷第3册),人民出版社,1974,第293页。
3　《马克思恩格斯全集》(第26卷第3册),人民出版社,1974,第350页。
4　托马斯·霍吉斯金:《通俗政治经济学》,王铁生译,商务印书馆,2014,第247页。

时,应该让每个生产者或者劳动集体之间有完全自由的竞争。第二,要重视对工人的社会认知教育。霍吉斯金参与创办的"伦敦技工学校",除了传授工人生产管理技术,还进行反资本主义的宣传。

此外,汤普森的探索也值得引起注意。这主要是因为,通过劳动价值论的逻辑翻转,汤普森已经从"踌躇于独立生产者的自由的、原始的、民主的社会"的前资本主义立场转变到"自觉自愿的社会主义制度下的联合劳动"的社会主义立场上,并提出劳动者享有全部劳动产品是实现其"理想的社会制度的基本内容和'分配的自然法则'的基本原则之一"[1],而且只有同时满足了劳动的方向和延续均由生产者自由和自动决定,以及劳动产品的获得应是符合等价交换规律的自愿交换这两个条件,才能促进生产的发展、社会的正义和幸福的增加。

其次,劳动价值论中的"平等交换"假设。在假设"交换平等"的基础上,古典劳动价值论被用作论证"建立合作社会主义制度"的反向推理依据。在李嘉图式社会主义史上,欧文派经济学家在这方面的探索最为典型也最"彻底"。在他们看来,只有建立合作社会主义制度才能最终解决李嘉图经济学体系中价值规律同资本与劳动的不平等交换的矛盾。

例如,约翰·格雷认为,"不合理的交换制度是商业社会的真正的灾难"[2]。他援引英国统计学家科胡恩(Colquhoun)的"公民社会图表",指出了资本主义等价交换的"骗局"以及利润的实质:1812年,除去贫民和领取退休金者生产的 4 291 000 英镑之外,英国工人阶级所生产的总财富是 426 230 372 英镑。按照等价交换

---

[1] 威廉·汤普森:《最能促进人类幸福的财富分配原理的研究》,何慕李译,商务印书馆,2009,第 18 页。
[2] 约翰·格雷:《格雷文集》,陈太先、眭竹松译,商务印书馆,2009,第 98 页。

的原则,每个劳动者平均应得54英镑的收入,但他实际只得到11英镑,仅仅是他劳动产品的五分之一稍多一些,其余五分之四以地租、房租、利息和利润等形式被土地所有者、债主、商人等以不同程度的份额瓜分,利润是在市场竞争中通过以廉价购买劳动而以高价出售劳动产品的不平等交易实现的。[1]

基于此,格雷进一步指出,"商业制度"下的一切生产都是以利润为前提的,也就是说,生产是为有利可图的需求服务的,这种需求又决定于社会各阶级所具有的供消费之用的财富总额,但由于竞争的存在限制了财富总额在各阶级的分配,所以商业制度是一种纯粹由于完全不适合于达到预期目的而受到非难的制度。[2] 只有消除竞争,建立劳动与劳动、资本与资本彼此合作的交换组织,才能补救社会业已形成的弊端。

汤普森也认为,"资本和劳动的分离(对立)"是由现实中资本与劳动的不等价交换造成的。在这里,价值规律已被"舍象",由此形成的所谓"工资法则"进一步加深了商业社会的贫富对立。而行之有效的办法,则是实现平等交换基础上的资本同劳动的重新结合。劳动界的前途是联合工会通过知识和道德品质的教育达到相互合作的社会主义。

最后,剩余价值本身的朴素化说明。在朴素说明"剩余价值"观念的基础上,古典劳动价值论被用作论证"推翻资本主义国家政权"必要性的反向推理依据。在李嘉图式社会主义史上,"反对政治经济学家的无产阶级反对派"的观点最富价值也最有影响。在他们看来,只有推翻资本主义的国家政权才能最终克

---

[1] 约翰·格雷:《人类幸福论》,张草纫译,商务印书馆,1984,第19页。
[2] 约翰·格雷:《格雷文集》,陈太先、眭竹松译,商务印书馆,2009,第97页。

服李嘉图经济学体系中价值规律同资本与劳动的不平等交换的矛盾。

例如,"小册子的作者"和莱文斯顿历史地看到了李嘉图价值规律论掩盖下的资本和劳动的对立,在此基础上,对"剩余价值"的来源和本质做了朴素的理解。前者"把利润、地租和利息看成工人的剩余劳动"[1],并与工人必要劳动创造的工资相对立。与李嘉图的主要着眼点正相反,他"把缩短生产者的劳动时间和停止为剩余产品的所有者劳动宣布为最终目的"[2]。后者把"资本看成工人的剩余产品",主张以工作日既定为前提,缩减工人的必要劳动时间和停止为剩余产品的所有者劳动为最终目的。同时,他还指出,"穷人的贫困创造了他的〈富人的〉财富……如果一切人都是平等的,那末谁也不会为别人劳动。必需品将会有余,而奢侈品将会绝迹"[3]。

霍吉斯金对此做了进一步的发挥。他认为,工人的劳动是价值的唯一创造者,这是毋庸置疑的。但是,在资本主义的不平等交换制度下,工人并没有把自己的劳动产品当作工资接受下来,他现在和过去所获得的只是维持他生存的那一部分,劳动产品所剩余的一切都由于使用资本家的资本而被称为利润和地租尽归资本家所有。[4] 为了更好地说明资本和劳动交换的不平等,霍吉斯金举例说:一个面包的实际价格——也就是自然为了使人类可以得到

---

[1] 《马克思恩格斯全集》(第 26 卷第 3 册),人民出版社,1974,第 260 页。
[2] 《马克思恩格斯全集》(第 26 卷第 3 册),人民出版社,1974,第 283 页。
[3] 《马克思恩格斯全集》(第 26 卷第 3 册),人民出版社,1974,第 287 页。
[4] Thomas Hodgskin, *Labour Defended Against the Claims of Capital: or, the Unproductiveness of Capital Proved with Reference to the Present Combinations Amongst Journeymen*(New York: Augustus M. Kelley Publishers, 1963), pp. 1-6.

这些必需品的任何一种所要求的——是一定分量的劳动。但是，劳动者为了取得这个物品，却必须向资本家付出超过自然所要求的更大分量的劳动。这个差额究竟有多少是无法确定的，但大约是工资的6倍。[1] 在霍吉斯金看来，贫富差距就是这样造成的，而不是由于赋税或"谷物法"，因为如果面包由于赋税而价格上升，则工资也必然上涨，但是利润和工资的变化却恰好相反。据此，霍吉斯金指出，社会并不需要资本家或地主，社会所需要的只是各种生产者的同时并存的劳动。[2] 而并存劳动的实现并不仅仅是一个理论问题，它还要从根本上消灭"社会劳动的对立形式"，也就是推翻资本主义的国家政权。正如马克思指出的，"资本主义生产方式同社会劳动的不同因素在相互关系中所具有的并以资本为代表的异化形式一起消失。这便是霍吉斯金的结论"[3]。

李嘉图式社会主义的"政治经济学批判"遵循了如下路径：从

---

[1] Thomas Hodgskin, *Labour Defended Against the Claims of Capital: or, the Unproductiveness of Capital Proved with Reference to the Present Combinations Amongst Journeymen* (New York: Augustus M. Kelley Publishers, 1963), p. 22.

[2] 并存劳动的概念是霍吉斯金为反驳李嘉图的"资本是积累劳动的定义"而形成的。马克思指出，霍吉斯金的"流动资本"只不过是不同种类的社会劳动的并存（"并存劳动"），而"积累只不过是社会劳动生产力的积累，所以工人本身的技能和知识（科学力量）的积累是主要的积累，比和它一同进行并且只是反映它的那种积累，即这种积累活动的现存客观条件的积累，重要得多，而这些客观条件会不断重新生产和重新消费，只是名义上进行积累……这一切都只是加利阿尼的命题的进一步发展"。[参见《马克思恩格斯全集》（第26卷第3册），人民出版社，1974，第293—294页。]霍吉斯金看来，"'每一项不同种类劳动的成效和生产力取决于其他人的并存生产劳动的程度，总是比取决于流动资本的任何积累（即'已经生产出来的商品'）的程度大。'这些'已经生产出来的商品'是和'并存劳动的产品'对立的。"[《马克思恩格斯全集》（第26卷第3册），人民出版社，1974，第306页]这里这个"已经生产出来的商品"就是李嘉图意义上的"积累劳动"，即劳动者借以"付给资本家一种复利"的条件——资本。也正是在这一意义上，霍吉斯金认为资本在古典经济学家那里被区分为固定资本和流动资本——却不独立存在，只不过是资本家用来愚弄劳动者以便更直接地取得他们的剩余产品的神秘符号罢了。

[3] 《马克思恩格斯全集》（第26卷第3册），人民出版社，1974，第348页。

依附劳动价值论的逻辑到劳动价值论的逻辑翻转；从一般价值创造的原理阐释到(劳动)交换和(产品)分配方式的一般论证；从特殊价值创造的政治经济学探索到分配正义的伦理诉求。"正统欧文主义"者较普遍地定格在从一般价值创造原理延伸到(劳动)交换和(产品)分配原理考量的伦理层面，而"反对政治经济学家的无产阶级反对派"则涉及批判逻辑的各个层面，较普遍地进展到经历了"分配之痛"的资本主义批判的特殊价值创造的经济层面。

2. 能够发展生产力：反对资本主义的客观依据

毫无疑问，不论是"正统欧文主义"者，还是"反对政治经济学家的无产阶级反对派"，都坚持把能够发展生产力作为反对资本主义的客观依据。比如，汤普森认为，"真正积累起来的财富量，就它的重要和对于人类幸福的影响来说，和无论处于什么文明情况的同一社会的生产力比较"，都是微不足道的。因此，"社会统治者和政治经济学家应该特别注意生产力和它将来的自由发展"[1]。霍吉斯金历史地看到，"农业劳动者的奴隶状态是与那种土地占有相联系的；从政治上说，整个欧洲的农业劳动者一直处于一种比制造业和商业的劳动者更恶劣的状况"[2]。这是一种很重要的对待生产力的历史态度。

在批判资本主义现行货币制度缺陷的时候，格雷指出："这种制度束缚了我们的生产力，使整个贸易机构混乱不堪，并且在全国造成一种使疯人院的病人也感到惭愧的反常现象，即在丰裕之中产生了贫困和饥馑"[3]。

---

[1] 威廉·汤普森：《最能促进人类幸福的财富分配原理的研究》，何慕李译，商务印书馆，2009，第459页。
[2] 托马斯·霍吉斯金：《通俗政治经济学》，王铁生译，商务印书馆，2014，第124页。
[3] 约翰·格雷：《格雷文集》，陈太先、眭竹松译，商务印书馆，2009，第231页。

勃雷则指出,在合作制度下,

> 将保证更快的资本积累——它将拿较大的部分的收入用在生产的劳动方面——因它对于机器的采用是毫不限制的,所以它将使所雇用的劳动有更大的生产力——它将利用大量的资本来发生作用——它将为那班现在是一贫如洗的人们创造所增加的一份同时并不损及别人所有的股份——并且这是很彻底地保证得到最大生产数额的一种使用劳动和资本的方法。[1]

"小册子的作者"和莱文斯顿也有相关的论述。例如,他们指出,"劳动生产力的发展创造了资本,或者说,财产,即为'有闲者'——游手好闲者、非劳动者——创造剩余产品,同时劳动还生产出了它的寄生赘瘤;劳动生产力越发展,这个寄生赘瘤就越把劳动的骨髓吸尽"[2]。马克思认为,他们"是理解,或者至少是在实际上承认资本的历史必然性的"[3],即资本作为劳动生产力的发展形式在推动资本主义生产和自我扬弃过程中的历史功绩。但是,"小册子的作者和莱文斯顿说这些话并不是为资本辩护,而是以此作为攻击资本的出发点,因为所有这一切都纯粹是违背工人的利益而不是为了工人"[4]。

李嘉图式社会主义不但强调资产阶级社会在发展生产力上的历史作用,"尽管这种历史形式是和构成整个这一发展基础的那一

---

[1] 约翰·勃雷:《对劳动的迫害及其救治方案》,袁贤能译,商务印书馆,2009,第231页。
[2] 《马克思恩格斯全集》(第26卷第3册),人民出版社,1974,第286页。
[3] 《马克思恩格斯全集》(第26卷第3册),人民出版社,1974,第287页。
[4] 《马克思恩格斯全集》(第26卷第3册),人民出版社,1974,第287页。

部分人口的利益相矛盾的"[1]。而且又历史地看到,这种生产力的发展,要求突破资本主义生产的历史局限,因为资本主义的经济制度已经由生产力发展的形式成为生产力发展的桎梏。但这并不妨碍他们中的大多数,从反对李嘉图的古典经济学立场出发,批判那些把资本主义经济规律当作永恒的自然规律的说法,并主张在探索新社会制度的过程中着眼于"解放社会的未来生产力"[2]。

三、李嘉图式社会主义的思想史意义

李嘉图式社会主义总体上诉诸公平、正义的价值取向和从政治经济学视角论证社会主义的致思路径,为马克思的政治经济学批判提供了反思性参照。

1. 诉诸公平、正义的价值取向

一般认为,李嘉图式社会主义的劳动价值论研究,是从李嘉图体系中价值规律和资本与劳动交换的矛盾开始的。这一矛盾的实质是私有制基础上资本和劳动的不等价交换必然要破坏价值规律的等价交换原则。单纯的伦理学视角当然看不到这一点。但这并不妨碍其提出等价交换原则是"自然法"意义上的公平、正义或社会主义的"人道主义"预设。尽管"将道义运用于经济"的设想在形式上是不科学的,但正如恩格斯所言,"就经济形式说是错误的东西,在世界历史意义上却可以是正确的。如果群众的道德感宣布某一经济事实为不公平……这就证明这个事实本身已经过时,而

---

1 《马克思恩格斯全集》(第 26 卷第 3 册),人民出版社,1974,第 287 页。
2 威廉·汤普森:《最能促进人类幸福的财富分配原理的研究》,何慕李译,商务印书馆,2009,第 451 页。

另一些经济事实已经出现了"[1]。李嘉图式社会主义考察资本主义经济事实的活动本身所包含的"解放内容",对马克思后来的政治经济学批判所立足的无产阶级立场无疑具有重要的借鉴意义。当然,这也说明,在马克思之前,英国的李嘉图式社会主义就已经开始涉及经济理性中的"道德感情"问题。不过,显而易见的是,马克思"从来没有把他的共产主义要求放在这样的基础上,而是放在必然的、在我们眼前一天比一天成熟的资本主义生产方式的崩溃上"[2]。

2. 从政治经济学视角论证社会主义的致思路径

英国马克思主义者 E. P. 汤普森曾经指出,"当马克思还只有十几岁的时候,英国工会内部资本主义政治经济学同社会主义政治经济学之间的思想斗争就已经(至少是暂时)有了结果。胜利的一方是霍奇斯金、汤普森、詹姆斯·莫里森和奥布莱恩;失败的一方则是詹姆斯·穆勒和普雷斯"[3]。在我们看来,汤普森、霍吉斯金之所以能够取得胜利,是因为他们始终站在资本主义的对面论证社会主义。

比如,霍吉斯金的政治经济学论证"严格限制在揭示只是调节生产的诸自然规律"[4],在此基础上重新界划了李嘉图对资本所做的"积累劳动"的定义(参见上文"并存劳动"的注释)。霍吉斯金力图证明,"'过去劳动'则一直被政治经济学家们看作就是资本,是一种异化的、同劳动本身敌对的、对立的劳动形式"[5]。目的是驳

---

1 马克思:《哲学的贫困》,人民出版社,1962,第 5 页。
2 马克思:《哲学的贫困》,人民出版社,1962,第 5 页。
3 E. P. 汤普森:《英国工人阶级的形成》(下),钱乘旦、杨豫、潘兴明等译,译林出版社,2001,第 977—978 页。
4 托马斯·霍吉斯金:《通俗政治经济学》,王铁生译,商务印书馆,2014,第 10 页。
5 《马克思恩格斯全集》(第 26 卷第 3 册),人民出版社,1974,第 323 页。

斥所谓资本家为工人"积累"生活资料的见解。

霍吉斯金从政治经济学视角论证社会主义的价值是多维的。这集中体现在三个方面：第一，"活劳动"的创新阐释，启发马克思用固定资本和流动资本的构成来说明产业资本的循环周转，并提出"固定资本之所以有用不是由于过去劳动，而是由于现在劳动，它给自己的所有者提供利润不是因为它被积累，而是因为它是获得对劳动的支配权的手段"[1]。第二，资本积累呈常态化趋势（"任何劳动，任何生产力，任何发明才能，任何技术，都不能满足复利的压倒一切的要求"[2]）的判断，为马克思对资本积累的本质、一般规律和历史趋势的揭示开辟了道路。第三，"并存劳动"概念的提出，为马克思在资本流通层面讨论剩余价值的实现问题架起了比起斯密和李嘉图"大大接近于真理"[3]的桥梁，进而系统论证了资本主义一般利润率呈下降趋势的规律。

再比如，"小册子的作者"的发现因为在以下方面超越了李嘉图而被马克思吸收到剩余价值规律的研究中。"首先，他把一切剩余价值都归结为剩余劳动，其次，他虽然把剩余价值叫做资本利益，同时又强调指出，他把'资本利息'理解为剩余劳动的一般形式，而与剩余劳动的特殊形式，地租、货币利息和企业利润相区别"[4]。此外，关于"财富就是可以自由支配的时间"和"使用资本而不支付任何利息"的碎片化论述，还促使马克思进一步考察了"剩余劳动"消灭后社会主义条件下劳动的本质：

1　《马克思恩格斯全集》(第26卷第3册)，人民出版社，1974，第328页。
2　《马克思恩格斯全集》(第26卷第3册)，人民出版社，1974，第329页。
3　《马克思恩格斯全集》(第26卷第3册)，人民出版社，1974，第346页。
4　《马克思恩格斯全集》(第24卷)，人民出版社，1972，第18页。

不言而喻,随着雇主和工人之间的社会对立的消灭等等,劳动时间本身……将作为真正的社会劳动,最后,作为自由时间的基础,而取得完全不同的、更自由的性质,这种同时作为拥有自由时间的人的劳动时间,必将比役畜的劳动时间具有高得多的质量。[1]

李嘉图式社会主义从查理·霍尔开始,陆续到19世纪40年代的约翰·弗兰西斯·勃雷为止的探索,是资本主义批判史上不可忽视的一笔可贵遗产:他们将古典政治经济学与社会主义结合起来研究的"总体理论逻辑",让青年马克思看到了政治经济学也可以作为一门科学,从中得出社会主义的结论[2];他们对劳动和资本关系的"道德和实证主义"研究,是马克思政治经济学批判的"社会主义应用"的重要参考。在与社会主义者海德门的一次交谈中,马克思明确指出,关于剩余价值的概念以及资本主义制度下竞争的无政府主义和社会化大生产的外在力量必然导致资本主义走向垄断和社会主义等认识,最初来源于他所研究的"早期英国经济学家、社会主义者和宪章派的著作"[3]。当然,在1845年的《曼彻斯特笔记》《资本论》及经济学手稿的多处地方,我们还发现马克思不止一次地引用或摘录了李嘉图式社会主义的观点。

---

[1] 《马克思恩格斯全集》(第26卷第3册),人民出版社,1974,第282页。
[2] 张一兵:《回到马克思——经济学语境中的哲学话语》,江苏人民出版社,2009,第339—371页。
[3] H. M. Hyndman, *The Record of an Adventurous Life* (London: The Forgotten Books Ltd Press, 2018), p. 275.

第二节
1848年前的宪章派社会主义及其思想史地位

1848年前的宪章派社会主义继承发展了欧文学说和李嘉图式社会主义的基本理论立场,是"社会主义和宪章主义的融合"的初级形态。在宪章运动中形成的1848年前宪章派社会主义的"夺取政权"的话语逻辑,为马克思阶级斗争学说的创制奠定了重要的思想基础。

一、"社会主义和宪章主义的融合"

1848年前的宪章派社会主义,是宪章运动时期酝酿形成的以选举权的制度性变革为核心的一股社会激进思潮。恩格斯曾富有远见地称之为——"社会主义和宪章主义的融合,法国共产主义以英国方式的再现"[1]。那么,法国共产主义为何能以英国的方式再现呢?正如苏联学者罗什科夫的《欧文主义者与宪章派之间的思想斗争》指出的,"共产主义的思想,即使是通过像在欧文的学说中表现出来的那种空想的形式,也找到了一条通向英国工人阶级的道路,并且在英国工人阶级中找到了物质力量"[2]。也就是说,英国具有产生"1848年前的宪章派社会主义"的思想文化、阶级和实践的基础。

---

1 《马克思恩格斯文集》(第1卷),人民出版社,2009,第473页。
2 维·彼·沃尔金等:《论空想社会主义》(中卷),郭一民等译,商务印书馆,1980,第367页。

宪章派及其发动的广泛的群众性运动[1]是1848年前宪章派社会主义得以形成的阶级和实践基础。需要明确的是,"宪章运动从1835年开始产生的时候起,主要就是在工人中间开展的运动,但那时它还没有和激进的小资产阶级严格划清界限。工人的激进主义是和资产阶级的激进主义携手并进的";由于谷物法问题,英国的宪章运动表现为纯粹的宪章运动,"成了没有任何资产阶级分子参加的纯粹工人的事业"[2]。也就是说,从这时起,"宪章派还处于很落后的状态,发展水平还很低,但他们却是真正的活生生的无

---

[1] 这里的运动,特指与德国的西里西亚纺织工人起义、法国的里昂工人起义齐名的英国宪章运动。学界关于宪章运动的研究大多局限于宪章运动史实本身的考证和梳理。这方面的代表性成果有:R. G. 甘米奇的《宪章运动史》、约翰·K. 沃尔顿的《宪章运动》、约翰·韦斯特的《宪章运动的历史》、琼斯·戴维的《宪章和宪章主义者》以及沈汉的《英国宪章运动》等。从社会主义思想史角度研究宪章运动的主要有两派:一派以马克斯·比尔和G. D. H. 柯尔为代表,由于反马克思主义的研究立场,其研究成果严重遮蔽了宪章派社会主义与科学社会主义之间的联系。另一派以苏联学者罗什科夫、西奥多·罗斯坦,英国马克思主义史学家A. L. 莫尔顿、约翰·萨维尔和E. P. 汤普森夫妇,以及中国学者沈汉等人为代表,他们站在马克思主义的立场上,对宪章派的斗争经验、思想史地位,宪章主义与劳工主义的内在关系,宪章派左翼的社会主义活动等进行了卓有成效的研究。[参见罗什科夫:《欧文主义者与宪章派之间的思想斗争》,维·彼·沃尔金等:《论空想社会主义》(中卷),商务印书馆,1982,第329—368页;Theodore Rothstein, *From Chartism to Labourism—Historical Sketches of the English Working Class Movement* (London: The Dorrot Press, 1929);钱乘旦:《工业革命与英国工人阶级》,南京出版社,1992;阿·莱·莫尔顿:《人民的英国史》,谢琏造、瞿菊农、李稼年等译. 生活·读书·新知三联书店,1958; A. L. Morton, "The Discovery of Charism," *Marxism Today* 4, No. 3 (1960); A. L. Morton, "The Interpretation of Chartism," *Marxism Today* 6, No. 6 (1961);摩尔顿、殷叙彝:《关于宪章运动的评述》,《历史研究》,1962年第2期;John Saville, *1848, The British State and the Chartist Movement* (Cambridge: Cambridge University Press, 1987); E. P. Thompson, *The Making of the English Working Class* (London: The Victor Gollancz Ltd Press, 1963); Dorothy Thompson, *The Chartists: Popular Politics in the Industrial Revolution* (London: Temple Smith, 1984).]本书在批判借鉴前人研究的基础上,首次提出了"宪章派社会主义"的概念,并在马克思社会主义思想形成史的视域中进行了辨析。

[2] 《马克思恩格斯文集》(第1卷),人民出版社,2009,第469页。

产者,是无产阶级的代表"[1]。

"社会主义或共产主义的思想和运动,从许多思想潮流里吸取了营养"[2]。1848年前的宪章派社会主义也不例外。正如比尔所言,"欧文派和反资本主义的批评所产生和发展的两种社会经济思潮",在宪章派那里形成了"按照社会主义和劳动的基础"改造社会的一系列思想及其运动。[3] 这恰好说明了1848年前宪章派社会主义形成的思想文化基础:欧文的社会主义原则和李嘉图式社会主义的无产阶级立场。

第一,欧文学说的价值悬设——社会主义原则,集中体现在1848年前的宪章派社会主义关于实现"最高的社会主义目的"的两种方案之中。一是共产主义和议会(改革)的方案。该方案盛行于英国北部的新堡和利兹(1839年以后,曼彻斯特是这一地区的重心)的工人阶级中,他们的领袖是接受了欧文土地公有思想的菲格斯·奥康瑙尔、约瑟夫·斯蒂芬斯和罗伯特·洛韦里等;二是批评社会问题的方案。该方案盛行于伦敦和苏格兰的知识工人中,他们的杰出代表是深受欧文的合作社会主义思想影响的宪章派领袖威廉·洛维特、亨利·赫瑟林顿、詹姆斯·沃森和亨利·文森特等。此外,宪章派运动的中央机关报——《北极星报》对外宣称,宪章派社会主义和社会主义(欧文学说)追求的目标是一致的,不同的只是方法(实现手段):欧文派主张自上而下的社会"改良",宪章派则崇尚自下而上的社会"革命"。

第二,李嘉图式社会主义的价值悬设——无产阶级的立场,集

---

[1] 《马克思恩格斯文集》(第1卷),人民出版社,2009,第473页。
[2] 以赛亚·伯林:《现实感:观念及其历史研究》,潘荣荣、林茂、魏钊凌译,译林出版社,2004,第86页。
[3] 马克斯·比尔:《英国社会主义史》(上卷),何新舜译,商务印书馆,1959,第252页。

中体现在1848年前的宪章派社会主义脱离"正统欧文主义"的阶级斗争学说中。这种学说,以工人阶级取得政治领导权为直接目标,形成了关于工人阶级取得政权的必要性、关于工人阶级联合为一个不依附于资产阶级的独立的政党的思想。[1] 需要指出的是,和宪章派的导师奥布莱恩一样,宪章派运动的其他早期活动家关于阶级斗争必然性的论证,依然建立在了李嘉图式社会主义的自然法根据之上。这可以理解为阿尔都塞意义上的"意识形态残余"[2]。难能可贵的是,宪章派运动中有组织的工人力图在理论上下功夫,以便从自然权利的社会主义中解脱出来,结束乌托邦的试验而形成一种以阶级斗争和进化为根据的社会历史观。[3]

二、从"革命前"到"革命时期"

基于通常关于宪章运动的历史分期理论,我们认为,1848年前的宪章派社会主义应该包括"革命前"和"革命时期"两个阶段。

1."革命前"的阶段

所谓"革命前",不是一个纯粹的时间概念,这里除了时间上的彼在界限外,还存在着空间上的实际分野。要言之,从理论形态上看,此时1848年前的宪章派社会主义虽具有"革命"的外观,但尚处于未定型的状态,也就是说,还远不具备提出明确的政治纲领和建立政党组织的条件。所以,"革命前"可以说是夺取政权的话语

---

1 维·彼·沃尔金等:《论空想社会主义》(中卷),郭一民等译,商务印书馆,1982,第368页。
2 路易·阿尔都塞:《保卫马克思》,顾良译,商务印书馆,2006,第104—105页。
3 马克斯·比尔:《英国社会主义史》(上卷),何新舜译,商务印书馆,1959,第257—258页。

逻辑的酝酿和形成阶段。与"宪章运动以前的斗争、失望、欧文派的试验和工团主义的努力"和30年代初的工厂立法事件、反对新济贫法的实践相呼应。

确切地说,1825—1830年,是1848年前的宪章派社会主义的酝酿时期。这一时期宪章派的斗争很不彻底,"从经济观点来看,工人阶级是自觉地出现在历史舞台之上的,不过从政治的观点来看,他们表现得不够坚决"[1]。事实上,为了迎合工会(联)主义的经济斗争,工人阶级在政治上采取了与中间(资产)阶级结盟的政策。随着工人阶级在英国的形成,夺取政权的话语逻辑初见端倪。1830—1832年的"改革运动"时期,就有不少工人为捍卫阶级斗争的立场站在了资产阶级的对面,坚决反对与中间(资产)阶级的结盟。"他们不顾一切后果,把中间阶级和工人阶级的经济对立转变成政治的竞技场,并且根据冷静的逻辑指出劳动和资本必然永远是不可调和的敌人的事实"[2]。1832年通过的"改革法案"让工人阶级进一步看清了资产阶级虚假(政治)结盟的可耻伎俩。至此,"宪章派只有把那些戴着假面具的资产者从自己的队伍中清洗出去才能取得胜利"[3]。

与此同时,宪章派"校长"(莫尔顿语)布朗特里·奥布莱恩(欧文学说和李嘉图式社会主义的集大成者)在霍吉斯金《保护劳动反对资本剥削》的影响下,形成了以土地、货币改革和阶级斗争为中心的学说,为1848年前的宪章派社会主义的最终形成做了理论上的准备。

1833—1835年,斯宾士和本鲍之类的人物在反议会主义者詹

---

1 马克斯·比尔:《英国社会主义史》(上卷),何新舜译,商务印书馆,1959,第255页。
2 马克斯·比尔:《英国社会主义史》(上卷),何新舜译,商务印书馆,1959,第256页。
3 《马克思恩格斯全集》(第4卷),人民出版社,1958,第28页。

姆斯·史密斯的《危机周报》、詹姆斯·摩里逊的《先驱者》上以"塞奈克斯"为名发表的一系列具有社会主义倾向的文章和观点[1],一方面论证了夺取政权的话语逻辑产生的历史必然性,另一方面则宣告了夺取政权的话语逻辑在理论上的完成。

2. "革命时期"的阶段

1836—1848 年是宪章运动的主体阶段,也是 1848 年前的宪章派社会主义的发展时期。之所以用"革命时期"来指称这一阶段,主要是因为夺取政权的话语逻辑此时从理论上升到了行动。1836 年伦敦工人协会的成立是这种变化的标志性事件。相应地,1848 年前的宪章派社会主义进入了以开展独立的政治斗争为实践新起点的历史方位。1840 年 7 月,被誉为"全国规模的工人阶级政党"[2]的"大不列颠全国宪章协会"(简称"全国宪章协会")宣告成立。"全国宪章协会"号召英国工人阶级团结起来组成"夺取政权"的革命联盟,极大地宣传了 1848 年前宪章派社会主义的阶级斗争纲领。

宪章派的阶级斗争在思想领域也得到了充分反映。欧文主义(不等于欧文本人的全部学说)失去了历史的根据,表现为"欧文派反对宪章派"[3]。而"经过宪章运动的考验并清除了资产阶级成分的、真正的无产阶级社会主义"则以英国的方式发展起来了,"它不久就会在英国人民的发展史上发挥重要的作用"[4],成为团结英国工人阶级的主要观念形式。

1　G. D. H. 柯尔:《社会主义思想史》(第 1 卷),何瑞丰译,商务印书馆,1977,第 157 页。
2　摩尔顿、殷叙彝:《关于宪章运动的评述》,《历史研究》,1962 年第 2 期第 157 页。
3　《马克思恩格斯文集》(第 2 卷),人民出版社,2009,第 64 页。
4　《马克思恩格斯文集》(第 1 卷),人民出版社,2009,第 472 页。

三、1848年前的宪章派社会主义的核心要义及思想史地位

夺取政权的话语逻辑,是宪章运动的鲜明主题,也是1848年前的宪章派社会主义的核心要义,贯穿1848年前的宪章派社会主义发生、发展的整个过程。那么,在"资本主义的生产状况和阶级状况比较成熟"的英国,夺取政权的话语逻辑究竟意味着什么呢? 在马克思看来,就是要争得工人阶级的政治领导权(统治权)。

> 普选权就等于英国工人阶级的政治统治,因为在英国,无产阶级占人口的绝大多数。在长期的、虽然是隐蔽的内战过程中,无产阶级已经清楚地意识到自己的阶级地位,而且甚至在农业地区也不再有农民,而只有地主、资本主义企业家(农场主)和雇佣工人。因此,在英国,普选权的实行,和大陆上任何标有社会主义这一光荣称号的其他措施相比,都将在更大的程度上是社会主义的措施。在这里,实行普选权的必然结果就是工人阶级的政治统治。[1]

然而,选举权只是一种象征,"这一更新的运动的要旨却是选举权本身所暗示的那种'更多的'东西"[2],即"无产阶级将利用自己的政治统治,一步一步地夺取资产阶级的全部资本,把一切生产工具集中在国家即组织成为统治阶级的无产阶级手里,并且尽可

---

[1] 《马克思恩格斯全集》(第8卷),人民出版社,1961,第390—391页。
[2] E. P. 汤普森:《英国工人阶级的形成》(下),钱乘旦、杨豫、潘兴明等译,译林出版社,2001,第975页。

能快地增加生产力的总量"[1]。马克思从不在场的在场中读出了隐藏在1848年前的宪章派社会主义中的"概念空缺",即夺取政权的实践逻辑。于是,马克思适时将1848年前的宪章派社会主义的夺取政权的话语逻辑上升为基于暴力革命的夺取政权的实践逻辑,进而创立了无产阶级的阶级斗争学说——人的解放学说。

第三节
"早期英国社会主义思潮"的扬弃

由于在理论上汇聚了一些"闪耀着部分真理光芒"的观点和方法,"早期英国社会主义思潮"得到马克思不同程度的赞许和认可。但是,从社会主义发展史上看,"早期英国社会主义思潮"同欧文学说一样,是一朵不结果实的花,有时候表现为工人的激进主义,有时候表现为脱离实际的"超前"主义("社会主义者看得比较远,提出消灭贫困的实际办法,但他们来自资产阶级,因此不能和工人阶级融合在一起"[2]),但归根到底是凌驾于现实的"空想主义"。基于对资本主义的科学社会主义认知,马克思一方面在剩余价值学说的科学语境中扬弃了李嘉图式社会主义,另一方面,在阶级斗争学说的理论平台上扬弃了1848年前的宪章派社会主义。

一、从劳动价值论的形式批判到剩余价值论的实质批判

劳动价值论的形式批判只能使政治经济学的社会主义规划走

---

[1] 《马克思恩格斯选集》(第1卷),人民出版社,2012,第421页。
[2] 《马克思恩格斯文集》(第1卷),人民出版社,2009,第473页。

向"空想主义",不能将社会主义引向科学。正如阿尔都塞在《读〈资本论〉》中指出的:

> 即使斯密和李嘉图在地租和利润的"事实"中"生产"了剩余价值的"事实",他们也仍然是停留在黑暗之中而不知道自己所"生产"的东西为何物,因为他们不懂得在剩余价值的事实的概念中思考这个事实,也不懂得从这个事实中得出理论的结论。他们远远不能思考这个事实,因为无论是他们还是他们那个时代的整个文化根本不曾设想过一个"事实"可以是一种"结合"关系的存在,一种复杂的、和整个生产方式共存的关系的存在,而这种"结合"关系的存在支配着整个生产方式的现在、危机和未来并作为整个生产方式的结构的规律决定着整个经济现实,直至可以看到的经验现象的细节,——虽然这种经验现象明显得令人目眩,它们仍然是人们所看不到的。[1]

因此,作为一门科学的政治经济学,李嘉图式社会主义关于劳动价值论的形式批判必然要上升到马克思基于剩余价值学说的实质批判。

1. 从回到自然法的形式批判到马克思的实质批判 I

劳动价值论的"自然法"论证,从永恒的经济事实出发,并囿于说明"这种经济事实与永恒公平和真正道德相冲突",最终乞求于社会主义"人道主义"的劳动理想来消除这种不公平现象,本质上

---

[1] 路易·阿尔都塞、艾蒂安·巴里巴尔:《读〈资本论〉》,李其庆、冯文光译,中央编译出版社,2001,第211页。

是一种对资本主义经济现实不发生作用的盲目的形式批判。马克思基于社会主义观念从空想到科学的第一重经济哲学语境（劳动价值论），必然要扬弃这种形式批判，使对劳动价值论的认识建立在深刻揭示剩余价值规律的实质批判的基础之上。不可否认，马克思的一个基本论点：生产决定分配和交换，而不是相反。要达到对劳动价值论的科学理解，必须从分配和交换的目的论视域转到对生产的前提批判，唯有如此，才能在全新的经济范畴的基础上得出剩余价值的理论结论。但是"力求在一定的社会结构中来理解现代生产并且 Parexcellence〔主要〕是研究生产的经济学家李嘉图，不是把生产而是把分配说成现代经济学的本题"[1]，他"本能地把分配形式看成是一定社会中的生产要素得以确定的最确切的表现"[2]。因此"即使是他们中间最出色的人物，如霍吉斯金，也把资本主义生产的一切经济前提看作是永恒的形式"[3]，"而把历史限制在分配范围之内"[4]。

如是之故，"先前无论资产阶级经济学家或者社会主义批评家所做的一切研究都只是在黑暗中摸索"[5]。"要知道什么是剩余价值，他就必须知道什么是价值。李嘉图的价值理论本身必须首先加以批判"[6]。

在马克思看来，"劳动不是一切财富的源泉。自然界同劳动一样也是使用价值（而物质财富就是由使用价值构成的！）的源泉，劳

1　《马克思恩格斯全集》(第12卷)，人民出版社，1962，第747页。
2　《马克思恩格斯全集》(第12卷)，人民出版社，1962，第746页。
3　《马克思恩格斯全集》(第26卷第3册)，人民出版社，1974，第286页。
4　《马克思恩格斯全集》(第12卷)，人民出版社，1962，第747页。
5　《马克思恩格斯选集》(第3卷)，人民出版社，2012，第1002—1003页。
6　《马克思恩格斯全集》(第24卷)，人民出版社，1972，第22页。

动本身不过是一种自然力即人的劳动力的表现"[1]。正因如此,马克思的批判引入了生产关系的概念,并指出,生产的社会关系表现的并不是单独的人,而是生产过程的当事人和生产过程的物质条件的有机统一。

2. 从"交换平等"假设的形式批判到马克思的实质批判Ⅱ

通过上述生产关系,马克思认识到,资本主义生产关系中的劳动已经不是斯密学说中"不证自明的财富积累"的抽象意义上的共有劳动,而是用于交换的与"他人的财产"相对立的"他人的劳动"[2]。因此,劳动在资本主义生产关系中是具体的,同时又具有社会的属性。正因如此,劳动可以创造表现为不同具体劳动之间相交换的量的关系或比例的交换价值;这种创造交换价值的劳动"是历史上暂时的、相对的而不是绝对的生产形式"[3]。当历史进入生产社会化和社会分工充分发展的现代资本主义社会,劳动才能作为创造财富的一般本质而被抽象掉其特殊的规定。进一步说,在资本主义社会,所有的关系被假定为价值形式,没有明显的剩余产品从劳动者那里被剥夺,只有工人站在雇主对立面的社会关系中才会产生剩余价值。李嘉图式社会主义明确指出了资本和劳动的不平等交换,但却没有意识到与资本相交换的是劳动力的价值,且这种劳动力商品的价值与使用价值(工人的劳动)在社会生产中的作用是根本不同的(因而也没能真正超越李嘉图)。

在"劳动二重性"理论的基础上,马克思揭示了价值以及价值形式都不过是资本主义生产方式的特定产物,"劳动和资本的关

---

1 《马克思恩格斯文集》(第3卷),人民出版社,2009,第428页。
2 《马克思恩格斯文集》(第8卷),人民出版社,2009,第100页。
3 《马克思恩格斯全集》(第26卷第3册),人民出版社,1974,第301页。

系"首次得到了科学的说明。资本主义生产的奥秘在于：资本家购买的是雇佣工人劳动力商品的价值，而不是使用价值（工人的劳动）。劳动力的使用价值和价值完全不同，在实际的生产过程中，前者能够创造出比后者更高的价值，两者之间的"余额"就是剩余价值。于是，马克思"以劳动力这一创造价值的属性代替了劳动，因而一下子就解决了使李嘉图学派破产的一个难题，也就是解决了资本和劳动的相互交换与李嘉图的劳动决定价值这一规律无法相容这个难题。他确定了资本分为不变资本和可变资本，就第一个详尽地阐述了剩余价值形成的实际过程，从而说明了这一过程，而这是他的任何一个前人都没有做到的"[1]。这是马克思的巨大的理论革命。

3. 从"剩余价值"观念朴素化说明的形式批判到马克思的实质批判Ⅲ

"剩余价值"观念的朴素化说明，从"既定现象的同质空间"（阿尔都塞语）出发，"为既有的经济范畴所束缚"[2]，最终乞求于"从李嘉图自己的前提出发来维护无产阶级利益"[3]，本质上亦是一种对资本主义经济现实不发生作用的盲目的形式批判。马克思基于社会主义观念从空想到科学的第二重经济哲学语境（剩余价值论），势必要扬弃这种形式批判，使对剩余价值规律的认识建立在科学阐释剩余价值起源和本质的实质批判的基础之上。

我们必须承认马克思的一个基本论点："把剩余价值理解为剩余劳动，就要对经济范畴的整个体系进行总的批判。"[4] 在马克思

---

1 《马克思恩格斯全集》（第 24 卷），人民出版社，1972，第 22 页。
2 《马克思恩格斯全集》（第 26 卷第 3 册），人民出版社，1974，第 278 页。
3 《马克思恩格斯全集》（第 26 卷第 3 册），人民出版社，1974，第 286 页。
4 《马克思恩格斯全集》（第 26 卷第 3 册），人民出版社，1974，第 278 页。

看来,李嘉图式社会主义虽然在某些方面超越了李嘉图,但是没有把这种进步继续向前推进,而"重新陷入经济学的费解的行话"[1]:小册子的作者"把剩余价值命名为资本利息"[2],莱文斯顿则把资本看成工人的剩余产品[3]。前者"多半是就剩余劳动的形式来考察剩余产品",后者"多半是就剩余产品的形式来考察剩余劳动"[4]。

马克思用生产方式的结构概念来说明资本主义经济现象,克服了包括李嘉图式社会主义在内的任何没有构成自己的对象而直接走向事物本身的政治经济学批判的认识论局限,看到了前人没有看到的在"自身存在形式的发展了的整体中"出现的作为一种"生产力和生产关系"的结合关系的剩余价值概念。进而研究了剩余价值本身,且发现了它的两种形式,即绝对剩余价值和相对剩余价值,并且证明,这两种形式在资本主义生产的历史发展中起了不同的然而都是决定性的作用。

李嘉图式社会主义关于劳动价值论的形式批判,本质上是一种建立在简单流通关系层面的资本拜物教认识,"在这种认识中,社会主义者未能在哲学认识层面从抽象的简单流通关系上升到具体的高级生产关系,从而理解交换中的简单规定性是以较发达的生产关系为中介的"[5]。马克思从对资本主义的历史性认知出发,在剩余价值学说的科学语境中批判并超越了李嘉图式社会主义。站在历史唯心主义基础上的某些"西方马克思学"学者根本看不到这一点,因此他们天真地认为李嘉图式社会主义先于马克思在政治经济学批判领域成功地塑造了资本批判的科学形态,这是对马

---

[1] 《马克思恩格斯全集》(第26卷第3册),人民出版社,1974,第279页。
[2] 《马克思恩格斯全集》(第26卷第3册),人民出版社,1974,第279页。
[3] 《马克思恩格斯全集》(第26卷第3册),人民出版社,1974,第283页。
[4] 《马克思恩格斯全集》(第26卷第3册),人民出版社,1974,第283—284页。
[5] 韩蒙:《马克思思想变迁的社会主义线索》,江苏人民出版社,2021,第329页。

克思与李嘉图式社会主义两者关系的重大误解。

二、夺取政权：从话语逻辑到实践逻辑

宪章派关于可以通过实行普选权实现工人阶级政治统治的夺取政权的话语逻辑，不是无产阶级解放的普遍逻辑，而是仅仅表现为英国工人阶级追求经济平等、政治自由和自身解放的特殊逻辑，尽管马克思研究发现，"至少在欧洲，英国是唯一可以完全通过和平的和合法的手段来实现不可避免的社会革命的国家"[1]。进一步说，夺取政权的话语逻辑只具有个别的意义。因为就宪章派不承诺使用暴力（不会诉诸"物质力量"[2]）的一般弱点而言，无产阶级的普遍解放也不能指望这种停留在话语层面的革命逻辑；况且，在这里，宪章派的"民主"只是夺取政权的手段，而非争得国家政权后的目的。所以，作为思想材料的夺取政权的话语逻辑，必然要按照"思想同它的对象所保持的真实关系，也就是作为这一真实关系出发点的总问题"[3]过渡到夺取政权的实践逻辑的普遍方案。

1. 暴力革命作为夺取政权的实践逻辑的基本规律

如果说夺取政权的话语逻辑的政治哲学反思是马克思扬弃1848年前的宪章派社会主义的方式，那么暴力革命作为夺取政权的实践逻辑的基本规律的理论掘进则代表了这种反思的直接意义。换言之，马克思基于社会主义观念从空想到科学的政治哲学语境，使夺取政权的话语逻辑获得了言说世界无产阶级解放事业

---

1 《马克思恩格斯全集》（第23卷），人民出版社，1972，第37页。
2 《马克思恩格斯文集》（第1卷），人民出版社，2009，第468页。
3 路易·阿尔都塞：《保卫马克思》，顾良译，商务印书馆，2006，第55页。

的宏大叙事背景。在马克思看来，无产阶级要从资产阶级手中夺得最高的政治权力，暴力革命是一般的途径。在这一过程中，

> 当然首先必须对私有权和资产阶级生产关系实行暴力的干涉，即采取这样一些措施，它们在经济上似乎是不够充分和没有效力的，但是在运动进程中它们却会越出本身（使进一步向旧的社会制度举行进攻成为必要），成为变革全部生产方式所不可避免的手段。[1]

因此，在1848年前的部分宪章派社会主义者身上体现出的对资产阶级政权的一味妥协和退让，不仅意味着夺取政权的话语逻辑的自我贬低，还预示了对无产阶级解放之一般路径——暴力革命的蔑视。

在马克思看来，"暴力是每一个孕育着新社会的旧社会的助产婆"[2]；无产阶级的普遍解放"只有用暴力推翻全部现存的社会制度才能达到"[3]；当然，马克思的暴力革命学说并不排斥可能条件下的和平过渡方式，因为"无产阶级当然不会放弃和平夺取政权的机会，但是从来都不放弃暴力革命的准备"[4]。那么，无产阶级取得政权后，是否就可以躺在革命的功劳簿上睡大觉了呢？回答当然是否定的。马克思在夺取政权的话语逻辑止步的地方，进一步提出了"不断革命"的论断。

---

[1] 《马克思恩格斯全集》（第4卷），人民出版社，1958，第489—490页。
[2] 《马克思恩格斯选集》（第2卷），人民出版社，2012，第296页。
[3] 《马克思恩格斯选集》（第1卷），人民出版社，2012，第435页。
[4] 石镇平、黄静：《科学社会主义的基本原则不能丢》，《马克思主义研究》，2014年第4期第120页。

2. "不断革命论"是延续和发展夺取政权的话语逻辑的意义确证

如果说夺取政权的话语逻辑是关于工人阶级夺取政权的必要性的理论理性,那么"不断革命论"则是这种理论理性在无产阶级解放斗争实践中的具体运用。换言之,马克思基于无产阶级专政的革命需要,赋予夺取政权的话语逻辑以完整的意义链。这个意义链的开端是由"不断革命"作为中介激发的。所谓"不断革命",就是指工人阶级革命要有彻底的革命精神,把民主主义的革命进行到底,并适时转变为社会主义革命,建立起无产阶级的专政。在马克思看来,无产阶级要取得社会主义革命的胜利,"不断革命"是特殊的途径。在这一过程中,

> 民主派小资产者只不过希望实现了上述要求便赶快结束革命,而我们的利益和我们的任务却是要不断革命,直到把一切大大小小的有产阶级的统治全都消灭,直到无产阶级夺得国家政权,直到无产者的联合不仅在一个国家内,而且在世界一切举足轻重的国家内都发展到使这些国家的无产者之间的竞争停止,至少是发展到使那些有决定意义的生产力集中到了无产者手中。[1]

在《1848 年至 1850 年的法兰西阶级斗争》中,马克思明确指出,革命的社会主义即共产主义同空想社会主义的最大区别是,

> 这种社会主义就是宣布不断革命,就是无产阶级的阶级

---

[1] 《马克思恩格斯选集》(第 1 卷),人民出版社,2012,第 557 页。

专政,这种专政是达到消灭一切阶级差别,达到消灭这些差别所由产生的一切生产关系,达到消灭和这些生产关系相适应的一切社会关系,达到改变由这些社会关系产生出来的一切观念的必然的过渡阶段。[1]

在 1852 年 3 月《致约瑟夫·魏德迈》的信中,马克思进一步把"不断革命"即"无产阶级的阶级专政"理解为在阶级斗争问题上"加上的新内容"[2]。

至此,工人阶级夺取政权的必要性和使命担当转变为阶级斗争在社会主义革命前提下的"新内容",同时具有了特定的政治、经济和文化的内涵。如马克思所说,"在资本主义社会和共产主义社会之间,有一个从前者变为后者的革命转变时期。同这个时期相适应的也有一个政治上的过渡时期,这个时期的国家只能是无产阶级的革命专政"[3]。进一步说,无产阶级实现自身解放的条件不是一下子满足的,它对应着不同的阶段,每一个阶段都有不同的政治、经济和文化的要求,它表现为阶级斗争的不同形式,贯穿这种形式的必将是"不断革命"在不同阶段的不同打开方式,而无产阶级民主的争得有赖于"不断革命"的正确打开方式,即夺取政权的理论理性向实践理性转变的意义确证。

这种意义的确证,突出表现在当时"最先进的宪章运动活动家"的理论活动中。琼斯是他们中的杰出代表。在 1852 年的一篇政论文中,琼斯把宪章运动获得胜利的前提建立在无产阶级领导的工农政治联盟的基础上。这说明,"不断革命"的实践是"当下"

---

[1] 《马克思恩格斯选集》(第 1 卷),人民出版社,2012,第 532 页。
[2] 《马克思恩格斯选集》(第 4 卷),人民出版社,2012,第 426 页。
[3] 《马克思恩格斯文集》(第 3 卷),人民出版社,2009,第 445 页。

的一个需要,尽管它一开始可能是理论上的。当然,"不断革命"同时作为革命意义链的一环,它一直有一个隐蔽的目标,那就是夺取政权的话语逻辑向实践逻辑转变的历史唯物主义前提——消灭私有制。

3. 消灭私有制是夺取政权的实践逻辑的落脚点

如果说夺取政权的话语逻辑的价值目标是消灭私有制,那么把消灭私有制作为"实践逻辑"的落脚点则是"话语逻辑"的价值目标在实践中的否定完成。换言之,马克思基于"暴力革命"的一般规律和"不断革命"的特殊规律,赋予夺取政权的话语逻辑更深层次的实践内涵。

马克思认为,无产阶级夺取政权,是为了解除私有制的武装,剥夺它的保护伞,以期消灭私有制本身,而消灭私有制这才是无产阶级解放的必由之路。马克思、恩格斯在《共产主义同盟中央委员会告同盟书》中共同强调指出,"对我们说来,问题不在于改变私有制,而只在于消灭私有制,不在于掩盖阶级对立,而在于消灭阶级,不在于改良现存社会,而在于建立新社会"[1]。这就明确了:社会主义国家不可能从资产阶级国家的体制中产生出来,不论是对资产阶级国家,还是对无产阶级历史而言,它都根本是一项全新的创造。

因此,1848年前的部分宪章派社会主义者将改革私有制、改良现存社会作为斗争目标,不仅是对夺取政权的话语逻辑的反动,更暴露了其在消灭私有制问题上的历史狭隘性。

消灭私有制是阶级消灭和国家消亡,最终实现共产主义的根本条件。正是在这一点上,"共产党人把自己的理论概括为一句

---

[1] 《马克思恩格斯选集》(第1卷),人民出版社,2012,第557—558页。

话:消灭私有制"[1]。诚然,消灭私有制有一个长期的历史过程。恩格斯在《共产主义原理》一文中解释道:"正象不能一下子就把现有的生产力扩大到为建立公有经济所必要的程度一样",私有制是不能一下子被废除的。"只有在废除私有制所必需的大量生产资料创造出来之后才能废除私有制"。[2]

将消灭私有制作为夺取政权的实践逻辑的落脚点,不仅克服了1848年前的宪章派只顾满足眼前利益的短视心理,还把消灭私有制建立在更高的逻辑起点之上,强调要把消灭私有制作为社会主义革命的目标,因而是对"英国的社会革命"[3]逻辑的超前决定和否定完成。

---

[1] 《马克思恩格斯选集》(第1卷),人民出版社,2012,第414页。
[2] 《马克思恩格斯全集》(第4卷),人民出版社,1958,第366—367页。
[3] 《马克思恩格斯全集》(第8卷),人民出版社,1961,第390页。

下 篇
马克思与1848年后的英国社会主义思潮

1848年以后,马克思与19世纪英国社会主义思潮的关系实现了从"扬弃"到"反哺"的跨越。作为"反哺"的初次成果,宪章派左翼的迅速崛起引发了19世纪英国社会主义的第一次马克思主义转向。

"六十年代后期和七十年代初期,在马克思领导的国际工人协会的影响下,英国的社会主义曾有东山再起之势"[1],但这一时期的英国工人始终没有打破"对'伟大的自由党的迷信'"[2],错过了独立争取政治统治权的"良好时机"。19世纪80年代是英国社会主义的"复兴"时期。这一时期,作为"反哺"的第二个成果,海德门结识马克思和宣传马克思主义的社会主义活动,构成了19世纪英国社会主义的第二次马克思主义转向。

80年代中后期到90年代末,随着工业垄断的破产,"'社会主义重新在英国出现了',而且是大规模地出现了"[3]。此间,作为"反哺"的第三个成果,莫里斯的社会主义活动和"莫里斯传统"的生成,形塑了19世纪英国社会主义的第三次马克思主义转向。

19世纪英国社会主义思潮的三次马克思主义转向,在英国马克思主义社会主义发展史上产生了颇为深远的影响,但没有改变19世纪后半叶改良主义在英国社会的主流意识形态地位。

---

[1] G. D. H. 柯尔:《社会主义思想史》(第1卷),何瑞丰译,商务印书馆,1977,第156页。
[2] 《马克思恩格斯选集》(第1卷),人民出版社,2012,第80页。
[3] 《马克思恩格斯全集》(第22卷),人民出版社,1965,第323页。

第五章　反哺Ⅰ：马克思与1848年后的宪章派社会主义

　　1848年后的宪章派社会主义，是宪章运动后期宪章派左翼发生马克思主义转向后的理论表现形式和"社会主义和宪章主义的融合"的高级形态，在英国工人运动和社会主义发展史上具有深远的影响。那么，1848年后的宪章派社会主义是如何形成的？它在实践上的进展主要体现在哪些方面？如何准确把握马克思的"第一次反哺"？

第一节
1848年后的宪章派社会主义

　　1848年后的宪章派社会主义，一般指宪章运动衰退期间（1848年—19世纪50年代末）发生在英国的社会主义思潮，它是在宪章派左翼的崛起过程中形成、发展起来的一股受到马克思主义直接影响的社会主义思潮。通常认为，1848年宪章运动第三次高潮结束以后，随着宪章运动进入尾声，宪章派的社会主义也逐步瓦解了，至少在理论形态上名存实亡了。但事实说明，这只是历史的表象,无论如何,宪章派的社会主义并没有因为宪章运动的失败而宣告破产,而是受到科学社会主义的影响,在宪章派左翼崛起的过程中进入新的发展阶段,形成了瞩目一时的1848年后的宪章派社会主义。

1848年以后,全国规模的宪章运动已经销声匿迹,运动的群众基础也大大缩小了。但是,宪章派的社会主义——"社会主义和宪章主义的融合"——在马克思的首次"反哺"中迎来了难得的发展机遇。1854年"工人议会"的理论发现,标志着这种融合达到了它的高级形态(如果撇开当时工人运动不切实际的斗争路线,"工人议会"的理论发现者琼斯关于工商业归国家所有,工人直接参加工厂管理和最终接管整个国家的设想,几乎可以与20世纪20年代意大利共产党领袖葛兰西提出的"工厂委员会"思想相媲美)。马克思认为,最后"召开这个议会的事实本身,证明世界历史上的新时代已经到来了"[1]。

1848年后的宪章派社会主义在还没有达到完全鼎盛以前,就显露出式微的迹象。这首先表现在哈尼政治上的摇摆和调和主义。比如,为建立欧洲流亡工人阶级的联合组织,1850年8月,哈尼协调召开了由欧文主义者、基督教社会主义者、合作主义者和资产阶级改革派参加的"民主派大会"。此外,哈尼把小资产阶级民主派视为真正的革命家,在《民主评论》杂志上大量发表路易·勃朗、科西迪也尔等小资产阶级民主派的文章;1850年底,哈尼伙同老欧文派和其他小资产阶级创办发行了《人民之友》杂志;1851年开始,哈尼不顾马克思的劝阻,与共产主义同盟中的分裂分子维利希和沙佩尔来往密切,最终转到小资产阶级民主派方面去了。

---

1 《马克思恩格斯全集》(第10卷),人民出版社,1958,第133页。

1858年的宪章派代表大会,通过了琼斯关于可以和中等阶级实行联合的非常温和的提案,标志着1848年后的宪章派社会主义整体上淡出了英国工人运动的视野。

第二节
宪章派左翼的崛起

《共产党宣言》发表以来,掌握英国工人运动意识形态领导权的宪章派左翼积极向马克思主义靠拢。"年轻的宪章运动领袖中最优秀的人,如哈尼和厄内斯特·琼斯,是最先与马克思恩格斯密切合作的英国人"[1]。作为"反哺"的初次成果,宪章派左翼的迅速崛起所体现出的思想认识的革命化、斗争纲领的科学化和革命理想的崇高化,构成了1848年后宪章派社会主义在实践上的主要进展。

一、从觉醒到积极宣传马克思主义

1848年后,宪章派左翼已经认识到:和平夺取政权在革命的年代是行不通的。因此,它开始积极宣传和践行马克思主义,思想认识不断革命化。

第一,与马克思、恩格斯密切合作,在自己的出版物上刊发马克思主义经典论著或者创办先进的报纸杂志。比如:1849年《民

---

[1] A. L. Morton, *Socialism in British* (London: The Lawrence and Wishart Press, 1963), p. 38.

主评论》杂志以《革命的两年》为题,刊载了马克思关于1848年革命经验和教训的总结、《1848年至1850年法兰西阶级斗争》的若干片段和恩格斯的《10小时工作制问题》等;1850年《红色共和党人》发表了由海伦·麦克法林女士翻译的《共产党宣言》第一个英译本[1](在这个版本中,马克思、恩格斯作为《共产党宣言》的作者身份被第一次公之于世)。"《共产党宣言》能够在宪章派的刊物上发表,充分说明了马克思主义学说对于左翼宪章派领导人产生了巨大的影响"[2];1851年《寄语人民》创刊,成为马克思、恩格斯以及其他共产主义者阐述自己观点并同旧社会秩序作斗争的重要阵地之一。

第二,关注工会运动,声援工人大罢工,开展与宪章派右翼的思想斗争以及同基督教社会主义等资产阶级流派的辩论活动等。比如:50年代初期,哈尼在《人民之友》上写道:"人们一直在说,宪章运动好像有脑袋而没有躯干的人,这在某种程度上确实是事实。但是,其原因何在呢?——只有从下层吸取力量,运动才能复活。"[3]此外,宪章派左翼还表达了"工会和工人运动的支持是复兴宪章运动的重要途径"的观点。

1850—1851年间,宪章派左翼同宪章派右翼奥康瑙尔派之间展开了最终以右翼组织"曼彻斯特协商会议"的失败而告终的持续的思想斗争;1852年1月,琼斯与基督教社会主义者劳埃德·琼斯的辩论,以《共产党宣言》为依据,详细阐述了工人阶级完成社会解放的任务依赖于事先取得政权的观点。基于此,柯尔认为,"厄内斯特·琼斯在1848年以后发展起来的社会主义,实质上是马克

---

[1] 《马克思恩格斯文集》(第2卷),人民出版社,2009,第11页。
[2] 沈汉:《英国宪章运动》,甘肃人民出版社,1997,第305页。
[3] G. J. Harney, *The Friend of the People*, May 3, 1851.

思的社会主义,中心学说是把阶级斗争作为社会发展的必要形式,同时坚持剩余价值论,并认为资本的集中是历史的趋势"[1]。同年8月,在《人民报》创刊号中,琼斯积极呼吁宪章派参加主要由自由党组织的1852年大选。与自由党候选人的较量,进一步表明宪章派左翼誓不同资产阶级妥协的人民立场:"对我们来说,辉格党就是托利党,托利党也就是辉格党,我们关心的不是今天他们谁得胜——我们决意在我们自己的基点上而不是他们的基点上进行这场斗争。"[2] 马克思认为,一旦他们的纲领得到实现,将会引起整个社会制度的根本改造。[3]

二、从纯政治要求到政治与经济要求并举

自"全国宪章协会成立"以来,特别是1848年欧洲革命失败后,宪章派左翼逐渐认识到追求纯政治要求的斗争纲领不利于建立广泛的群众基础,实现宪章的目标更是遥遥无期。因此,宪章派左翼以《共产党宣言》为行动指南,提出了从纯政治要求到政治与经济要求并举的策略,斗争纲领不断科学化。

约翰·萨维尔、迈尔斯·泰勒以及艾伦·西恩等学者认为,琼斯和哈尼等少数宪章派领袖曾尝试将宪章派的纯粹政治目标和经

---

[1] G. D. H. 柯尔:《社会主义思想史》(第1卷),何瑞丰译,商务印书馆,1977,第152页。

[2] Ernest Jones, *People's Paper*, June 26, 1852.

[3]《马克思恩格斯全集》(第8卷),人民出版社,1961,第381—411页。

济改革的要求结合起来,但不够坚决,往往是形式大于内容。[1] 事实并非如此。马克思主义经典理论的学习,以及工人阶级要求改变自身经济地位的强烈愿望,促使宪章派左翼认识到,宪章运动既需要政治目标,也需要经济纲领,既应该是民主主义的,也应该是社会主义的。[2] 哈尼关于扩大政党实践范围以发现革命主体的观念转变说明了这一点。在《红色共和党人》中,哈尼指出:"光有普选权还不足以解放工人阶级,政治革命必须和社会变革同时并举。法国的普选权既可是社会革命的动力,也可是反革命复辟的工具,路易·波拿巴的上台就说明了这一点。因此,现在必须'在宣传人民的政治权利的同时,也宣传他们的社会权利。'"[3]

此外,琼斯指出,英国拥有发达的合作社传统,最合适的手段就是用社会的平等成员的自由和独立的劳动制度来代替不自由的雇佣劳动制度等。1853 年是英国经济极度困难的一年,宪章派左翼积极行动,在舆论和组织等方面既宣传和引导人民为政治利益而奋斗,又鼓励和支持工人阶级为争取提高工资而斗争,大规模的群众运动再度出现。

---

1. John Saville, *Ernest Jones: Chartist* (London: The Lawrence and Wishart Press, 1952); Miles Taylor, *Ernest Jones, Chartism and the Romance of Politics 1819 - 1869* (Oxford: Oxford University Press, 2003); A. R. Schoyen, *The Chartist Challenge: A Portrait of George Julian Harney* (London: The Lawrence and Wishart Press, 1958).
2. 哈里·迪金森、黄艳红:《英国的自由与权利学说及其争论:从平等派到宪章派(1640—1840 年代)》,《学术研究》,2011 年第 8 期第 107 页。
3. G. J. Harney, "The Charter and More," *The Red Republican*, June 22, 1850.

三、从"左翼革命叙事"到工人运动的国际联合

马克思在不同场合多次强调工人运动国际联合的重要性。在他看来,"工人没有祖国";"在无产者不同的民族的斗争中,共产党人强调和坚持整个无产阶级共同的不分民族的利益",因此,"联合的行动,至少是各文明国家的联合的行动,是无产阶级获得解放的首要条件之一"。[1] 在联合起来的工人运动中,"共产党人到处都努力争取全世界民主政党之间的团结和协调"[2]。基于对马克思的认同,宪章派左翼从"左翼革命叙事"走向了工人运动的国际联合,革命理想不断崇高化。

首先,共产主义的革命理想使宪章派左翼认识到,工人运动的国际联合是"左翼革命叙事"的辩证否定和远大前景。在后欧文主义的宪章派的社会主义时代,世界无产阶级的革命经验证明:在自由资本主义向垄断资本主义过渡的时期,单靠一个地区、民族的工人阶级的努力无法改变资本集中呈几何级数增长的自然历史进程,而且也无助于从根本上改变工人阶级被剥削和压迫的历史状况。世界各地区、各民族的解放运动必须联合起来,以形成推翻资本主义制度的强大合力。"在英国,无产阶级首先获得了一种深刻的感觉,不仅是与其他国家的工人团结一致,而且还需要在这种团结的基础上,在与资本主义社会的斗争中采取协调一致的行动"[3]。

---

1 《马克思恩格斯选集》(第1卷),人民出版社,1995,第291页。
2 《马克思恩格斯选集》(第1卷),人民出版社,1995,第307页。
3 Theodore Rothstein, *From Chartism to Labourism—Historical Sketches of the English Working Class Movement* (London: The Dorrot Press, 1929), p. 125.

其次,国际主义传统的继承[1]和国际性组织"民主派兄弟协会"[2]的成立,加速了宪章派左翼的国际主义革命理想。1850年,哈尼参加了"世界革命共产主义者协会",这个协会的宗旨是"推翻一切特权阶级,使这些阶级受无产阶级专政的统治,为此采取的方法是支持不断的革命,直到人类社会制度的最后形式——共产主义得到实现为止。"[3]

最后,"国际工人协会"成立,宪章派左翼的革命理想日趋成熟。在积极参与马克思、恩格斯领导的国际共产主义事业中,宪章派左翼的革命逻辑开始跨越地域的界限,转向工人运动的国际联合。以此为起点,宪章派的"左翼革命叙事"进入与国际工人运动和社会主义运动同呼吸、共命运的轨道。这一崭新的时空方位,一直存续到70年代中期"第一国际"英国分会退出历史舞台为止。

---

1 奥布莱恩的"革命国际主义"宣传体现了这种继承,同时增进了宪章派左翼对"国际主义传统"的理解。奥布莱恩不仅将坚定的巴贝夫主义者、平等派运动家菲·邦纳罗蒂(1761—1837)的代表作《为平等而密谋》介绍给当时英国的工人阶级,还将英国的辉格党与法国的吉伦特派做类比,抨击英国资产阶级政府是富人用来对付穷人的阴谋诡计,是最无情和最令人难以忍受的政府[参见 E. P. Thompson, *The Making of the English Working Class* (London: The Victor Gollancz Ltd Press, 1963), p. 903.]。

2 "民主派兄弟协会"创立于1845年9月。每逢法国革命和波兰历次起义的纪念日,协会都要举行庆祝典礼,并且就当前欧洲的政治问题进行讨论。《北极星报》的报导,增强了它在国际上的影响。1848年以后,宪章派左翼"愈来愈把自己看作国际革命运动在英国的一翼,也更加关注欧洲大陆上的社会主义和共产主义思想"[参见 G. D. H. 柯尔:《社会主义思想史》(第1卷),何瑞丰译,商务印书馆,1977,第151页]。

3 《马克思恩格斯全集》(第7卷),人民出版社,1959,第605页。

第三节
正确认识宪章派社会主义传统的"复活"

如果说宪章派左翼的迅速崛起是对马克思"第一次反哺"的有力回应,那么,这种崛起本身还可以理解为宪章派社会主义传统的"复活"。进一步说,作为马克思反哺的间接意义,宪章派左翼的崛起复活了以夺取政权的话语逻辑为核心的宪章派社会主义的传统。不过,宪章派社会主义传统的"复活"并没有"在英国人民的历史发展中起突出的作用"[1],而是几乎被调和主义、机会主义所控制和利用,最终失去了应有的意义。

因此,在马克思的"反哺"从理论逻辑走向交互实践的本体论意义上,这首先是一个"喜剧";在宪章派左翼的崛起作为反哺"事件"隐退于无的存在论意义上,然后成为"悲剧"。这或许是一个可以通过"哀悼"活动借以克服自身的开始。关于"喜剧"和"悲剧"概念的使用,很容易使人联想到齐泽克的拉康式哲学指涉。但这里既不存在产生维系主体同一性身份的主人 S1 的情境,更没有相应的作为象征同一性失败剩余物的对象 a 的快感需求。我们仅需服膺阿尔都塞指认的"对本质的认识不过是简单的看"的理论立场,让"复活"的历史现象学语境及其思想史建构意义自我显现出来。简言之,这里要从概念的本来意义上来理解为什么"复活"本身不是一个空洞的能指,而是联结着原初的事件史及其思想史结构的所指。同时,这也是为了顺利地说明马克思在何种意义上,以及在

---

[1] 《马克思恩格斯文集》(第1卷),人民出版社,2009,第472页。

什么程度上复活了宪章派社会主义的传统和这种"复活"的存在本质。

宪章派社会主义传统"复活"的事实本身,是这种存在本质的特殊现身。在宪章运动初期,宪章派社会主义的传统指引着工人运动的方向,它既不同于英国工人阶级诞生以前的工人激进主义(法国大革命的英国经验),也不同于资产阶级的"社会主义"。1848年后,马克思思想在宪章派左翼队伍中的传播,一度复活了宪章派社会主义的传统,社会主义和宪章派实现了有机的融合,"真正的无产阶级社会主义"在革命的本来意义上得以现身。宪章派社会主义传统的"复活",第一次使马克思的"反哺"逻辑从理论变为现实,这同时也是"复活"事件思想史结构的揭示,是其存在本质的一般现身。在此过程中,基于"暴力革命"和"不断革命论"的实践逻辑,宪章派社会主义的"阶级斗争"传统复活了;基于"消灭私有制"的实践逻辑,宪章派社会主义"消灭私有制"的价值取向复活了;基于社会主义革命的实践逻辑,宪章派社会主义的"社会革命"的传统复活了。由此,马克思的"反哺",在间接的意义上复活了宪章派社会主义的传统,这从"思想史结构"的所指来看,意味着英国马克思主义社会主义思想史内部交互实践领域一个"喜剧"的诞生。

宪章派社会主义传统的"复活",使"思想史结构"的主观叙事逻辑变得触手可及,不仅解放了宪章派左翼的思想,也滋生了调和主义和机会主义。因而难免从"喜剧"的创造走向"悲剧"的覆灭:调和主义、机会主义实现了对1848年后的宪章派社会主义的全面接管(如哈尼的"变节"和琼斯的"妥协"等)。究其原因,其中既有资本主义方面的(如资本主义生产机制尚处于远未失控的历史阶段以及源于阶级调和后的"新秩序"的建立等),也有"交互实践"主体(宪章派的社会主义与马克思的社会主义之间的区别)和"复活"承担者方面的(如马克思对宪章派左翼过高的期望,宪章派左翼领导集体理论素养的欠缺[1]以及哈尼和琼斯之间争夺领导权的斗争等)。所以,这也是"复活"本身的一个"悲剧"。"在这种条件下,要求宪章派吸收马克思主义观点和明确认识阶级斗争的性质是很困难的"[2]。

"悲剧"的诞生,正是通过"哀悼"活动宣告以复数形式存在的马克思"反哺"幽灵再次降临的重要契机。事实证明,在改良主义、国家社会主义和无政府主义等错误思潮的攻击包围中,马克思的"反哺"幽灵不但没有丧失活力,反而依托社会历史条件变化带来的机遇以多种形式的力量组合重登"事件史"的舞台,进而体现了"思想史结构"不可复制的巨大穿透力。

1　G. D. H. 柯尔:《社会主义思想史》(第1卷),何瑞丰译,商务印书馆,1977,第158页。
2　摩尔顿、殷叙彝:《关于宪章运动的评述》,《历史研究》,1962年第2期第158—159页。

第六章　反哺Ⅱ：海德门与马克思、马克思主义

亨利·迈尔斯·海德门（Henry Mayers Hyndman，1842—1921）凭借对资本主义普遍性危机、劳工运动和社会主义发展趋势的敏锐洞察和预测，在19世纪80年代成立了英国历史上第一个马克思主义社团"社会民主联盟"（Social-Democratic Federation），并自称是资本—帝国主义时代马克思主义的英国正统，"冒险"致力于马克思主义的宣传。有的人认为，海德门"向英国工人阶级介绍了马克思对资本主义社会所作的科学的社会主义的分析"[1]。有的人则说，海德门"在实际的社会主义政治中发挥了很大的负面作用"[2]，他所宣传的马克思主义是假马克思主义[3]。那么，海德门如何转向了社会主义？他为什么以"正统马克思主义者"自居？他眼中的马克思、马克思主义究竟是怎样的？

---

[1] 莫尔顿、台德：《英国工人运动史：1770—1920》，叶周、周立方、周敏仪等译，生活·读书·新知三联书店，1962，第170页。
[2] James J. Young, "H. M. Hyndman and Daniel De Leon: The Two Souls of Socialism," *Labor History* 28, No. 4 (1987): 537.
[3] 转引自丁朝碧：《试评亨利·迈尔斯·海德门》，《北京师院学报》（社会科学版），1981年第3期。

第一节
海德门其人

1842年,海德门出生在伦敦西郊海德公园广场路7号(现伦敦市中心)的一个有着虔诚基督教信仰和浓厚保守主义情结[1]的中上层阶级家庭,其父亲是具有律师资格的商人,母亲是受过良好教育的知识分子。海德门6岁丧母,随后被送往牧师学校接受"私塾"教育,之后在哈罗公学(Harrow School)度过了7年的时光,13岁时移居苏格兰的罗克斯巴勒郡(Roxburghshire),并在那里接受了为期两年半的中学教育。其间,海德门对教堂生活和宗教问题有了较深入的认识。

1858年,海德门进入剑桥大学三一学院学习。这一年,海德门不仅耳闻了宪章派领袖琼斯作为曼彻斯特候选人参加议会竞选失败的消息,而且对自由党的背信弃义和工人阶级的"恐怖"言论印象深刻。据海德门晚年回忆,由于他此时根本没有领会到处于危在旦夕中的"实际问题",因此很难理解当时宪章派遭遇到的困境,这成为他记忆中的一段遗憾。[2] 大学期间,海德门除主修法律

---

[1] 据海德门自传《冒险一生的记录》以及日本历史学家中士津筑的介绍,海德门家庭成员大多具有保守党人的身份。因为从海德门曾祖父起,其家族就因得益于保守党的海外殖民政策在圭亚那从事种植园冒险活动而飞速致富。(H. M. Hyndman, *The Record of an Adventurous Life* (London: The Macmillan Company Press, 1911); C. Tsuzuki, *H. M. Hyndman and British Socialism* (Oxford: Oxford University Press, 1961). 海德门早期从事保守党的活动与此有着密切的联系。

[2] H. M. Hyndman, *The Record of an Adventurous Life* (London: The Macmillan Company Press, 1911), p. 11.

外,还接受了实证主义、功利主义和古典政治经济学的系统教育。毕业后,海德门先是入行当了律师,后来又做过保守党的股票经纪人。

1866年,海德门萌生了游历意大利的念头。在意期间,海德门偶遇加里波的,尔后以《波迈公报》通讯员的身份,随军参观考察了意大利北部。不久,海德门又以记者身份多次访问欧洲大陆。在海德门看来,这次旅行虽然"没有特殊的目标,但在某种意义上是他人生的重要转折点"[1]。

回到英国后,由于一次对伦敦东区贫民窟的"冒险"探访,海德门摇身一变,成了"彻底的激进分子"[2]。随后,他开始公开发表与当局相左的政治观点,特别是极力反对自由党领导人格拉斯顿的国内外政策。在马克思赞赏过的《论印度的饥荒》(1878—1879)等"坚决反对过英帝国主义"[3]的揭露文章中,海德门呼吁政府要反思对殖民地犯下的各种罪行,并指出,当前政府对殖民地的管理犯了严重错误,帝国正处于分崩离析的危机之中,在殖民地成立有议会代表参加的自治联邦是唯一有效的解决办法。[4]

从1878年起,海德门还"搞了一个高尚的揭露运动,揭露各个党派的英国人[包括'有教养的'和'激进的'作家约翰·莫利(Morley)在内]在印度所干的那些早已使他们声名狼藉的可耻的迫害、暴行、掠夺和欺骗行径(直到鞭笞政治'犯')"[5]。1880年初,

---

[1] H. M. Hyndman, *The Record of an Adventurous Life* (London: The Macmillan Company Press, 1911), p. 24.

[2] H. M. Hyndman, *The Record of an Adventurous Life* (London: The Macmillan Company Press, 1911), pp. 46 - 47.

[3] 《列宁全集》(第20卷),人民出版社,2017,第389页注①。

[4] H. M. Hyndman, "The Bankruptcy of India," *Nineteenth Century* 9 (1881): 443 - 462.

[5] 《列宁全集》(第20卷),人民出版社,2017,第389页注①。

海德门在德国民主党成员卡尔·希尔施（Karl Hirsch，1841—1900）的陪同下拜访了马克思。[1] 初次见面，马克思给海德门留下了深刻的印象。[2] 尔后，海德门与马克思交往频繁，直到1881年7月马克思同他断绝关系为止。[3]

1880年3月，海德门以个人身份参加议会选举，但因鼓吹殖民主义等"激进"观点而落败。是年夏，在为解决矿产问题第二次赴美前，海德门从坎特伯雷郡议员H. A. 巴特勒·约翰斯东那里借到一本法文版《资本论》。[4] 赴美途中，海德门匆匆看完了《资本论》的主要章节。抵美后，海德门第一时间写信告诉马克思《资本论》给他的第一印象："熟读此书能学到此前任何一本书给予我的更多的东西。"[5]

美国甫归，海德门认为英国形势发生了新的变化，即向着有利于"复兴宪章"的方向发展。随后，他在马克思面前"兴奋地"发表了这一看法。不过，马克思对此不抱希望，还指出了"革命不能制造和早产"的道理。有意思的是，海德门不但没有听进去，反而一意孤行，把"复兴宪章"的希望机会主义地寄托在了伦敦激进派工

---

[1] 参见 H. M. Hyndman, *The Record of an Adventurous Life* (London：The Macmillan Company Press, 1911), p. 246. 另据恩格斯1883年8月30日致奥·倍倍尔的信中记载，海德门是经过德国保守党人鲁·迈耶尔的引荐结识马克思的。

[2] H. M. Hyndman, *The Record of an Adventurous Life* (London：The Macmillan Company Press, 1911), pp. 248 - 249.

[3] 马克思为什么同海德门断绝了关系？理论界较一致的结论是"两人的政治立场相左"。参见薛希：《马克思和海德门断绝关系的原因》，《国际共运史资料》，1983年第2期第104—112页；刘慧、王学东：《试论海德门与马克思的关系及其对马克思主义的态度》，《当代世界社会主义问题》，2017年第2期第55—63页。

[4] 由于《资本论》英文版的翻译者确定得较晚，且翻译者忙于工作等原因，在英国流传最早的《资本论》是法文版的。根据马克思生前的书面指示，《资本论》英文版在德文第三版的基础上由塞米尔·穆尔和马克思女婿爱德华·艾威林共同翻译完成，经恩格斯修订后于1887年出版。

[5] 转引自 C. Tsuzuki, *H. M. Hyndman and British Socialism* (Oxford：Oxford University Press, 1961) p. 33.

人俱乐部和爱尔兰人联合会及其对自由党政府的帝国主义政策和压制爱尔兰的不满情绪上。1881年年初,海德门还跑到保守党领袖本杰明·迪斯雷利(Benjamin Disraeli,1804—1881)那里,将自己的政治抱负和盘托出,试图借助保守党的力量"从灾难性崩溃中拯救这个国家和帝国"[1]。不料,这个英国第一代比肯斯菲尔德伯爵(Earl of Beaconsfield)并没有表现出绅士般的热情,而是冷淡地拒绝了海德门。在他看来,"保守党是受既得利益支配的政党,它已超出其行动范围"[2]。几周后,"老天"断绝了他们之间的联系。四处碰壁后的海德门,最终决定成立一个"新的政党"。

在经过包括大陆社会主义流亡人士参加的由伦敦和各地激进派代表组成的两次准备会议后,"民主联盟"(Democratic Federation)于1881年6月8日宣告成立,海德门出任主席。成立大会上,与会代表每人得到一本印有"海德门著"字样的书名叫《大家的英国》(England for All)的小册子。不过,这本小册子没有提马克思的名字,尽管"在阐述保守党的民主纲领前引用了马克思的经济学思想"[3]。小册子的序言只是指出,"第二、三章的'思想'等等,不管它们是什么东西,无论如何都打上了非国产品的印记"[4],同时含糊地表示"要感谢某位伟大的思想家和具有独立创新精神的著作家"[5]。同年7月,"民主联盟"发布了包括呼吁土地

---

[1] H. M. Hyndman, *The Record of an Adventurous Life* (London: The Macmillan Company Press, 1911) p. 237.

[2] H. M. Hyndman, *The Record of an Adventurous Life* (London: The Macmillan Company Press, 1911), p. 241.

[3] M. Bevir, *The Making of British Socialism* (Princeton: Princeton University Press, 2011), p. 73.

[4] 《马克思恩格斯全集》(第35卷),人民出版社,1971,第195页。

[5] H. M. Hyndman, *England for All* (Brighton: The Harvester Press, 1973), Preface.

国有化和爱尔兰以及殖民地自治等旨在复兴宪章运动内容的政治纲领。是年年底到1882年,"民主联盟"的纲领随着斗争形势的发展渐趋社会主义化。

1883年1月,威廉·莫里斯加入"民主联盟",在接下来的不到两年的时间里,他与海德门携手合作,培养了若干工人阶级的活动家。翌年8月,"民主联盟"改称"社会民主联盟"(以下简称"联盟"),同时发表了"一个新的公然宣称是社会主义的纲领"[1],最后以《社会主义原理概述》的书名出版。《社会主义原理概述》(由海德门和莫里斯共同执笔)[2]为"联盟"的机关刊物——《正义》周报的社会主义宣传奠定了理论基础。

1884年年底,"联盟"发生分裂[3]。莫里斯、燕妮·马克思等坚定的革命马克思主义者退出"联盟",另组"社会主义同盟"。"联盟"的组织日益萎缩。"托利党黄金案"[4]的丑闻加速了这一进程。"联盟"处于岌岌可危之中。出乎意料的是,"联盟"很快获得了转

---

[1] M. Bevir, *The Making of British Socialism* (Princeton: Princeton University Press, 2011), p. 73.

[2] The Democratic Federation, *Socialism Made Plain: Being the Social and Political Manifesto of the Democratic Federation* (London: The W. Reeves Press, 1883); H. M. Hyndman & W. Morris, *A Summary of the Principles of Socialism* (London: The Modern Press, 1884).

[3] 关于"社会民主联盟"发生分裂的原因,理论界比较一致的观点,是海德门在执掌联盟期间的"家长作风"或"非民主的独裁控制"("海德门对待委员会,就像俾斯麦对待帝国国会一样"——恩格斯语)以及执行路线上的"政治机会主义"错误和议会主义倾向破坏了"联盟"的民主和团结。[参见 G. D. H. 柯尔:《社会主义思想史》(第2卷),何瑞丰译,商务印书馆,1978,第397—398页;马克斯·比尔:《英国社会主义史》(下卷),何新舜译,商务印书馆,1959,第223页。]

[4] 这是自"联盟"成立以来发生在其内部的影响最恶劣的事件,海德门负有不可推卸的责任。恩格斯指出,"这一次海德门自己断送了自己""海德门知道,拿托利党人的钱,就只会使社会主义者在那个可以从中得到补充力量的唯一的阶级中,即在广大激进的工人群众中,给自己带来无法弥补的道义上的损失"。[参见《马克思恩格斯全集》(第36卷),人民出版社,1974,第394—395页。]

机。1886年,以失业问题为中心的工人示威和激进派声援爱尔兰反抗政府压制的运动愈演愈烈,"联盟"成为这次运动的主要领导机构。海德门则"暂时把自己打扮成一个'社会主义式'的乱世英雄"[1]再次登上政治舞台。斗争形势瞬息万变。随着英国经济的复苏,从1887年下半年开始,"缺乏组织和漫无目标的运动和骚乱"被证明是不合时宜的。社会主义运动的未来很大程度上取决于工会和工人运动的支持。同时,社会主义的组织负有"教育人民准备革命"的责任。

1887年,英国北部各地出现了独立的劳工政治。掀起风潮的是基尔·哈迪(Kier Hardie,1856—1915)而不是海德门。1888年兴起的新工会运动和90年代蓬勃发展的争取工人独立代表权的运动,也没见到海德门及其代表的"联盟"的身影。我们只看到汤姆·曼恩(T. Mann,1856—1941)、约翰·伯恩斯(J. Burns,1859—1941)、詹姆斯·麦克唐纳(James Ramsay MacDonald,1866—1937)、哈利·奎尔奇(Harry Quelch,1858—1913)和乔治·兰斯伯雷(George Lansbury,1859—1940)等"工人政治"的领袖冲锋在前。这说明,这个时候的海德门已经落后于时代的伟大政治。诸多事实还证明他倒向了议会主义。原因有很多,但有一点似乎非常明确,正如詹姆斯·扬指出的,社会主义者海德门对工会和普遍的劳工行动采取了不予重视的态度。[2] 对待独立工党的"关门主义"态度是其新形式。1893年独立工党成立,海德门斥责它是"非充分社会主义的",宣称要对它采取所谓的"威严中立"的

---

1 丁朝碧:《试评亨利·迈尔斯·海德门》,《北京师院学报》(社会科学版),1981年第3期第67页。
2 James. J. Young, "H. M. Hyndman and Daniel De Leon: The Two Souls of Socialism," *Labor History* 28, No. 4 (1987): 535.

立场,等等。这恰恰反映了海德门的社会主义是一种"自上而下的社会主义"[1]。

20世纪以后,独立工党和工党在议会斗争中取得显著成绩,旋即组成了独立的议会党团。海德门的议会梦再度被点燃。他甚至认为,"领导英国、欧洲乃至整个世界的无限时机"已经到来。1906年,海德门俨然以激进右翼的身份重返"联盟"并参加了相关的政党活动。但是,他没有吸取19世纪80年代末的惨痛教训,过分乐观地估计了"斗争"的形势,加上模棱两可的竞选纲领,致使他在当年和1910年的议会竞选中接连挫败。

1910年8月,海德门应邀参加"第二国际"在哥本哈根的代表大会。在会上,海德门发表了充满爱国热情的支持英国殖民地政策的看法,遭到与会代表的一致反对和谴责。1911年海德门参与创建英国社会党(英国共产党的前身),领导该党机会主义派。[2] 第一次世界大战爆发后,海德门参加了各种半官方机关(如"战时工人非常委员会")的工作。1916年,海德门以及其他少数支持者从英国社会党分裂出去,另组"国家社会党"(1920年恢复"社会民主联盟"的旧称,直到1939年解散)。战后,海德门参加了"祖国"的恢复工作,同时参与了对列宁领导的新生的苏维埃政权进行思想"围剿"和"干涉"[3] 等的政治活动。1921年,年迈衰老的海德门因患重感冒和肺炎离世。

正如海德门的自传《冒险一生的记录》显示的,海德门的一生是"冒险"的一生。他不仅敢冒革命之大不韪沉迷于"复兴宪章"的

---

[1] H. M. Hyndman, "Trade Unions and Progress," *Justice* 8(Sept. 1900).
[2] 《列宁选集》(第3卷),人民出版社,2012,第960页。
[3] 丁朝碧:《试评亨利·迈尔斯·海德门》,《北京师院学报》(社会科学版),1981年第3期第68页。

一切国内外的政治活动,而且在"英国公众差不多都不知道马克思"[1]的年代热衷于通过阅读、翻译马克思的论著在英国宣传马克思主义,留下了理解和阐释马克思主义的诸多文字著述。除上文提到的《大家的英国》(1881)、《社会主义原理概述》(1884)外,还有"他的最优秀的社会主义著作"[2]《英国社会主义的历史基础》(1883)、《即将到来的革命》(1884)、《革命或改革》(1884)、《社会主义与奴役》(1885)和《马克思的价值理论》(1889)、《社会主义经济学》(1896)、《社会主义、唯物主义和战争》(1914)、《解放战争:马克思主义社会主义的胜利》(1915)、《革命的演变》(1920)等。也正是在这一维度上,英国共产党历史学家小组成员莫尔顿指出,"这些著作尽管有缺点,但仍然很可宝贵,因为它们向英国工人阶级介绍了马克思对资本主义社会所作的科学的社会主义的分析"[3]。

第二节
"最终走向社会主义"

海德门"冒险"的一生,大致经历了三个重要的阶段。第一,19世纪60年代中期至70年代末的激进民主主义阶段;第二,19世纪80年代初期转向社会主义的阶段;第三,19世纪80年代中期至20世纪20年代的改良主义阶段。马克思的"反哺"主要发生在海德门

---

[1] 《列宁全集》(第20卷),人民出版社,2017,第391页。
[2] G. D. H. 柯尔:《社会主义思想史》(第2卷),何瑞丰译,商务印书馆,1978,第408页。
[3] 莫尔顿、台德:《英国工人运动史:1770—1920》,叶周、周立方、周敏仪等译,生活·读书·新知三联书店,1962,第170页。

"冒险"生涯的第二阶段。在这一阶段,海德门"最终走向社会主义"[1]。那么,海德门在什么样的时代背景下转向了社会主义?这种转向是如何发生的?如何评价社会主义转向时期的海德门?

一、劳工马克思主义的胜利

众所周知,自由主义、保守主义和马克思主义是19世纪的三大意识形态。自由主义和保守主义紧密交织、相互竞争,是现代资产阶级社会两种主流的意识形态。马克思主义作为"社会主义者的思想所衍变出的唯一可以看作是意识形态与自由主义区别开来的思想"[2],在历史上出现得相对较晚,后来成为国际劳工组织和世界社会主义运动的主流意识形态。

19世纪70年代末80年代初,作为资产阶级意识形态"尾巴"的工会主义(也称工联主义)在周期性经济危机爆发后,没能带来劳工阶级期待中的经济和政治地位的改善,主张劳动自由、社会平等和工人阶级利益至上的马克思主义"乘虚而入",得到英国一些先进知识分子、工人和社会主义者的关注,通过理论和实践上的转化与改造,在意识形态领域先后形成了代表不同社会阶级、阶层立场的劳工马克思主义、费边社会主义和乌托邦共产主义等三个主要的社会义流派。

费边社会主义形成的最晚,它的代表是悉尼·韦伯和贝阿特丽丝·韦伯夫妇、萧伯纳。"他们有相当清醒的头脑,懂得社会变革必不可免,但是他们决不肯把这个艰巨的事业交给粗鲁的无产

---

1 《列宁全集》(第20卷),人民出版社,2017,第391页。
2 伊曼纽尔·沃勒斯坦:《否思社会科学——19世纪范式的局限》,刘琦岩、叶萌芽译,生活·读书·新知三联书店,2008,第15页。

阶级单独去做,……害怕革命,这就是他们的基本原则"[1];乌托邦共产主义稍早一些出现,它的主要代表是艺术家、社会主义者、《乌有乡消息》的作者威廉·莫里斯。他通过对资本主义以及与之相联系的工业社会和现代文明的政治美学批判,致力于追求人文主义、美好劳动和意志自由的共产主义理想。在这三者之中,劳工马克思主义出现得最早,它的主要代表人物正是海德门。他在结识、理解和阐释马克思主义的过程中形塑了一种代表马克思主义正统的劳工马克思主义。历史证明,最早出现在英国的劳工马克思主义适应了19世纪80年代初期英国社会主义革命的需要。劳工马克思主义的这种胜利,宣告了英国社会主义一个新时代的到来。在这样的时代背景下,海德门转向了社会主义。

二、通往社会主义的"两个阶段"

海德门的社会主义转向是一个复杂的历史过程。大体来说,它经历了从"色彩不明"的民主主义到一般的社会主义,从一般的社会主义到公开的马克思主义两个阶段。

1. 从"色彩不明"的民主主义到一般的社会主义

开始转向社会主义前,海德门"一直是一个同保守党(托利党)有联系并对它抱同情的色彩不明的'民主主义者'"[2]。"在一次旅途中读了《资本论》(法文译本)以后,他就转到社会主义方面来了"[3]。但是,《资本论》的阅读并没有直接将海德门引向社会主义。

---

[1] 《马克思恩格斯文集》(第10卷),人民出版社,2009,第643—645页。
[2] 《列宁全集》(第20卷),人民出版社,2017,第388页。
[3] 《列宁全集》(第20卷),人民出版社,2017,第388页。

在海德门看来,"《资本论》似乎正好反映了保守党激进主义所关注的问题",德国社会主义者是"狂热分子"和"社会主义恶魔"[1],而"英国的悠久政治史并不是什么都没有给我们留下。……只要工人阶级认为他们能通过议会的道路得到他们想要的,他们就不会去尝试大陆鼓动者的革命教条"[2]。也就是说,这时的海德门"依然把社会主义当作是一种威胁,而不是目标"[3],同时"对资产阶级民主主义者和社会主义者之间的区别了解很差"[4]。

由于经常参加有流亡伦敦的大陆社会主义者出席的东方问题辩论会,海德门听说了当时在国际工人运动中享有威望的马克思,出于对"19世纪的亚里士多德""伟大的分析天才"的仰慕之情,海德门主动结识了马克思。与马克思的交谈,"海德门的大部分注意力,几乎是全部注意力,都集中在猎奇方面","而不是马克思主义者的历史分析"。这意味着海德门仍是一个资产阶级的庸人。[5]于是,就有了海德门"脚踏两只船"向迪斯雷利示好的故事,上演了"拉萨尔的拙劣翻版"[6]。"民主联盟"的成立,标志着海德门开始转向社会主义。但从"联盟"开始时没有明确的(社会主义——引者注)行动纲领,成分也非常复杂[7]的处境来看,社会主义还没有成为海德门考虑问题的出发点,因此"他虽然正在转向社会主义,但依旧是个糊涂之极的资产阶级民主主义者"[8]。1881年7月,

---

1　H. M. Hyndman, *England for All* (Brighton: The Harverster Press, 1973), p. 86.
2　H. M. Hyndman, *England for All* (Brighton: The Harverster Press, 1973), p. 14.
3　M. Bevir, *The Making of British Socialism* (Princeton: Princeton University Press, 2011), p. 71.
4　《列宁全集》(第20卷),人民出版社,2017,第389页。
5　《列宁全集》(第20卷),人民出版社,2017,第391页。
6　《马克思恩格斯全集》(第36卷),人民出版社,1974,第396页。
7　G. D. H. 柯尔:《社会主义思想史》(第2卷),何瑞丰译,商务印书馆,1978,第395页。
8　《列宁全集》(第20卷),人民出版社,2017,第391页。

"联盟"发布了第一个具有社会主义倾向的政治纲领,标志着海德门站到了一般的社会主义立场上。

2. 从一般的社会主义到公开的马克思主义

海德门第二个阶段的社会主义转向,是在"联盟"的纲领不断被社会主义化的过程中开始的。如果说"联盟"1881年7月的政治纲领还只具有社会主义的倾向,那么,到了1882年,它的政治纲领就已经变得比较清晰,如增加了更多激进的内容,把"地主和资产阶级政党"列为工人阶级的斗争对象,并宣布"以劳动创造英伦三岛的财富的人们必须完全依靠自己",同时把保障广大人民的利益阐释为联盟的奋斗目标等。1883年,"联盟"发表了一个明确拥护社会主义的宣言,宣言要求在英国实行土地等生产资料公有制,同时指出:

> 只要原料或制成品的生产资料为一个阶级所垄断,田地上、矿山里和工厂中就不得不出卖劳动力,以换取维持最低生活的工资……财富的创造已经成为社会性的事业了,每个人都必须同旁人合作。产品的交换也应该是社会性的,不受个人贪婪和个人利润的支配,现在已经是实现这一点的时候了。[1]

以上这些,"说明它的政策是以马克思主义为依据的"[2]。

当"联盟"成为一个旗帜鲜明的社会主义团体的时候,海德门也在进一步阅读《共产党宣言》《资本论》《法兰西内战》和《路易·

---

[1] G. D. H. 柯尔:《社会主义思想史》(第2卷),何瑞丰译,商务印书馆,1978,第394—395页。
[2] 莫尔顿、台德:《英国工人运动史:1770—1920》,叶周、周立方、周敏仪等译,生活·读书·新知三联书店,1962,第173页。

波拿巴的雾月十八日》[1]等马克思主义经典著作的过程中,从社会主义的一般立场转到了马克思主义的立场。

三、"在英国传播马克思主义的先驱"

在最终走向社会主义的途中,海德门致力于马克思主义的宣传和阐释,"为马克思主义在英国的传播做出了不懈努力"[2],被誉为"在英国传播马克思主义的先驱"[3]。

我们注意到,海德门1883年发表的《社会主义的历史基础》是宣传马克思主义唯物史观的最早文本。该书大量引证马克思、恩格斯、罗柏图斯和整个德国社会主义学派的著述,并对15世纪至19世纪的资本主义起源、劳工运动和社会主义做了系统的实证主义的研究。1885年,海德门的《社会主义与奴役》一文,向英国社会全面介绍了马克思的科学社会主义。文章开头这样写道:

> 事实上,现代意义上的社会主义已经不是纯属空想的理性设计,也不是在劳苦大众中播撒仇恨种子的切近手段。……它是以政治经济学和社会的发展为基础的独特的、科学的、历史的理论。它不仅意识到过去的阶级斗争所造成的现阶段工业和社会的发展,而且对我们目前的生产制度所引起的贫穷和不可避免的对抗给予了充分的重视,同时还对人类社会的未

---

[1] H. M. Hyndman, *The Record of an Adventurous Life* (London: The Macmillan Company Press, 1911), p. 248.

[2] 刘慧、王学东:《试论海德门与马克思的关系及其对马克思主义的态度》,《当代世界社会主义问题》,2017年第2期第63页。

[3] 莫尔顿、台德:《英国工人运动史》,叶周、周立方、周敏仪等译,生活·读书·新知三联书店,1962,第171页。

来发展进行了科学的预测,以获得人类对自然界愈来愈增多了的支配能力,使之为社会整体的福祉服务而不是为资产阶级及其附庸积累财富。[1]

在同年出版的《即将到来的英国革命》中,海德门还将马克思的阶级斗争理论运用于分析工人阶级联合与社会革命的必然性。他指出,"(与资本家)相同的经济压力造成的劳工的牢骚和委屈,将导致作为一个阶级的工人群体的普遍联合,他们企图改变现状的想法将逐渐形成彻底推翻现有社会制度的行动"[2]。

另外,据不完全统计,在"民主联盟"时期,除在各大报刊发表通俗文章(仅 1881—1890 年间,海德门在"联盟"机关报《正义报》上共发表 150 多篇)介绍马克思主义外,海德门还主持翻译并陆续出版了《共产党宣言》全文(含译者批注)和《资本论》的部分章节。海德门与资产阶级激进派的公开辩论,也为马克思主义在英国的传播付出了努力。比如在与亨利·乔治[3]的辩论中,海德门"巧妙地运用马克思的社会主义理论驳斥了对手的论点",在工人阶级中间播下了科学社会主义的种子。最后需要指出的是,在"联盟"的

---

[1] H. M. Hyndman, *Socialism and Slavery* (London: The Modern Press, 1884), pp. 3-4.

[2] H. M. Hyndman, *The Coming Revolution in England* (London: The W. Reeves Press, 1884), p. 31.

[3] 亨利·乔治(Henry George,1839—1897),19 世纪末期美国知名的土地改革家和经济学家,代表作是 1879 年出版的《进步与贫困》。关于海德门和亨利·乔治的关系的进一步讨论参见 Bernard Newton, Henry George and Henry M. Hyndman, "Ⅰ: The Forging of an Untenable Alliance, 1882—83," *American Journal of Economics and Sociology* 35, No. 3 (1976): 311-323 和 Bernard Newton, Henry George and Henry M. Hyndman, "Ⅱ: The Erosion of the Radical-Socialist Coalition, 1884—89," *American Journal of Economics and Sociology* 36, No. 3 (1977): 311-321.

组织和行动问题上,海德门恪守马克思的政治教条,"从中央集权和有纪律的政党的角度考虑问题",与联盟内的无政府主义者和无政府共产主义者曾做过坚决的斗争。

第三节
经验主义的马克思主义

海德门不是严格意义上的马克思主义者,无论是在梅林-普列汉诺夫"保卫马克思主义的体系"的意义上,还是在卢卡奇"捍卫马克思的方法"意义上。但是,海德门并没有因此成为修正主义马克思主义者。从总体上看,马克思主义革命观的"修正"建立在了肯定阶级斗争的"民主的"社会主义基石之上。海德门以"正统马克思主义者"自居[1],毕生致力于马克思主义的宣传和阐释,首要的、根本的目的在于复兴宪章运动。基于英国第一个马克思主义者的角色定位,海德门在激进主义、实证主义和精英主义的多维知识论语境中,形塑了马克思主义"革命的""科学的""政治的"经验论形象,成为19世纪晚期庸俗化马克思主义的英国典型。

一、激进主义与"革命"马克思主义

基于复兴宪章运动的政治抱负,海德门在英国"首先举起了从宪章主义者和'国际工人协会'领袖手中倒下的旗帜"[2],并在"民

---

[1] 转引自 C. Tsuzuki, *H. M. Hyndman and British Socialism* (Oxford: Oxford University Press, 1961), p. 33.
[2] 马克斯·比尔:《英国社会主义史》(下卷),何新舜译,商务印书馆,1959,第217页。

主的"社会主义立场上反对修正主义,塑造了马克思主义"革命的"经验论形象。

1. 复兴宪章运动是可行的

《资本论》(法文版)的"冒险"阅读,海德门在"英国公众差不多都不知道马克思"的年代转向了马克思、马克思主义。马克思主义认为,社会革命是生产方式和阶级斗争共同作用的结果。社会革命离不开人的主观能动性的发挥,更受制于人类社会的客观发展规律。可是,海德门坚持认为,在19世纪80年代,复兴宪章运动不仅是可行的[1],而且是历史的必然。在他看来,这是因为:第一,英国有强大的社会主义革命传统。"欧洲第一次伟大的社会主义运动,第一次真正可怕的、有组织的工人反对地主和资本家的斗争,是在英国开始的。今天的英国人是本世纪初罗伯特·欧文、托马斯·斯宾塞、威廉·科贝特、托马斯·霍吉斯金、布雷等人提出的思想的直接继承者"[2]。第二,与英国社会主义运动相结合的大陆马克思主义,以政治经济学和社会进化为基础,贯彻阶级斗争的革命路线,既考虑了过去的阶级斗争所造成的进步,也注意到我们现在的生产制度所引起的苦难和不可避免的矛盾,并且预测运动的未来发展。[3] 所以,海德门不顾马克思关于革命不能制造和早产的谆谆教诲,不合时宜地认为宪章运动的复兴指日可待,"用不

---

[1] H. M. Hyndman, *The Record of an Adventurous Life* (London: The Macmillan Company Press, 1911), p. 273.

[2] H. M. Hyndman, *Socialism and Slavery* (London: The Modern Press, 1885), p. 3.

[3] H. M. Hyndman, *Socialism and Slavery* (London: The Modern Press, 1885), p. 3.

了多久,所有的生产资料和工具,都将置于工人阶级的控制之下"[1]。但事实摆在那里,革命并没有如期而至。在革命来临前,革命领袖的任务首要的是组织和发动群众,而不是主观地想象革命,好像革命能够一下子从地底下冒出来似的。海德门不懂得也不重视马克思主义的这个真理,犯了革命的机会主义错误,这决定了复兴宪章运动在海德门那里的反动性和无力感。

2. "当选举制度彻底民主化时,才可能发生和平革命"

马克思主义认为,"无产阶级国家代替资产阶级国家非通过暴力革命不可"[2]。海德门显然不这么认为。在他看来,首先,只要存在阶级,革命(阶级斗争)就不可避免,"革命把中产阶级改革的愚蠢幻想推到一边"[3]。其次,革命不等于也不指望流血的斗争,"任何一个政党都应该通过民主选举的方式参与并领导国家政权,而不能跳过选举这个民主的途径长期掌握政权"[4]。也就是说,革命只有以和平的方式才能获得自身的确定性。那么,这种和平的革命何时会到来?海德门自以为是地认为,"当选举制度彻底民主化时,才可能发生和平革命"[5]。所谓"彻底",就是旧的党派政治在"工薪阶层的解放"的战斗口号面前玩完了,"巨大的经济和社会机器独立于保守党、辉格党、自由党或激进派,而且不受任何党派

---

[1] H. M. Hyndman, "The Radicals and Socialism," https://www.marxists.org/archive/hyndman/1885/11/radicals.htm.

[2] 列宁:《国家与革命》,人民出版社,2015,第 22 页。

[3] H. M. Hyndman, "Revolution or Reform," https://www.marxists.org/archive/hyndman/1884/08/reform-revolution.htm.

[4] 转引自刘慧、王学东:《试论海德门与马克思的关系及其对马克思主义的态度》,《当代世界社会主义问题》,2017 年第 2 期。

[5] H. M. Hyndman, "The Radicals and Socialism," https://www.marxists.org/archive/hyndman/1885/11/radicals.htm.

灵丹妙药的控制"[1]。因此最后,革命迎来的是"民主的"社会主义。到那时,国家政权通过民主的方式落到了无产阶级手中。无产阶级可以不打碎旧的国家机器而一劳永逸地成为社会的主人。殊不知,"马克思为无产阶级构想的革命方式,已经完全超越了其他各种社会主义思潮固守的政治范围,他正在科学地阐明一种新的革命事业,它的特点是:通过全面的根本的社会变革,不仅要追求阶级解放,更重要的是实现全人类解放"[2]。

3. 在"民主的"社会主义立场上反对修正主义

修正主义作为"自由派资产阶级的观点体系",是马克思主义的大敌。列宁曾经指出,"在政治方面,修正主义确实想修正马克思主义的基础,即阶级斗争学说。他们说,政治自由、民主和普选权正在消灭阶级斗争的根据,并且使《共产党宣言》里的工人没有祖国这个旧原理变得不正确了;他们说,在民主制度下,既然是'多数人的意志'起支配作用,那就不能把国家看做阶级统治的机关,也不能拒绝同进步的社会改良派资产阶级实行联合去反对反动派"[3]。所以,必须坚定不移地反对修正主义。海德门在各种公开场合强调:"我始终反对和攻击一切形式的修正主义,这一点在整个国际社会主义运动中是众所周知的"[4]。但是,革命马克思主义不仅反对修正主义,而且也需要与"民主的"社会主义做思想斗争。

1　H. M. Hyndman, "The Radicals and Socialism," https://www.marxists.org/archive/hyndman/1885/11/radicals.htm.

2　曾瑞明:《马克思恩格斯的社会革命论及其当代价值》,《马克思主义研究》,2019年第3期第78页。

3　《列宁选集》(第2卷),人民出版社,2012,第6页。

4　H. M. Hyndman, "The War of Liberation: The Coming Triumph of Marxist Socialism," https://www.marxists.org/archive/hyndman/1915/02/war-liberation.htm.

"民主的"社会主义，主张在"民主制的"资本主义的自由下，通过议会制度消除最民主的资产阶级共和国作为阶级压迫机关的本质，进而和平长入社会主义。进一步说，它"不懂得议会制度和资产阶级民主制度的不可避免的内在的辩证法会导致比先前更激烈地用群众的暴力去解决争执"[1]。并表现为实质上的资产阶级改良主义。海德门反对修正主义，却始终站在"民主的"社会主义立场上"修正"马克思主义的革命观，说什么"修正主义肯定不会阻止即将到来的变化"[2]，这是十分滑稽可笑的。

二、实证主义与"科学"马克思主义

受英国经验论传统和奥古斯特·孔德、爱德华·斯宾塞·比斯利[3]实证哲学的影响，海德门把实证主义与马克思的哲学、政治经济学和社会发展学说嫁接起来，塑造了马克思主义"科学的"经验论形象。

1. 将马克思的辩证法等同于实证逻辑

唯物辩证法统摄马克思思想全域，体现马克思主义基本立场、

---

[1]《列宁选集》（第2卷），人民出版社，2012，第7页。

[2] H. M. Hyndman, "The War of Liberation: The Coming Triumph of Marxist Socialism," https://www.marxists.org/archive/hyndman/1915/02/war-liberation.htm.

[3] 爱德华·斯宾塞·比斯利（Edward Spencer Beesly，1831—1915），英国历史学家和政治活动家，坚定的实证论者，孔德《实证政治体系》的英文翻译者。比斯利虽然不相信社会主义，但却是一个十足的激进派，对工人阶级运动抱有同情态度。他曾主持过第一国际的成立大会，后来还主持了海德门和亨利·乔治关于"单一税论与社会主义"问题的著名辩论。1870—1871年，比斯利在英国报刊上撰文《为法国申辩。告伦敦工人书》，得到马克思的高度认可。《马克思恩格斯全集》中文第一版第33卷共收录5封马克思致比斯利的信函。其代表作《伊丽莎白女王时代——全盛时期的多铎王朝》的中译本，2020年由东方出版社出版。

观点和方法,是马克思哲学的重要组成部分。通过对德国古典哲学大师黑格尔唯心主义辩证法的批判改造,马克思在实践唯物主义的界面重新解释自然界、人类社会和精神部门的形成和发展,创立了表征现实世界物质运动的主客观辩证法。但是,海德门机械地将马克思的辩证法看成"恩格斯的形式和实证的法则"[1],并与自然科学意义上的实证逻辑画上了等号。

比如,他用自然界的经验因果律去格义马克思的社会形态理论,并自嘲地说这是在"用迂回的方式进行表达"。在《社会主义经济学》中,他说,"我们现在已经知道,人类在其存在的早期阶段是生活在(原始)共产主义之下的。……在经历了在私有财产下的连续发展时期之后,我们现在正处于一个伟大的转变的前夕,在一个几乎无限高的水平上回到我们的起点,这种早期的共产主义对我们有特殊的利害关系。如果纵观自然界的发展,就会发现同样的规律支配着一切有机和无机的生长。就拿一株玉米来说,你种下种子,它在地里分裂或分化,然后又重新出现,变成了正在结穗的玉米。这是在更高的一个层次上的重现。"[2]

需要指出的是,海德门对马克思辩证法的误读,还体现在"错误百出,令人发笑"[3]的《资本论》的翻译上。要知道,第一,马克思的辩证法不是一个死板的公式,它是"科学上正确的方法"[4],即作为理论分析的出发点的具体,在研究的结果中表现为多样性的统一、许多规定的综合。"任何教条主义在历史面前都必然受到谴

---

[1] M. Bevir, *The Making of British Socialism* (Princeton: Princeton University Press, 2011), p. 74.

[2] H. M. Hyndman, *The Economic of Socialism* (London: The Twentieth Century Press, 1896), pp. 2 - 3.

[3] 《马克思恩格斯全集》(第 36 卷),人民出版社,1974,第 468 页。

[4] 《马克思恩格斯全集》(第 30 卷),人民出版社,1995,第 42 页。

责";第二,"辩证法的规律是从自然界的历史和人类社会的历史中抽象出来的。辩证法的规律无非是历史发展的这两个方面和思维本身的最一般的规律"[1]。我们看到,恩格斯不仅试图把马克思的辩证法解读为"历史辩证法",即与人的实践活动密切相关的主客观辩证法,而且试图循着黑格尔的脚步和意图继续前进,把马克思的辩证法看作一切事物运动和发展的方式,以及思维和研究的方法。第三,海德门用实证主义的经验理性来架构马克思辩证法的"科学性",阉割掉了马克思哲学的批判性和革命性。

2. 将马克思的政治经济学视作"社会静力学"

政治经济学批判是马克思创立科学社会主义的理论前提和思想基础。通过对亚当·斯密和大卫·李嘉图代表的古典政治经济学的思想史考察与革命性超越,马克思在科学劳动价值论的基础上解释剩余价值,系统建构了作为"两大发现"之一的剩余价值理论,为社会主义运动和无产阶级的解放事业指明了方向。但是,海德门笼统地将马克思的政治经济学看成"对资本支配下的生产和交换方法的实证研究,以及对其他政治经济学家的批评"[2],并用"社会静力学"加以命名。

比如,他用数学的思维方式去考察马克思的商品流通理论。在《马克思的价值理论》中,他指出,"马克思关于价值和剩余价值,以及将成品(completed commodity)的价值分为不变资本、可变资本和剩余价值——这是一个与旧的'固定资本和流动资本'截然不同的范畴——的理论的全部意义只有涉及到商品的流通时才会显

---

1 《马克思恩格斯文集》(第9卷),人民出版社,2009,第463页。
2 H. M. Hyndman, "Marx's Theory of Value," https://www.marxists.org/archive/hyndman/1889/04/theory-value.htm.

现出来"[1]。马克思的经济学研究,目的只在于用数学的公式清晰地阐述和论证资本主义社会"商品流通的复杂现象"。"如果这就是'黑格尔的辩证法',那么我只能说,我希望马克思的批评者们能够采用同样清晰的阐述和论证过程"[2]。

很显然,海德门理解的"社会主义政治经济学"是相当肤浅的。他和他所批评的"带着一种实用主义优越感"的其他社会主义者一样,在谋求经验"知识"和逃避"意义"的实证主义考察中,偏离了马克思政治经济学批判的要旨。要知道,马克思的剩余价值理论不仅从根本上克服了"斯密教条",揭示了所有经济学家犯的那个错误,即"他们不是纯粹地就剩余价值本身,而是在利润和地租这些特殊形式上来考察剩余价值"[3],而且解决了使古典经济学遭到破产的关键问题,制定和完成了体现马克思在政治经济学中所实现的革命的最重要的标志:市场价值、平均利润和生产价格理论(正是由于这些中介环节的建立,马克思得以完成他的广义的剩余价值理论[4])。

3. 将马克思的社会主义学说看成无伦理的实证科学

科学社会主义倡导理性和革命,致力于无产阶级和全人类的彻底解放,是马克思思想建构的出发点和归宿。通过对19世纪英法空想社会主义的激进扬弃和道德拯救,马克思在唯物史观的地平上深刻阐明社会主义的必然性,完成了科学社会主义的创制。

---

1 H. M. Hyndman, "Marx's Theory of Value," https://www.marxists.org/archive/hyndman/1889/04/theory-value.htm.
2 H. M. Hyndman, "Marx's Theory of Value," https://www.marxists.org/archive/hyndman/1889/04/theory-value.htm.
3 《马克思恩格斯全集》(第33卷),人民出版社,2004,第7页。
4 《马克思恩格斯全集》(第34卷),人民出版社,2008,第9页。

但是,海德门奉实证主义"不带有情绪色彩"和"要求灵活的行动"[1]的特征为圭臬,断然取消了马克思主义的伦理学,将马克思的社会主义学说解读为无伦理或超道德的实证科学。他认为,马克思的社会主义学说不包含任何特定的伦理,在那里,事实和价值是截然分离的。也就是说,海德门"相信马克思主义关注的是'是',而不是'应该是'"[2]。

于是,海德门在马克思主义的"伦理空场"中堂而皇之地植入了自己的道德立场。这种道德立场始于一种近乎帝国沙文主义和种族主义的爱国主义:"我希望看到英国成为实现经济和社会解放这一伟大理想的成功先驱。"[3]要知道,马克思是一位不屈不挠的道德思想家,他始终认为,"支配资本主义社会的伦理将人与人之间的相互帮助建立在利益的基础之上,这是一种令人厌恶的生活方式"[4];同时,马克思主义是"非常深刻的和多方面的学说"[5],它有自己的伦理学,而且这种伦理学不是孤立存在的。进一步说,作为马克思政治经济学批判得出的一个必然结论,科学社会主义不是乌托邦之梦,更不是一种宿命论。它将道德判断与科学分析相结合,从而在理论和实践的具体化议程上避免了道德主义的错误。海德门非道德的道德观,使他再一次与真理擦肩而过。也正是在这一意义上,柯尔认为,海德门只是"利用'科学的'吸引力,从而也就抛弃了足以鼓动工人和知识分子的强有力的伦理力量,使自己

---

[1] 卡尔·雅斯贝斯:《时代的精神状况》,王德峰译,上海译文出版社,1997,第40页。

[2] M. Bevir, *The Making of British Socialism* (Princeton: Princeton University Press, 2011), p. 75.

[3] H. M. Hyndman, *The Future of Democracy* (London: The Allen and Unwin Press, 1915), p. 217.

[4] 特里·伊格尔顿:《马克思为什么是对的》,李杨、任文科、郑义译,新星出版社,2011,第161页。

[5] 列宁专题论文集:《论马克思主义》,人民出版社,2009,第305页。

成为宣扬外国理论的代表人物而无法自脱"[1]。

三、精英主义与"政治"马克思主义

受德国社会民主党(准确地说,应该是1863年由拉萨尔创建的"全德工人联合会")组织原则的深刻影响,海德门在领导英国社会主义运动和建设"社会民主联盟"时始终对马克思主义采取了精英主义(非大众化)的态度,塑造了马克思主义"政治的"经验论形象。

1."自上而下的社会主义"

马克思的社会主义是建立在工人阶级群众运动基础上的民主的广泛的革命社会主义。正因如此,列宁领导的布尔什维克革命是一场真正意义上的自下而上的社会主义革命。但是,海德门不仅否定十月革命的社会主义革命性质,而且忽视工会和劳工行动,不相信人民群众内部蕴藏着强大的实施社会变革的能力,倡导"自上而下的社会主义"[2]。比如,他在《革命的演变》中指出,"历史演变的进程,或快或慢,都不能被最无情的狂热者所超越"[3]。因此,他始终与马克思的基本命题"工人阶级的解放应该由工人阶级自己去争取"[4]保持距离——"正如马克思所说,工人的解放必须由工人自己来实现,这在某种意义上是正确的,因为没有社会主义者就没有社会主义,就像没有共和党人就不能实现和继续实行共和国一样。但是一个奴隶阶级不能被奴隶自己解放。领导能力、主

---

[1] G. D. H. 柯尔:《社会主义思想史》(第2卷),何瑞丰译,商务印书馆,1978,第407页。

[2] H. M. Hyndman, "Trade Unions and Progress," *Justice*, September 8, 1900.

[3] H. M. Hyndman, *The Evolution of Revolution* (London: Grant Richards Press, 1920), p. 384.

[4] 《马克思恩格斯文集》(第3卷),人民出版社,2009,第226页。

动性、教学能力和组织能力都必须来自那些出生在不同位置、在早年就接受过运用自身能力训练的人"[1],与此同时,海德门还指出,"未来的革命斗争将由'受过教育的'阶级来扮演"[2],"工人在他们自己的阶级利益方面是无可救药的无能"[3]。

"自上而下的社会主义"将马克思主义与作为社会主义运动主体的工人阶级及其阶级斗争剥离开来,"不懂得把马克思的思想运用到英国工人阶级斗争的特殊条件中去"[4],只寄希望于"作为人民组织力量的国家机构"[5],使马克思主义成为一个纯粹的政治概念而游离于有广大工人阶级参加的社会主义运动之外。

2. 社会主义是少数社会精英的革命政治

"自上而下的社会主义"的最显著特征是精英主义。精英主义兴起于19世纪末20世纪初,强调精英决策、精英统治及其合法性,反映了西方思想界对大众民主崛起后的一种保守态度。保守党股票经纪人出身的海德门对此情有独钟。在领导英国社会主义运动的前前后后,海德门一直主张社会主义是少数社会精英的事情,工人阶级的男男女女只是历史创造过程中有意识的代理人。正如海德门的"亲密战友"欧内斯特·贝尔福特·巴克斯(Ernest Belfort Bax)指出的,

---

[1] H. M. Hyndman, *The Record of an Adventurous Life* (London: The Macmillan Company Press, 1911), p. 432.

[2] H. M. Hyndman, *Further Reminiscences* (London: The Macmillan Company Press, 1912), p. 293.

[3] H. M. Hyndman, "Hyndman to Mrs Cobden Sanderson, 1900—1921," *Labour History Bulletin* 22, (1971): 14.

[4] 普雷德拉格·弗兰尼茨基:《马克思主义史》(第3卷),胡文建、李嘉图、杨达洲等译,黑龙江大学出版社,2015,第192页。

[5] H. M. Hyndman, *The Economic of Socialism* (London: The Twentieth Century Press, 1896), p. 248.

> 在资本主义制度下,大多数人必然会以这样或那样的幌子支持维持该制度,不是因为他们喜欢它,而是纯粹出于无知和愚蠢。只有从停滞不前的惰性群众中解放出来的积极的少数人才能实现革命。只有在革命时刻行动的个人才对社会主义的少数人负责[1]。

也正因如此,海德门无法从工人阶级运动的普通男女身上获得任何力量和激励,而只能悲观地哀叹,"我再说一遍,经济形式已经准备好,但他们(即工人阶级)缺乏智力和阶级纪律"[2]。

海德门的精英主义,还表现在他对马克思主义革命论的教条主义理解上。1917年,当普列汉诺夫邀请海德门访问俄国时,他告诉美国社会主义者 G. E. 鲁塞尔(Russell)他留在国内的原因:

> 大家普遍认为,无论在什么情况下,我都应该到彼得格勒和莫斯科去。事实上,有些报纸催我这么做,战时内阁会很高兴我去的。但我完全不相信英国在俄国的影响力会通过进一步的努力获得……而且,正如我说过的,在我们预料到之前,我们这里可能会发生一场革命,那时我就应该在场。[3]

---

[1] Ernest Belfort Bax, *The Religion of Socialism* (London: The Allen and Unwin Press, 1901), p. 174.

[2] H. M. Hyndman, "The Need for a British Republic," *Justice*, April 5, 1917.

[3] C. Tsuzuki, *H. M. Hyndman and British Socialism* (Oxford: Oxford University Press, 1961), p. 236.

3. 建设中央集权的"社会民主联盟"

"任何组织问题都有政治意义"[1]，把政治问题和组织问题机械地分开是不行的。更重要的是，"革命无产阶级的组织是运动的政治领袖"[2]。为了推动"自上而下的社会主义"扎根英国，海德门致力于按照德国社会民主党的运行模式建设中央集权的马克思主义社团"社会民主联盟"。但是，正如罗莎·卢森堡所言，

> 社会民主党所要建立的组织形式完全不同于先前的社会主义运动例如雅各宾和布朗基运动的组织形式。……社会民主党的集中制不能建立在党的战士对中央机关的盲目听话和机械服从的基础之上，另一方面，在已经由固定的党的干部组成的有阶级觉悟的无产阶级核心和它的周围由阶级斗争所支配的、处于阶级觉悟提高过程中的普通群众之间，绝对不能筑起一堵不可逾越的墙壁。[3]

因此，海德门的这一努力是注定要失败的。事实也正如此。

这主要是因为：第一，海德门的中央集权本质上是一种"密谋主义的集中主义"。这种集中主义"完全孤立于工人阶级社会生活的主流之外"，同时反对无政府主义和无政府主义共产主义。第二，海德门"生就的独裁气质"[4]和官僚主义作风，破坏了联盟内部组织及成员之间的民主和团结。联盟的骨干、坚定的马克思主义

---

[1] 《列宁选集》(第4卷)，人民出版社，2012，第111页。

[2] 卢卡奇：《历史与阶级意识——关于马克思主义辩证法的研究》，杜章智、任立、燕宏远译，商务印书馆，1996，第393页。

[3] 《卢森堡文选》(上卷)，人民出版社，1984，第502—504页。

[4] G. D. H. 柯尔：《社会主义思想史》(第2卷)，何瑞丰译，商务印书馆，1978，第407页。

者威廉·莫里斯的退出就是一个典型的例子。正因如此,E. P. 汤普森指出:"四十年来,海德门的自我孤立的一致性,'不赞成'几乎所有脱离他控制的流行现象,是他长期活跃于英国政治的最显著的特征。"[1]第三,"社会民主联盟"作为社会主义运动的中央一级组织不重视发动和宣传群众,大搞宗派主义,将组织问题和政治问题截然对立起来。"这就导致在实际上否认工人能够在资本主义制度下取得真实进展,导致不能理解工会的重要性,导致不能把为社会主义的斗争和为当前需要的斗争结合起来"[2]。这是19世纪为数不多的自称是英国马克思主义者的不可克服的弱点。第四,虽然"社会民主联盟的成立在一定意义上反映了当时英国社会主义者希望建立独立的工人阶级政党的愿望"[3],但其本身是一个由具有不同社会主义倾向的集团或同盟拼凑起来的松散的联合,"每个集团都有一个强有力的人物作为领袖",同时这些人中的大多数是读了美国社会主义者亨利·乔治的《进步与贫困》,而不是马克思的《资本论》转向社会主义的。

---

[1] E. P. Thompson, "A Review of Chushichi Tsuzuki's Biography of H. M. Hyndman," *Bulletin of the Society for the Study of Labour History* 3, (1961): 67.

[2] A. L. 莫尔顿:《马克思的警告被置之不理》,载《外国哲学资料》(第2辑),商务印书馆,1976,第77页。

[3] 张志洲:《英国工党社会主义意识形态变迁研究》,社会科学文献出版社,2011,第78—79页。

第七章 反哺Ⅲ：威廉·莫里斯与马克思主义

威廉·莫里斯是 19 世纪下半叶英国著名的艺术家、诗人和社会主义活动家。他不但实际创立并领导了英国历史上第一个由马克思主义缔造者支持成立的社会主义团体——"社会主义同盟"(The Socialist League)，而且构建了迈出马克思主义英国化第一步的"莫里斯传统"[1]，被誉为英国马克思主义的先驱——"第一个英国马克思主义者"[2]"英国最伟大的马克思主义革命者之一"[3]。那么，莫里斯如何成了社会主义者？他的独特的政治理论贡献是什么？如何评价莫里斯的社会主义转向及其实践？

---

[1] 参见 Robin Page Arnot, *William Morris: The Man and the Myth*, *Including the Letters of William Morris to J. L. Mahon and Dr. John Glasse* (London: Lawrence and Wishart, 1964); P. Meier, *William Morris: The Marxist Dreamer* (Sussex: The Harvester Press, 1978); E. P. Thompson, *William Morris: Romantic to Revolutionary* (London: The Merlin Press, 1976).

[2] 戴维·莱恩:《马克思主义的艺术理论》，艾晓明等译，湖南人民出版社，1987，第164 页。

[3] 特里·伊格尔顿:《马克思为什么是对的》，李杨、任文科、郑义译，新星出版社，2011，第 69 页。

第一节
莫里斯其人[1]

莫里斯1834年3月24日出生在英国东南部埃塞克斯郡位于埃平森林边缘的沃尔瑟姆斯托城郊村的一个富裕的中产阶级家庭,父亲是成功的股票经纪人,母亲是典型的维多利亚时代的家庭妇女。他从小聪慧好学,7岁时已博览群书,尤其钟爱文学和艺术,少年时期深受沃尔特·斯科特(Walter Scott,1771—1832)的历史小说和乔治·戈登·拜伦(G. G. Byron,1788—1824)、珀西·比希·雪莱(P. B. Shelley,1792—1822)以及约翰·济慈(John Keats,1795—1821)等人的浪漫主义诗歌影响。莫里斯13岁丧父,几个月后入马尔博罗学院(Marlborough College)学习,其中的两年接受了盖伊牧师的私人教育。1851年,莫里斯陪同母亲一道参观了在伦敦海德公园举办的"水晶宫"国际工业博览会,会上展出的那些过于粗糙和缺乏美感的工业品使他印象深刻,这成为他后来着手参与并积极推动开展回归手工艺术的工艺美术运动(Art and Craft Movement)的主因之一。

19岁的他进入牛津大学埃克塞特学院(Exeter College)学习神学。大学期间,莫里斯花了很大力气学习历史,特别是中世纪的历史;通过阅读约翰·罗斯金(John Ruskin,1819—1900)和查尔斯·金斯利(Charles Kingsley,1819—1875)的书籍,莫里斯放弃

---

[1] 关于莫里斯详细的生平介绍,参见 J. W. Mackail, *The Life of William Morris* (Oxford: Oxford University Press, 1912)。

了对牛津运动的推崇,并做出了献身艺术的决定。他认为"生活在树木与溪水环绕的地方,每天都能有面包和洋葱"的日子,相比修道院的苦行生活更令人向往,或许从事艺术是最好的选择。[1] 于是,他与一批同样富有艺术热情和理想的年轻人[包括后来成为著名画家的爱德华·伯纳·琼斯(Edward Burne-Jones, 1833—1898)牧师——莫里斯大学期间的好友]以"拉斐尔前派协会"(The Pre-Raphaelite Brotherhood)为中心,一起组织开展了大量的社会活动和艺术研究。

起初,他们对天主教的革新运动表示了极大的热情,之后又把全部精力集中在中世纪的艺术和当代诗歌的鉴赏和研究。他们经常利用假期到各地旅游,考察国内外的教堂建筑以及中世纪的艺术作品。1854年夏天,莫里斯第一次来到法国,亲身品味了中世纪哥特式建筑的艺术风格及其历史,并用文学的语言对哥特式建筑的精髓给予深刻的社会政治的阐释和伦理学评价。[2] 1855年,他和好友创办了一个名叫《牛津与剑桥杂志》的月刊,并在上面发表了本科期间写作的大量诗歌作品。1856年,大学毕业后的莫里斯曾在乔治·斯特里特建筑事务所(G. E. Street)工作过一段时间。由于没有什么成就感,不久后,莫里斯便转向了诗歌创作。第二年,经 E. B. 琼斯的介绍,莫里斯结识了后来成为他终身好友与合作伙伴的但丁·加百利·罗塞蒂(Dante Gabriel Rossetti, 1828—1882),随后正式进入拉斐尔前派圈子从事艺术创作。1858年,莫里斯出版第一本诗歌集《为吉尼维尔辩护及其他》(*The*

---

[1] Philip Henderson, *William Morris*, *His Life Work and Friends* (Norwich: The Jarrold and Sons Ltd Press, 1967), p. 11.
[2] Eugene Lemire, *The Unpublished Lectures of William Morris* (Detroit: Wayne State University Press, 1969), pp. 147-148.

Defence of Guenevere and other Poems)。

1859年4月,莫里斯与简·伯登(Jane Burden,1839—1914)成婚,并入住菲利普·斯皮克曼·韦伯(Philip Speakman Webb,1831—1915)设计的"红房子"。1861年,借"红房子"装修完工之际,莫里斯提议成立由福德·马多克斯·布朗(Ford Madox Brown,1821—1893)、伯纳·琼斯、罗塞蒂、韦伯合伙经营的工厂——"莫里斯—马歇尔—福克纳绘图、雕刻、家具、铁件制造工厂"(MMF),"这件大事标志了西方艺术新纪元的开始"[1]。在手工艺运动中,莫里斯将私人兴趣发展为商业。1875年,该公司解体,并重组"莫里斯公司"。公司运营期间,莫里斯通过实用工艺美术的理论研究和商业实践(罗斯金的审美理念和艺术社会学思想始终是他艺术创作的出发点[2]),逐渐形成了较为成熟的美学观点和批判资本主义的视角,同时开始寻找批判资本主义、实现美好社会的具体途径。《杰森的生和死》(*The Life and Death of Jason*,1867年)和《地上乐园》(*The Earthly Paradise*,1868—1870年)这两部诗歌作品的创作是这种探索的开始。之后,莫里斯借助诗歌这种独特的形式持续表达了对资产阶级文化和资本主义的一切不合理现象的不满,同时对人类社会的美好未来进行了沉思和展望。

70年代中后期开始,莫里斯从单纯的艺术创作转向社会政治斗争,并多次直接参与了工人罢工、示威和游行活动。1876年,莫里斯加入英国自由党的左派,同年发表政论文章《非正义的战争》,

---

[1] 尼古拉斯·佩夫斯纳:《现代设计的先驱者——从威廉·莫里斯到格罗皮乌斯》,王申祐、王晓京译,中国建筑工业出版社,2004,第4页。

[2] M. Bevir, *The Making of British Socialism* (Princeton: Princeton University Press, 2011), pp. 92 - 96; E. P. Thompson, *William Morris: Romantic to Revolutionary* (London: The Merlin Press, 1976), pp. 32 - 33.

谴责保守党政府和土耳其联盟发动对俄国的非正义战争。1877—1879年,莫里斯先后组建"古代建筑物保护协会",参加自由党左派联盟和社会各界人士联合组织的"东方问题协会",和担任"全国自由者联盟"的财务。在此期间,莫里斯对英国政府执行的国内外反动政策有了清醒的认识,"新自由派国会行动的想法和具体的行动,特别是'强制法案'的出台和股票投机商对埃及的'战争'(趁埃及财政危机,收购苏伊士运河公司半数的股票——引者注),彻底摧毁了我意欲通过同激进党的联合以实现某种良好愿望的任何希望"[1]。"阅读卡莱尔的'过去和现在'则使他对现状不满的心理日趋强烈。约翰·穆勒关于社会主义的遗著(这些遗稿由海伦·泰洛尔发表于1879年的'半月评论'),虽然带有反社会主义的论点,但使他确信社会主义是必要的"[2]。1880年莫里斯退出自由党组织。1881—1882年间,莫里斯积极协调伦敦各工人阶级进步团体,试图建立一个全国性的激进联盟,但未获成功。1883年1月,在"哲学奇谈的追随者"[3]欧内斯特·贝尔福特·巴克斯[4]的引介下,莫里斯加入了当时英国唯一的社会主义组织——"民主联盟"。同年2—3月间,在《共产党宣言》(新英文版)尚在印刷的过程中,

---

[1] Norman Kelvin, *The Collected Letters of William Morris* (Princeton: Princeton University Press, 1984 - 1987), Ⅱ(A), p. 230.
[2] 马克斯·比尔:《英国社会主义史》(下卷),何新舜译,商务印书馆,1959,第220页。
[3] 《马克思恩格斯全集》(第36卷),人民出版社,1975,第472页。
[4] 巴克斯(Ernest Belfort Bax, 1854—1926),英国最早通过社会主义与德国哲学相结合的方式把马克思的思想介绍给英国的社会主义者、历史学家、哲学家和新闻工作者。1882年加入"民主联盟"。1883年起同恩格斯保持友好关系。1884年底退出"联盟",与莫里斯等人组建"社会主义同盟"。后因不满于"同盟"内部的无政府主义者,选择重新加入"社会民主联盟",成为"联盟"内部主要的理论家和《正义》周刊的编辑。1911年成为英国社会党的创始人和领袖之一。第一次世界大战期间是社会沙文主义者。

莫里斯读到了法文版的《资本论》[1]。这对立志想成为一个社会主义者的"资本主义批评家"来说,实属幸运。莫里斯难掩兴奋,说"这是一本伟大的著作"[2]。在阅读《资本论》的过程中,莫里斯还深入研究了英国的古典政治经济学,特别是亚当·斯密和大卫·李嘉图的经济学说。

1883年11月,在牛津大学学院的一次题为"富人统治下的艺术"的演讲中,莫里斯宣布自己是一个社会主义者。[3] 1884年春,与海德门合著的《社会主义原理概述》出版,标志着莫里斯的政治思想趋于成熟,社会主义信仰也更加坚定。1884年12月,在恩格斯的支持下,莫里斯与伊琳娜·马克思-艾威琳(Eleanor Marx-Aveling,1855—1898)和爱德华·艾威琳(Edward Aveling,1851—1898)夫妇、巴克斯以及安德烈亚斯·苏伊(Andreas Scheu)、约翰·L.马洪(John L. Mahon)等人共同创建了"社会主义同盟",莫里斯兼任同盟机关报《公共福利》(The Commonweal)的主编。1885年2月,"同盟"发表了莫里斯执笔的《社会主义者同盟宣言》[4],宣言首次提出"革命的国际社会主义"(Revolutionary International Socialism)原则[5]。1886—1888年

---

[1] 相关资料显示,莫里斯还认真翻阅过1887年出版的《资本论》英译本,两个版本的《资本论》都完好存放在他的书房里。[参见 M. Bevir, *The Making of British Socialism* (Princeton: Princeton University Press, 2011), p. 85.; E. P. Thompson, *William Morris: Romantic to Revolutionary* (London: The Merlin Press, 1976), p. 305.]

[2] Norman Kelvin, *The Collected Letters of William Morris* (Princeton: Princeton University Press, 1984-87), Ⅱ(A), p. 204.

[3] W. Morris, *The Collected Works of William Morris* (London: The Longman Press, 1921), pp. 164-191.

[4] 1885年10月,"同盟"根据马克思主义基本原理对宣言的重点做了逐条注释,并在莫里斯和巴克斯联合署名的情况下出版了《社会主义者同盟宣言》第二版。

[5] William Morris, "The Manifesto of the Socialist League," https://www.marxists.org/archive/morris/works/1885/manifstz.htm.

间,莫里斯和巴克斯以"扎根的社会主义"[1]("Socialism From the Root Up")为主题在《公共福利》杂志连续发表25篇文章,介绍了马克思主义的基本观点,并进一步阐释了"同盟"的社会主义革命原则。此间,莫里斯第一部以农民起义为背景的乌托邦中篇小说《梦见约翰·鲍尔》(A Dream of John Ball)问世。

1887年11月13日,莫里斯亲身经历了后来被称为"流血的星期日"的群众示威活动,目睹了资产阶级政府血淋淋的恐怖镇压,这一切进一步坚定了他投身社会主义的理想。1889年7月14日,莫里斯作为英国社会主义组织的代表参加了"第二国际"在巴黎召开的第一次大会。1890年11月,由于无政府主义者的独断专行,莫里斯被迫退出"社会主义同盟",并在同时退出"同盟"的铁匠支部基础上组建"铁匠社会主义协会"(Hammersmith Socialist Society),继续出版进步小册子,支持工人运动。这一年从1月11日开始,到10月4日止,莫里斯在《公共福利》杂志以"乌有乡消息"("News From Nowhere")为题连续发表了阐述自己革命社会主义理想的系列论文,有力地驳斥了美国作家爱德华·贝拉米(Edward Bellamy,1850—1898)在《回顾》(Looking Backward,1888年)一书中鼓吹的"和平进化到社会主义"的改良主义学说,"详细展示了政治的变革是如何进行的"[2]。该系列文章于1891年结集发行单行本,被后世誉为英语乌托邦文学中最优秀的

---

[1] 1893年,该系列论文以《社会主义,它的发展和目的》[Socialism: Its Growth and Outcome (London: Swan Sonnenschein, 1893)]的书名结集出版。由于较为准确地介绍和宣传了马克思主义的理论,图书出版后受到恩格斯的重视。在致奥·莫姆伯格和致弗·阿·左尔格的信中,恩格斯多次进行了推荐。[参见《马克思恩格斯全集》(第39卷),人民出版社,1974,第211、215、234页。]

[2] 特里·伊格尔顿:《马克思为什么是对的》,李杨、任文科、郑义译,新星出版社,2011,第69页。

读本[1]。

晚年的莫里斯,"向几个不同的党派提出了温和的警告和合格的支持"[2],但似乎并不热衷激进的社会主义运动,所以也没有积极参加"社会民主联盟"(退出"社会主义同盟"的若干年内,莫里斯似乎与"社会民主联盟"重新言归于好[3]——引者)或无政府主义派的运动[4]。尽管费边社和独立工党的"新社会主义"运动已把"社会民主联盟"和无政府主义者推向一边,并开始转向与新工会运动相一致的方面,莫里斯还是继续以他的方式(主要通过写作和演讲)从事社会主义的宣传。在他看来,所谓的"新政治运动"依旧落于资产阶级改良主义的窠臼,于是,他说道,"韦伯,世界目前正朝着你的方向发展,但最终不是正确的方向"[5]。

1893年"五一国际劳动节",莫里斯参与起草的《英国社会主义者宣言》在伦敦出版。1894年6月,《我怎样成为一名社会主义者》("How I Became a Socialist")首次在"社会民主联盟"主办的《正义报》发表。文章简要回顾并总结了莫里斯从研究历史、友爱和艺术实践转向社会主义的历程,以及这种转向的历史必然性和现实逻辑。1896年10月3日,莫里斯与世长辞,平静地离开了他热爱的社会主义事业。

莫里斯是19世纪英国马克思主义宣传战线的重要旗手,他的突然离世使原本就处于困境中的英国社会主义运动的形势急转直

---

1 阎照祥:《英国政治思想史》,人民出版社,2010,第379页。
2 Florence Boos, "William Morris's 'Socialist Diary'," *History Workshop* 13, (Spring 1982): 2.
3 莫尔顿、台德:《英国工人运动史:1770—1920》,叶周、周立方、周敏仪等译,生活·读书·新知三联书店,1962,第180页。
4 马克斯·比尔:《英国社会主义史》(下卷),何新舜译,商务印书馆,1959,第227页。
5 R. Page Arnot, *William Morris: The Man and the Myth* (London: The Lawrence and Wishart Press, 1964), p. 108.

下,瞬间到了土崩瓦解的边缘。格莱西尔(John Bruce Glasier,1859—1920)在莫里斯去世第二天后的日记中这样写道:"(由于莫里斯的离世——引者)社会主义似乎十分突然地从它火热的夏天进入了严寒的冬天。"[1] 所幸的是,莫里斯去世后,他的很多社会主义的论著都流传了下来,他的许多富有创见的"革命"观点也引起了部分马克思主义研究者的重视。他的"个人榜样和奉献精神鼓舞了每一位左派成员,他的决定对英国社会主义的起源产生了重大影响"[2]。同时,莫里斯的重要政治理论遗产——"革命的国际社会主义"原则和"莫里斯传统"——是继承和创新马克思主义的光辉典范。

第二节
"成为"社会主义者

莫里斯传奇的一生大致分为三个时期:第一,19世纪50年代中期到70年代中期的文学创作、艺术理论研究和商业实践时期;第二,19世纪70年代中后期到19世纪80年代初的"准社会主义者"时期;第三,19世纪80年代初到90年代中期的社会主义者时期。第三个时期又分为三个阶段:一是"(社会)民主联盟"时期的"实践"社会主义阶段;二是"社会主义同盟"时期的"宣传"社会主义阶段;三是退出"社会主义同盟"后的"理论"社会(共产)主义阶

---

[1] Marxists Internet Archive, "The William Morris Internet Archive: Chronology," https://www.marxists.org/archive/morris/works/chrono.htm.
[2] Florence Boos, "William Morris's 'Socialist Diary'," *History Workshop* 13, (Spring 1982): 2.

段。马克思(主义)的"反哺"主要发生在莫里斯人生的"第三个时期"。在这一时期,莫里斯成长为一名真正的社会主义者。那么,莫里斯如何转向了社会主义?这种转向的标志性成果是什么?如何评价标志性成果形成时期的莫里斯?

一、社会主义转向：从言说的事实到"事实"的言说

在 1894 年完成的《我怎样成为一名社会主义者》的政论文中,莫里斯概述了自己转向社会主义的"前因后果"。他说：

> 过去时代的希望已经破灭,多少世纪以来人类的斗争只造成了这种肮脏、漫无目的和丑恶的混乱局面。在我看来,不久的未来,这种难以容忍的局面似乎还有变本加厉的趋势,……这确实是一个无望的前景。作为一个个人,而不仅仅作为一种类型,我感觉对于一个具有我这样性格的人,一个既不在乎形而上学和宗教,同时也不在乎科学分析,但深深地爱着地球和地球上的生命,热爱着人类过去的历史的人来说,这种前景尤显糟糕。……诚然,我对人生目的感到很悲观。幸运的是,我发现在这肮脏、龌龊的文明中,一次伟大的变革——有人称之为社会革命(Social-Revolution)——的种子已经开始萌芽了。这一发现使我对事物的整个看法发生了改变,我要成为一个社会主义者所必须做的就是投身于实践运动,正如前面所说的,我已经尽我所能去做了。……因此我就变成了一个

真正的(practical)社会主义者。[1]

如是观之,莫里斯的社会主义转向是真实存在的,进一步说,当我们在言说"莫里斯是社会主义者"的时候,我们说出了一个事实。当然,仍有两个事实需要言说。第一,莫里斯何时成为"一个真正的社会主义者"。对此,目前学界还存有争议。现将两种不同的观点概括如下:一是在加入"民主联盟"或者更早之前,莫里斯就已是一名朦胧的社会主义者。比如,马克斯·比尔认为,"莫里斯投身革命社会主义阵营的出发点,是他对于商业文明胜利的一种模糊的反感,这种反感是由于他对人类史的研究、对于人生的深厚感情、对于艺术生活的热爱而产生的"[2]。再比如,R. 阿诺特(Robin Page Arnot,1890—1986)认为,当莫里斯决定从事献身艺术那一刻起,就已经是一个社会主义者了[3]。二是"民主联盟"的加入,是莫里斯成为一名社会主义者的标志[4]。

我们认为,第一种观点与事实不符,它没有看到马克思主义的影响在莫里斯转向社会主义的时间节点上创造的特殊意义,从本质上看可以理解为是一种对事物缺乏客观研究精神的认识偏见。第二种观点基本正确,但没有结合莫里斯的思想实际进行深入研究。在我看来,1883 年 1 月,莫里斯虽然在组织上加入了社会主

---

[1] William Morris, "How I Became a Socialist," in A. L. Morton, *Political Writings of William Morris* (London: The Lawrence and Wishart Press, 1979), pp. 243 - 244.
[2] 马克斯·比尔:《英国社会主义史》(下卷),何新舜译,商务印书馆,1959,第 227 页。
[3] Robin Page Arnot, *William Morris, A Vindication* (London: The Martin Lawrence Ltd Press, 1934), p. 8.
[4] 参见黄嘉德:《英国作家威廉·莫理斯》,《山东大学学报》(哲学社会科学版),1962 年第 1 期第 89 页;于文杰、杨玲:《按照传统的方式重新设计世界——论威廉·莫里斯情感社会主义的历史观念》,《学术研究》,2006 年第 1 期第 102 页;鲁法芹:《〈东方杂志〉与社会主义思潮在中国的传播》,山东大学博士论文,2011,第 59 页。

义阵营,但是,在思想上,那时的他还不是一名社会主义者。这是为什么呢?① 同海德门一样,加入"民主联盟"前,莫里斯的社会主义观念是自发的,他还没有接触到马克思主义;② 加入"民主联盟"后,莫里斯接触到了马克思主义,但正如其所言,在《资本论》的理解上经历了一个"痛苦"的过程,尤其是它的经济学部分。有鉴于此,我们认为,至少在加入"联盟"10个月后,即1883年11月,当莫里斯在一次演讲中宣布自己是一名社会主义者的时候,他才在思想上转到了社会主义方面。不过,要说现在他是一名用马克思主义武装起来的社会主义者还为时过早。事实上,要到1884年年底。这个时候的从"联盟"内部"革命还是改良"的争论到建立"社会主义同盟"的一系列活动,都表明莫里斯坚定地站在了马克思主义的立场上。

需要指出的是,莫里斯在成为一名公开的社会主义者后,一直致力于结合英国实际进行马克思主义的宣传和社会主义的活动,也就是说,他的社会主义者形象是在他努力学习马克思主义基本原理、始终坚持社会主义方向的过程中倾力打造出来的,是在他努力"成为"社会主义者的过程中不断得到丰富和完善的。这在一定程度上诠释了莫里斯晚年在《我怎样成为一名社会主义者》中说的那句话,"我现在持有的对社会主义的看法和刚开始信仰的时候是一致的,希望到我离世的时候也能守住这份初心"[1]。

第二,莫里斯如何转向了社会主义。关于此,学界的说法归纳起来大致有以下四种。

(1)"传统"流变说。这种说法认为,莫里斯转向社会主义,主

---

[1] William Morris, "Communism," in A. L. Morton, *Political Writings of William Morris*(London: The Lawrence and Wishart Press, 1979), p. 240.

要是因为他继承发展了浪漫主义、拉斐尔前派的中世纪精神以及新教伦理等传统。比如，G. D. H. 柯尔认为，莫里斯的社会主义转向是一个试图将其从事艺术的经历和浪漫主义的传统相结合的过程。但是，从总体上说，这种转向是不充分的，还带有旧时传统的影子。[1] 这也是美国政治学者麦克唐纳(Bradley J. Macdonald)在其博士论文《审美、行动与乌托邦——威廉·莫里斯的政治思想》中得出的一个基本观点。[2] 再比如，拜维认为，莫里斯的社会主义转向与他早期接受的浪漫主义和新教伦理传统是紧密联系在一起的，尽管由于研究者的个人喜好而从某种特定的思想立场出发，易于把莫里斯置于某个具体化的议程上。[3] 此外，莫里斯的传记作者菲奥娜·麦卡锡(Fiona MacCarthy)则在这种观点的基础上强调，莫里斯转向社会主义源于他的冰岛之行，所以他的社会主义思想有很深的北方历史和文学的痕迹。[4]

(2)"思想叠加(superimposed)说"。这种观点认为，莫里斯的社会主义转向是马克思主义与浪漫主义传统的完美叠加(联结)的结果。持此观点的代表是斯坦利·皮尔森(Stanley Pierson)。他指出，"新的思想体系是叠加在他早期的思想观念之上而不是与之相融合"[5]。

(3)"思想融合(integrated)发展说"。这种观点认为，莫里斯

---

[1] G. D. H. Cole, *A History of Socialist Thought* (London: The Macmillan Press, 1974), p. 42.

[2] 麦克唐纳：《审美、行动与乌托邦——威廉·莫里斯的政治思想》，黄文娟译，华东师范大学出版社，2018，第193—195页。

[3] M. Bevir, *The Making of British Socialism* (Princeton: Princeton University Press, 2011), p. 87.

[4] Fiona McCarthy, *William Morris*: *A Life of Our Time* (London: The Faber and Faber Press, 1995), p. 543.

[5] Stanley Pierson, *Marxism and the Origins of British Socialism* (Cornell: Cornell University Press, 1973), p. 80.

的社会主义转向是浪漫主义等传统和马克思主义融合发展的结果。比如,英国马克思主义者 E. P. 汤普森认为,莫里斯的社会主义观念释放了一个马克思主义和浪漫主义传统联结的信号,但是这种联结是残缺的,皮尔森"从莫里斯的观念中推论出来的关于浪漫主义的传统描述是欠考虑的","浪漫主义的传统在对抗资本主义的普遍意义上比通常我们对它的理解(与社会政治无涉)具有更强硬的可能性"[1]。因此,将莫里斯的社会主义转向理解为浪漫主义和马克思主义"一拍即合"的结果更有说服力。相较于汤普森,佩里·安德森的说法更为通俗易懂。在他看来,莫里斯的社会主义转向,确切地说,在继承和发展罗斯金和卡莱尔的工业资本主义的美学批判逻辑基础上,实现了与马克思主义的有机融合。[2] 这种观点做到了兼顾马克思主义与各种"传统"在其中的意义和价值。

(4) 马克思主义的反哺说。这是我们在"融合说"的基础上提出来的新观点。"融合说"的提法固然有其合理之处,但不能突出马克思主义在莫里斯社会主义转向中发挥的决定性作用,尤其是在莫里斯的"实践"社会主义和"宣传"社会主义阶段。在这两个阶段,莫里斯继承和发展了马克思的阶级斗争学说、共产主义"两个发展阶段"的思想和"经济基础与上层建筑"的辩证关系原理,提出了"革命的国际社会主义"原则,构建了"莫里斯传统"。正是在这一意义上,雷蒙德·威廉斯(Raymond Williams,1921—1988)认为,社会主义者莫里斯的"社会主义和革命的马克思主义是属于一

---

[1] E. P. Thompson, *William Morris: Romantic to Revolutionary* (London: The Merlin Press, 1976), pp. 777 - 778.

[2] Perry Anderson, *Arguments with English Marxism* (London: The Verso Press, 1980), p. 169.

类的",他的"经济上的推理,政治上的允诺,都取自马克思主义"[1]。

二、"革命的国际社会主义"和"莫里斯传统"

与马克思主义的反哺说相呼应,莫里斯的社会主义转向形成了两个标志性的成果:一是"实践"社会主义阶段提出的"革命的国际社会主义"原则;二是"宣传"社会主义阶段构建的"莫里斯传统"。

(一)"革命的国际社会主义"

基于马克思阶级斗争学说和共产主义"两个阶段"理论的活学活用,莫里斯在"实践"社会主义阶段提出了"革命的国际社会主义"的行动原则。它的主要目标是:探索一种社会基础的改变(方式),也即一种能够摧毁阶级和国家界限的制度改变。

1. 阶级斗争理论的认识深化

随着社会主义实践的拓展,莫里斯对马克思阶级斗争理论的认识在不断深化。早在1883年致激进派友人的信中,莫里斯就表达了自己对阶级斗争意义的朦胧理解。他在信中写道:

> 我过去一直认为,按照个人的坚强意志,依靠与中间阶级激进主义的联合,总有一天是能够实现真正的社会主义的美好愿望的。可是,最近的事态发展,却让我对原初的这个想法,失去了信心。最终,我发现过去的想法是错误的,激进主

---

[1] 雷蒙德·威廉斯:《文化与社会 1780—1950》,吴松江、张文定译,北京大学出版社,1991,第338页。

义完全不是我想象的那样,它大概是无法走出自身的内在局限的。事实上,它的存在只是中间阶级和富有的资本家玩弄政治的手段,他们随时可以掌控它的未来发展,他们不可能为此付诸真正的社会变革,即使他们知道如何做,也绝不会让这种变革实现的。在自由派作家付诸笔端的言论中,你几乎时刻都能看到诸如"这是抑制社会主义传播的恰当办法"的说法,他们心里清楚,这无须花费功夫去研究和讨论什么才是社会主义的真义……到目前为止,我觉得,一旦认识到这一点,就需要立刻采取行动去摧毁那些压迫和剥削的制度。在我看来,这不是中间和上层阶级的少数人的单独行动能够实现的。只有依靠群众联合的不满才能完成这项使命。换句话说,资本主义制度所引起的阶级冲突和对抗,是制度本身灭亡的不可避免的自然因素。正如奴隶制度被地主和农奴的封建制度取代那样,封建制度很快就被当前这种建立在贫富差异基础上的契约制度所取代,而社会主义的制度在不远的将来也必然会取代当前的这种制度。[1]

这里,莫里斯通过深刻反思"激进主义"的错误,并结合自己对当时社会制度的观察,初步认识到阶级斗争的必要性。

《艺术和社会主义》("Art and Socialism",1884 年)的演讲,是莫里斯成为社会主义者后最早体现其致力于献身阶级斗争事业的文本依据。他郑重地向在场的资产阶级听众提出:

---

[1] J. W. Mackail, *The Life of William Morris* II (Oxford: Oxford University Press, 1912), p. 109.

敢于突破我们所处阶级的内在局限,甚至反对我们自己的阶级。如果阶级之间产生对抗或者冲突,唯有保持同那些被压迫阶级的团结一致,……才会有光明的前景。我可以坦白地告诉你们,只有如此,我们才有最终获得更多自我牺牲的机会。[1]

此后,他对阶级斗争的认识不断深化。在一篇题为《商业战争》("Commercial War",1885年)的主题演讲中,莫里斯进一步强调了阶级对立的现实和投身阶级斗争的重要意义。他明确指出:

> (资本主义社会——引者)存在两个互相敌对的阶级……在这样的社会中,明哲保身或袖手旁观都是办不到的,你要么参加这个阵营,要么参加那个阵营。即是说你或者是当反动派,被历史和民族进步的车轮碾得粉碎,来实现你存在的价值。或者你成为革命的一员,与一切的反动势力作坚决的斗争,来实现你存在的价值。[2]

这种认识在《社会主义者同盟宣言》那里得到了充分反映。宣言这样写道:"当前文明社会是由两个阶级组成的——一个是占有财富和生产资料的阶级,另一个是与生产资料分离的且为那个占有生产资料的阶级创造财富的阶级。这两个阶级必然是互相对立

---

[1] E. P. Thompson, *William Morris: Romantic to Revolutionary* (London: The Merlin Press, 1976), p. 311.
[2] E. P. Thompson, *William Morris: Romantic to Revolutionary* (London: The Merlin Press, 1976), pp. 310 - 311.

的。"[1] 在莫里斯看来,改变这一现状没有别的出路,只有彻底变革资本主义的剥削制度,变生产资料私有制为公有制,在社会生产中实行按劳分配的原则。这不是资产阶级改良主义(最终必然走向国家社会主义)或者无政府主义的政策能够实现的,唯一可行的办法是走"革命的国际社会主义"的道路。"同盟旨在实现完全的革命社会主义……对我们来说,地域界限、政治历史、种族或信条都不是对手或敌人;对我们来说,没有国家,只有各种各样的工人和朋友"[2]。

在《乌有乡消息》中,莫里斯在此基础上以文学的形式做了进一步展望。作者借老哈蒙德和小说主人公之口,在深刻揭露19世纪英国社会存在着的残酷的阶级斗争的同时,用文学创作的方式展望了工人阶级在工人联合会的领导下通过武装革命推翻资本主义,建立共产主义的可能路径。[3] 正是在这一意义上,约翰·斯特雷奇在《社会主义的理论和实践》("Theory and Practice of Socialism",1936)中指出,《乌有乡消息》对"巨大的变化"以及革命过程本身的描写给他留下了深刻的印象。[4]

此外,莫里斯还认识到,"社会主义同盟"的职责,除了组织劳工运动之外,还要通过社会主义革命理论的宣传教育人民,"在人们的头脑中逐渐灌输社会主义的目标,以及一种用共产主义代替

---

[1] William Morris, "The Manifesto of the Socialist League," *Commonweal*, (Feb. 1885): 1.

[2] E. Belfort Bax and William Morris, "The Manifesto of the Socialist League," *Commonweal*, (Oct. 1885): 2.

[3] 威廉·莫里斯:《乌有乡消息》,黄嘉德、包玉珂译,商务印书馆,1981,第131—160页。

[4] 转引自戴维·莱恩:《马克思主义的艺术理论》,艾晓明等译,湖南人民出版社,1987,第167页。

文明的彻底变革的愿望"[1]。同时,让更多的人民群众在实践中掌握这一理论,完成变革现存社会的使命。也正是在这一意义上,威廉斯指出,"一个社会主义的政党的任务不只是组织政治变革和经济变革。更为重要的是,它还必须在工人中间培养并扩大真正的社会主义意识"[2]。很显然,莫里斯抓住了问题的实质,在变革社会的问题上,认识到争取工人群众是关键的因素。在莫里斯晚年一个题为《共产主义》("Communism",1893年)的演讲中,他明确说道:"他们(工人阶级——引者注)最终可能会意识到他们生存的社会,是一个虚伪的社会,他们自己才是真正社会中唯一合理的成分。"[3]

2. 马克思"两个阶段"理论的创新发展

"两个阶段"理论[4]集中体现了马克思《哥达纲领批判》的智慧,是未来社会发展的指路明灯。在如何消除阶级和国家界限的问题上,莫里斯"完全接受马克思的学说,而且莫里斯的著作也构成对马克思的一切太简略的提法的极有价值的注释"[5]。在《社会

---

[1] William Morris, "Communism," in A. L. Morton, *Political Writings of William Morris* (London: The Lawrence and Wishart Press, 1979), p. 232.

[2] 雷蒙德·威廉斯:《文化与社会 1780—1950》,吴松江、张文定译,北京大学出版社,1991,第212页。

[3] William Morris, "Communism," in A. L. Morton, *Political Writings of William Morris* (London: The Lawrence and Wishart Press, 1979), p. 232.

[4] 在1875年哥达合并代表大会前写的《哥达纲领草案批判》(后由恩格斯于1891年1月以《哥达纲领批判》为名发表)中,马克思提出了共产主义包含第一阶段和高级阶段的"两个阶段"学说[参见《马克思恩格斯全集》(第19卷),人民出版社,1963,第22—23页]。据莫尔顿研究发现,莫里斯关于马克思"两个阶段"理论的知识来源于他从恩格斯那里得到的当时还没印出版的《哥达纲领批判》。[参见A. L. 莫尔顿:《纪念〈哥达纲领批判〉一百周年》,载北京大学外国哲学研究所编译《外国哲学资料》(第2辑),商务印书馆,1976,第81页。]

[5] A. L. 莫尔顿:《纪念〈哥达纲领批判〉一百周年》,载北京大学外国哲学研究所编译《外国哲学资料》(第2辑),商务印书馆,1976,第81页。

主义者同盟宣言》第二版的注释 C 中,莫里斯初步提出了对马克思"两个阶段"理论的创新理解:

> 真正的社会主义摆在我们面前的目标,是要依靠发展各种才能而按照"各尽所能,按需分配"这条标语去实现条件的绝对平等。但是也许必需,而且大概将要通过一个过渡时期,在这个过渡时期中,仍然要用货币作为交换媒介,虽然它自然不会带上剩余价值的印痕了。[1]

这里的"过渡时期",即《哥达纲领批判》中提到的"共产主义社会第一阶段",莫里斯的《未来的社会》(1887 年)明确称之为未来社会的"社会主义"阶段[列宁《国家与革命》(1917 年)中的说法是"共产主义社会的第一阶段(通常称为社会主义)"[2]]。在他看来,在这个社会主义的过渡期,人民将摒弃专制制度和商业竞争的恶果,并培养起良好的内心习惯,懂得如何按照平等的原则维护自身的利益。[3] 但是,这个"政治上的过渡时期"[4],也是工人阶级用革命手段夺取国家政权、向国家完全消亡的纯粹共产主义发展的一个过渡阶段。

也就是说,莫里斯清楚地知道社会主义并不是最后的社会状态。"对于社会主义者和马克思主义者来说,只有这时才开始触及

---

[1] E. Belfort Bax and William Morris, "The Manifesto of the Socialist League," *Commonweal* (Oct. 1885): 2.

[2] 《列宁选集》(第 3 卷),人民出版社,1972,第 445 页。

[3] William Morris, "The Society of the Future," in A. L. Morton, *Political Writings of William Morris* (London: The Lawrence and Wishart Press, 1979), pp. 188-203.

[4] 《马克思恩格斯文集》(第 3 卷),人民出版社,2009,第 517 页。

真正的问题和提出历史性的问题:是停留在这些形式上呢,还是接受这样的认识,即这些形式既然仍然是异化的,则其本身包含着蜕化和变态的巨大危险,因而不能停留在这些形式上"[1]。莫里斯声称:"任何社会主义方向的为共产主义的暂时停留……都是对现实社会的妥协,向目标挺进过程中的一个站点"[2]。他深谙马克思的用意,即这个"第一阶段"还不是建立在自己的基础上,而是从旧形态的胎胞里产生的,必然带有后者的痕迹。"真正的社会主义者都承认共产主义是社会主义的必然发展"[3]。因此,莫里斯提出社会主义还要创立和发展那些既对旧形式持历史性否定而又展示新历史前景的形态,即"真正的社会主义"——"共产主义社会的高级阶段"。

"共产主义社会的高级阶段",在《未来的社会》中,莫里斯明确称之为未来社会的"共产主义"阶段。在莫里斯看来,"共产主义"是一种社会状态,其本质是条件的实际平等(Practical Equality of condition)。所谓实际的平等,即由欲望以及各种成员享有的能力改变的平等,它不再区分共同福利和个人福利。[4] 莫里斯认为,与乌托邦的社会主义实验不同,共产主义是一个渐进的过程,当"社会主义停止战斗并高奏凯歌的时候,这就是共产主义"[5]。在共产主义社会,专制政治制度和商业竞争已经被消灭,人人拥有享受快

---

[1] 普雷德拉格·弗兰尼茨基:《马克思主义与社会主义》,杨元恪、陈振华译,黑龙江大学出版社,2014,第 112—113 页。

[2] William Morris, "Socialism and Anarchism," in A. L. Morton, *Political Writings of William Morris* (London: The Lawrence and Wishart Press, 1979), p. 209.

[3] William Morris, "Socialism and Anarchism," in A. L. Morton, *Political Writings of William Morris* (London: The Lawrence and Wishart Press, 1979), p. 210.

[4] William Morris, "Why I Am a Communist," https://www.marxists.org/archive/morris/works/1894/whycom.htm.

[5] William Morris, "Communism," in A. L. Morton, *Political Writings of William Morris* (London: The Lawrence and Wishart Press, 1979), p. 233.

乐的权力、接受良好的教育,人与人之间平等、友爱,人们享有完全的自由,"为每个人的利益发展每个人的能力"[1]。

在 1888 年格拉斯哥的一次演讲中,莫里斯进一步提出,"革命的国际社会主义"的目标是共产主义意义上的阶级和国家界限的消除。他这样说道:

> 我自称是一个革命的社会主义者,因为社会环境的彻底革命是我的目标。我不以改造现行制度为目标,而是要废除现有社会制度。……但是请你们注意,我的目标是社会主义或者更恰当地说是共产主义,而不是无政府主义或什么别的主义。[2]

共产主义与无政府主义、议会自由主义以及费边主义的区别是,

> 它的伦理必须建立在对自然的因果关系的认识(后来莫里斯进一步将其理解为"对人作为一种社会存在的习惯性和充分的承认"[3]——引者注)之上,而不是建立在人类与宇宙的先验观念衍生的规则之上,这些规则是建立在某些想象中的宇宙统治者之上的……条件平等和对物质自然的因果关系的认识,将发展出所有共产主义的生活。[4]

---

1 William Morris, "Why I Am a Communist," https://www.marxists.org/archive/morris/works/1894/whycom.htm.

2 转引自安妮特·T. 鲁宾斯坦:《英国文学的伟大传统(下)——从司各特到萧伯纳》,陈安全、高逾等译,上海译文出版社,1998,第 333 页。

3 William Morris, "Why I Am a Communist," https://www.marxists.org/archive/morris/works/1894/whycom.htm.

4 William Morris, "Socialism and Anarchism," in A. L. Morton, *Political Writings of William Morris* (London: The Lawrence and Wishart Press, 1979), p. 210.

莫里斯对马克思"两个阶段"理论的创新理解,不仅得到了 E. P. 汤普森的高度肯定,而且也引起了法国学者保尔·梅耶尔(Paul Meier)的研究兴趣。他在《威廉·莫里斯:马克思主义的梦想家》中指出:

> 威廉·莫里斯是第一人用社会主义和共产主义这两个词汇一方面指称新社会的两个发展阶段,同时又用来指称两种政治学说:一种是把社会主义理解为实现自身的最终目标的学说,另一种是把社会主义作为实现共产主义的过渡阶段……在莫里斯看来,社会主义和共产主义之间的区别是清楚的:他在心里不是从对过去或现在的关系,而是从对未来的关系去看此区别,而这也就是他宁愿用共产主义者来称呼自己的原因。[1]

(二)"莫里斯传统"

马克思"经济基础和上层建筑"辩证关系原理的活学活用,促使莫里斯在"宣传"社会主义阶段基于英国本土历史和思想传统,构建了艺术美学为中介的伦理学批判和共产主义的制度设计相结合的理论研究范式(或社会主义思考路径),即"莫里斯传统"。

首先,把渗透在《资本论》中的"异化劳动"思想和革命人道主义,创造性地运用于艺术理论的美学批判,认为社会主义的新型劳动制度是符合审美艺术的人道主义的最终实现。

众所周知,劳动者和劳动产品相异化的观点,是马克思《1844

---

[1] P. Meier, *William Morris: The Marxist Dreamer* (Sussex: The Harvester Press, 1978), p. 155.

年经济学哲学手稿》异化劳动理论的重要组成部分。所谓劳动者劳动的异化,即"自我活动表现为替他人活动和他人的活动,生命进程表现为生命的牺牲,对象的生产表现为对象的丧失,即对象归异化力量、异己的人所有"[1]。反之,劳动异化的消除,即表现为劳动的自由或不受限制,就是"按照美的规律"进行创造。但是,劳动产品在资本主义社会经常"作为一个异己力量与劳动者相对立"[2],被一种表现为野蛮的暴力强制的外在制度从劳动者手中夺走了。劳动者的劳动"从天上掉到了地上",劳动变成一种自我折磨。

很显然,莫里斯不曾读过1932年首次发表的《1844年经济学哲学手稿》。不过,他仍然以"非凡的敏锐力"从《资本论》的"工作日""机器和大工业"和"所谓原始积累"等章节里,重新发现了《共产党宣言》问世以前已经探索和追求过的异化劳动和革命人道主义的思想要点,并将其与艺术领域的美学批判相结合,对资本主义条件下劳动者生产的异化(不自由)以及缺乏劳动的快乐等问题提出尖锐的批评。

莫里斯认为,第一,对19世纪的劳动者来说,"一切劳动都是一种痛苦"。劳动者在"人为的强迫命令"下从事那毫无乐趣的劳动,他们不知道自己"真正需要生产的是哪些东西"[3]。所以,在《艺术和社会主义》的演讲中,莫里斯向现代雇佣劳动制度发起了猛烈攻击:

---

[1] 《马克思恩格斯全集》(第42卷),人民出版社,1979,第102页。
[2] 《马克思恩格斯全集》(第42卷),人民出版社,1979,第98页。
[3] 威廉·莫里斯:《乌有乡消息》,黄嘉德、包玉珂译,商务印书馆,1981,第116—117页。

> 人的劳动不应该创造任何不值得创造的东西,也不应该创造有辱于劳动者的任何东西。这个主张虽然简单,但显然是正确的。……它是对文明国家现行劳动制度的直接挑战……艺术的目标是要破除对劳动的诅咒,使工作成为我们精力冲动的一种充满乐趣的满足,并且使那股精力有希望生产某种值得使用精力产生的东西。[1]

第二,资本主义的"竞争性商业制度"和机器生产的依赖,是劳动者不自由和劳动产品缺乏美感的双重根源。进一步说,在资本主义条件下,劳动者既不会有任何幸福感,也享受不到艺术创造给他们带来的快乐体验。因此,

> 手工工作这种复合性乐趣,我主张把它作为一切工人所固有的权利来维护。我认为,他们这种权利失去多少,他们的生活也就会同样下降多少。如果他们完全失去这种权利,那么就他们的工作而言,我认为用奴隶这个词来称呼他们还不够强硬,应当说他们在不同程度上意识到其自身是不幸的机器。[2]

需要指出的是,莫里斯倒不是痛恨机器本身,而是痛恨机器会使产品非人格化这一点,即人们不再能从"制作物品的多样化,对创造的渴望,由于感到自己有用而产生的自尊心以及灵巧地运用

---

[1] William Morris, "Art and Socialism," in A. L. Morton, *Political Writings of William Morris*(London: The Lawrence and Wishart Press, 1979), pp. 123 – 133.
[2] Holbrook Jackson, *William Morris*, *On Art and Socialism*(London: The John Lehmann Ltd Press, 1947), p. 29.

身体的各种能力"[1]中获得劳动的愉快感了。进一步说,

> 劳动在目前来看已经沦为一种生活的负担,是一种无法摆脱的诅咒,它给劳动者带来的是痛苦而不是愉悦,……一旦劳动者花费大量的精力从事那些对他们来说毫无人生乐趣而又机械简单的高强度工作,他们就再也没有时间去考虑如何进行艺术的生产和创造,劳动也就成了生活的手段而不是艺术的存在了。[2]

这清楚地表明,在社会主义的宣传实践中,莫里斯找到了解决问题的办法,那就是通过政治革命的途径建立社会主义的新型劳动制度。于是,他从艺术实践中资本主义生产的丑恶(劳动产品缺乏美感)的批判转向革命人道主义实践中的资本主义政治经济制度的批判,进而将艺术家的追求和社会主义者的理想有机地结合了起来。

美国学者梅·所罗门因此认为,在把马克思的劳动思想运用于艺术理论的美学批判方面,莫里斯堪称西方社会文艺理论批判第一人。在我们看来,社会主义者莫里斯在这方面的功绩在于:在艺术审美的领域发现并开拓了一种有别于传统资本主义批判的新型理论生产方式,并透过劳动者与劳动产品相异化的美学批判视角,找到了一条通往"宣传"社会主义的新道路。

其次,把社会主义的宣传建立在美学批判和经济学分析的知识论基础上,以期达到艺术目标与社会主义目标的统一。

---

[1] Holbrook Jackson, *William Morris*, *On Art and Socialism* (London: The John Lehmann Ltd Press, 1947), p. 70.
[2] Holbrook Jackson, *William Morris*, *On Art and Socialism* (London: The John Lehmann Ltd Press, 1947), p. 21.

在"宣传"社会主义阶段,莫里斯试图建构一种融合其早期批判理论成就(建立在中世纪历史、浪漫主义传统以及罗斯金、卡莱尔等人的艺术社会学基础上的美学批判)的社会批判学说。《资本论》经济学部分的再研究,补足了莫里斯"不在乎科学分析"的短板。基于批判理论的美学和经济学的双重视野,莫里斯将他的艺术美学批判与马克思的"经济崩溃"理论相结合,形成了更加合理的资本主义批判话语新体系。在莫里斯看来,

> 竞争的经济体制和劳动力机制的未来发展会日益走向合理。循着马克思揭示的资本主义经济崩溃之路,我们将看到一切有利于资本主义灭亡的征兆。随着时间的推移,盲目的商业竞争会使大多数人的利益受损,直至资本集中到一小部分人的手中,大的垄断集团吞并小的托拉斯,大的制造商控制小的制造商,最终这种资本的扩张本性导致社会上中下层阶级的人数不断上升,经济问题逐渐演变成社会问题,超出了资本家管理的界限,社会充斥着民众的不满……整个社会秩序处于混乱的边缘,……竞争经济的灭亡已指日可待。[1]

最后,强调"上层建筑"领域的欲望或伦理等非经济因素的反作用和相对独立性,同时借助资本主义艺术生产批判所彰显的革命人道主义,询唤革命的主体,以期建立符合"纯正人性"的"真正的社会主义"。

接受马克思主义反哺的19世纪英国社会主义者,大多数强调

---

[1] William Morris, *The Collected Works of William Morris*: vol. XXIII (London: The Routledge and Thoemmes Press, 1992), p. 152.

社会生活中的经济因素的决定性作用,因而忽视了欲望或伦理等非经济因素的反作用和相对独立性。海德门"死板的马克思主义"[1]就是一个极好的例证。在这方面,莫里斯是一位值得尊敬的"异类"。他敏锐地意识到,欲望或伦理等非经济因素有些时候能够发挥较之前者更为重要的作用。比如,对社会主义的理解来说,与之相关的生活的、美学的观点是一个不可或缺的维度。

> 有些人听说社会主义也有艺术的理想,可能会感到意外,因为社会主义首先显然是建立在研究维持生命所必需的经济问题上,所以许多人,甚至包括一些社会主义者,对经济基础情有独钟,而对其他问题却熟视无睹。……面对这些见解,我首先断言:社会主义是一种无所不包的生活理论,它既然有自己的伦理观和信仰,也就有它的审美观,所以每一个有志于研究社会主义的人,也就有必要从美学的观点来展望它。[2]

同时,莫里斯认为,欲望或伦理的因素有时还体现在对一种美好社会制度形态(共产主义)的追求上,这或许可以理解为"现今道德的独立发展"[3]。这种独立发展,是建立符合"纯正人性"的"真正的社会主义"的前提条件。

1　G. D. H. 柯尔:《社会主义思想史》(第2卷),何瑞丰译,商务印书馆,1978,第407页。
2　William Morris, "The Socialist Idea: Art," https://www.marxists.org/archive/morris/works/1891/ideal.htm.
3　William Morris, *The Collected Works of William Morris*: vol. XXIII (London: The Routledge and Thoemmes Press, 1992), p. 78.

共产主义社会的纽带是自愿的,当它被公平地建立起来时,所有的人都会同意它的广泛原则,并相信它会给人类提供尽可能好的生活。但当我们倡导条件平等时,每个人都有充分的机会来满足自己的需要——让我们不要忘记人的性情、能力和欲望的必要的和(有益的)多样性,它们存在于人的所有方面,而不仅仅是在最需要的地方。虽然许多,或者,如果你愿意,这些不同的欲望可以在没有个人和集体社会冲突的情况下得到满足。[1]

因此,要从实际出发规范欲望或伦理等非经济因素在建立"真正的社会主义"问题上的作用机制。他指出:

商业的振兴和繁荣,工人的欲望得到了暂时的满足,而安于表面的社会主义,忘记了什么才是真正的社会主义。实际的情况是,只要他们按照追求幸福的意图和期望来有效地安排他们各自的能力和自然资源,生活就会变得更加充满乐趣。[2]

事实上,莫里斯在接触马克思主义之前就洞察到人的欲望、道德等非经济因素在推动社会进步方面所起的重要作用(汤普森认为这是莫里斯的"超前意识")。所以,莫里斯能够在接触马克思主义之后进一步指出,人类的感性欲望并不是纯粹受制于客观的物质环境和社会动机,相反,这种欲望的激发和利用对于"改变世界"

---

[1] William Morris, "Socialism and Anarchism," in A. L. Morton, *Political Writings of William Morris* (London: The Lawrence and Wishart Press, 1979), p. 211.
[2] William Morris, "Communism," in A. L. Morton, *Political Writings of William Morris* (London: The Lawrence and Wishart Press, 1979), pp. 229 - 230.

有着特殊的价值。社会主义者的一项重要任务,是帮助那些尚处于迷茫中的人们去挖掘他们潜在的欲望,以避免在对未来做出选择的时候出现盲目、被动的局面。同时,他指出,人类欲望或伦理作用的探讨,虽然被置于一个相对开放的历史和政治视域中,但是并不影响我们对经济和社会基础变化的应有重视。[1]

在汤普森看来,莫里斯的社会主义研究及进展关涉马克思历史唯物主义的一个基本命题:"经济基础和上层建筑"之间的相互关系问题,实现了与马克思思想的"相互补充和强化"[2]。进而,汤普森语重心长地说道,英国的马克思主义研究要沿着莫里斯开辟的道路继续向前推进,在诸如看待生产关系(经济基础)和道德价值(上层建筑)的关系问题上,不能仅仅看到前者对后者的决定作用,还要认识到生产关系自身的道德属性,经济关系在某种意义上也是一种道德关系,道德的逻辑中也蕴含着经济的逻辑。同时还要谨记:人类的阶级斗争不仅反映生产关系(基础),它的历史也是人类道德的历史。[3]

三、"第一个英国马克思主义者"

在英国马克思主义社会主义发展史上,"莫里斯传统"的建构开了马克思主义英国化的先河,莫里斯因此被誉为"第一个英国马克思主义者"。那么,"莫里斯传统"的突出贡献体现在哪些方面呢?

---

[1] E. P. Thompson, *William Morris: Romantic to Revolutionary* (London: The Merlin Press, 1976), pp. 751-841.

[2] E. P. Thompson, *Making History: Writings on History and Culture* (New York: The New Press, 1994), p. 75.

[3] E. P. Thompson, *The Communism of William Morris* (London: The William Morris Society Press, 1965), p. 21.

首先,"莫里斯传统"植根于英国的历史、文化和民族传统,将马克思主义基本原理与英国实际相结合,迈出了马克思主义英国化的第一步。诚如佩里·安德森所说,

> 1964—1965年的《新左派评论》完全没有意识到汤普森第一本书(威廉·莫里斯:从浪漫主义到革命——引者注)的重要性。这一点最明显地体现在其对马克思主义过去在英国任何重要性的否定上,这是一种故意忽视莫里斯的方式。……最本质的是它对汤普森关于莫里斯的伟大所作的主要声明无动于衷——他的"道德现实主义":汤普森的研究不仅证明了"他生活中的实际道德榜样"和"他政治和艺术作品中深刻的道德洞察力",而且证明了"对道德意识的诉求是社会变革的重要动力"……本书结尾的附言,回顾了在这20年间莫里斯的文学作品,应该被认为是汤普森最重要的政治和理论陈述之一。它通过特别强调莫里斯乌托邦社会主义的性质和地位,使莫里斯直接进入当代社会主义辩论的快速通道。[1]

安德森的"反思",终结了英国马克思主义内部长期以来由于对英国本土是否存在马克思主义革命传统的不同认识而在莫里斯问题上形成的"分歧",终究是在理论上取得的一个重要进步。在汤普森那里,表现为他在《威廉·莫里斯》一书中用差不多900页

---

[1] Perry Anderson, *Arguments with English Marxism* (London: The Verso Press, 1980), p. 158.

的篇幅去展示莫里斯是一个真正的马克思主义者[1],同时还提出了"英国共产主义传统根植于莫里斯"[2]的结论。而这进一步告诉我们,"莫里斯传统"不是无人身的理性,而是第一代英国马克思主义者(假设安德森的"矛盾"分析成立的话)的一个重要"发明",它的形成见证了马克思主义英国化的早期努力。

其次,"莫里斯传统"在反映经济基础的上层建筑领域关于欲望或伦理批判的理论建树,不仅与马克思主义"相互补充和强化",而且为理查德·霍加特、雷蒙·威廉斯和 E. P. 汤普森等人共同开辟的文化马克思主义[3]奠定了思想基础。

第一,理查德·霍加特的文化批判与"莫里斯传统"。霍加特的文化批判,继承发展了"莫里斯传统"关于"竞争商业制度"下劳动者被奴役、掠夺和压迫的"艺术与社会"的意识形态批判。在《识字的用途:工人阶级生活面面观》(1957 年)中,霍加特指出,竞争性商业文化对社会主义共同体观念的冲击提醒我们:

---

[1] E. P. Thompson, *William Morris: Romantic to Revolutionary* (London: The Merlin Press, 1976), pp. 768-769. 需要指出的是,美国学者梅·所罗门并不否认汤普森关于莫里斯是一个真正的马克思主义者的研究结论。但是,他在没有做充分论证的情况下激进地认为,在传播和发展马克思主义方面,莫里斯与安东尼奥·拉布里奥拉、卡尔·考茨基、格奥尔格·普列汉诺夫、卢莎·卢森堡等马克思主义者同属一个阵营,是第二代的马克思主义者。(参见梅·所罗门:《马克思主义与艺术》,杜章智、王以铸、林凡等译,文化艺术出版社,1989,第 61—76 页。)对此,美国历史学家罗兰·斯特龙伯格发表了不同的看法。他说,"像威廉·莫里斯这样英国社会主义运动中的重要人物虽然对马克思十分赞赏,但并不一定是马克思主义者"。(参见罗兰·斯特龙伯格:《西方现代思想史》,刘北成等译,中央编译出版社,2005,第 308 页。)

[2] D. L. Dworkin, *Cultural Marxism in Postwar Britain: History, the New Left, and the Origins of the Cultural Studies* (Durham: Duck University Press, 1997), p. 108.

[3] 关于"文化马克思主义"的内涵,参见张亮:《从苏联马克思主义到文化马克思主义——英国马克思主义理论传统的战后形成》,《人文杂志》,2009 年第 2 期第 5 页。

抑制大众的经济"退化"的竞争性商业逻辑，并不受这个时代的整个大环境所欢迎，只是被缺乏方向，同时始终对劳动者自身解放持怀疑和不确定态度的人士所追捧……这使得工人阶级从文化上被掠夺成为可能……持续的压力……成为了一种新的更强大的征服形式，这一征服形式比旧的形式更强大，因为相比经济上的依附而言，文化上依附的锁链更容易形成，但不容易摆脱。[1]

第二，威廉斯的文化批判与"莫里斯传统"。沿着霍加特的文化批判方向，雷蒙德·威廉斯的文化批判，在追溯"19世纪的传统"的过程中继承发展了"莫里斯传统"中的艺术社会主义的文化观念。他认为，从艺术与社会关系的"思想习惯"来看，相比科贝特，"莫里斯把文化观念，尤其是文化观念在艺术中的体现，作为积极的标准来使用：'一种充实而合理的生活的真正理想'"[2]，尽管这只是他"在新的环境下运用本世纪对文化意义的思考所提供给他的评价"[3]。在莫里斯的文化观的基础上，威廉斯提出，"从本质上讲，文化也是一整个生活方式"[4]。为进一步说明对文化本质的这一理解，威廉斯在随后发表的《文化是日常的》(1958年)一文中，阐述了一种可以通过实践的中介反映"整个生活方式"的文化：

---

[1] Richard Hogart, *The Uses of Literacy: Aspects of Working Class Life with Special Reference to Publications and Entertainments* (London: The Chatto and Windus Press, 1957), p. 200.

[2] 雷蒙德·威廉斯：《文化与社会1780—1950》，吴松江、张文定译，北京大学出版社，1991，第202页。

[3] 雷蒙德·威廉斯：《文化与社会1780—1950》，吴松江、张文定译，北京大学出版社，1991，第211页。

[4] 雷蒙德·威廉斯：《文化与社会1780—1950》，吴松江、张文定译，北京大学出版社，1991，第403页。

> 文化是日常的,这是居首位的理解。……我们发现,文化的本质既是传统的也是创造的,它既表征最日常的共同意义的存在也表征最细微的个别意义的存在。我们始终依赖于对文化的两层意义的理解:一是它代表一种整体的生活方式——共同体的观念,二是代表艺术和学问——特定的寻找过程和创造性成果的生产过程。[1]

我们看到,在 1961 年出版的《漫长的革命》中,威廉斯对社会主义的文化有了更深层次的理解:

> 文化一般有三种定义。……第一是"理想的"文化……第二是"文献式"的文化……第三是"社会"的文化,据此,文化应该被表述为一种特殊的社会存在方式,它不仅与艺术和学问中的某些价值和意义相关联,而且也同制度和日常行为中的某些价值和意义相关联。[2]

第三,汤普森的文化批判与"莫里斯传统"。紧跟霍加特、威廉斯的文化批判的步伐,汤普森的文化批判,继承发展了"莫里斯传统"中的伦理社会主义文化观。汤普森认为,从"社会主义人道主义"的立场上看,莫里斯的文化观念与马克思主义的人文主义存在相通的地方。他指出,

---

[1] Raymond Williams, "Culture Is Ordinary," in John Higgins, *Raymond Williams Reader* (Hoboken: The Blackwell Pubishers Ltd Press, 2001), p. 11.

[2] Raymond Williams, *The Long Revolution* (New York: Columbia University Press, 1961), p. 41.

我们再次明白(马克思肯定是明白的):人之所以为人,是因为他的文化,即代代相传的经历;马克思和恩格斯通过他们的发现,希望为把人类由虚假、片面的阶级意识中解放出来提供帮助,从而将人类从盲目的经济因果性中解放出来,无限扩展其选择和意识主体性的边界。因此,人类主宰自己的历史、社会主义终结"史前"时期观念——通过使人类比此前任何时期都更接近于真实的自我意识——首次使人类理性和意识的旗帜高高飘扬。[1]

接着,他说道:

对于马克思主义而言,威廉·莫里斯关于人类潜在的道德本质的发现这一洞见并不是锦上添花,而是雪中送炭,补充了马克思的发现。因此,将道德意识概括为阶级相对主义或巴普洛夫的行为主义的斯大林主义意识形态,是忘记了人之为人所必需的创造性灵光。通过在社会所有层次上禁止谈论道德意识,斯大林主义把人引向对自身本质的否定。共产主义的"目的"并不是"政治"的目的,而是人的目的,或者说,是动物向人的转化、人的开始、对人的完整人性的坚持。它就是这样一个经济的、知识的和道德的目的,道德原则的自觉斗争必须进入每一个"政治"决策,道德目的只能通过道德手段达到。[2]

---

[1] 张亮、熊婴:《伦理、文化与社会主义:英国新左派早期思想读本》,江苏人民出版社,2013,第14—15页。

[2] 张亮、熊婴:《伦理、文化与社会主义:英国新左派早期思想读本》,江苏人民出版社,2013,第14页。

同时,汤普森在评论威廉斯的文化观念的过程中,提出了自己的文化概念——"文化是整体的斗争方式"[1]。在此基础上,汤普森指出:

> 莫里斯是发现并指出我们所处时代中商业主义(实际上是一种粗暴的浪费体系)和文化主义(实际上是一种类似日常感觉的体系)之间相互冲突的第一人。在这一过程中,他不仅充当了发现者的角色,而且还致力于把这种发现变成人们的普遍共识。[2]

最后,"莫里斯传统"的教条主义批判,不仅成为 20 世纪 30 年代英国共产党内知识分子不自觉地突破苏联马克思主义的桎梏所进行的理论创新以及 1956 年以后英国新左派批判斯大林主义的前奏,而且在一定程度上"使历史唯物主义摆脱了经济决定论的束缚,获得了一种具有英国本土特色的重构形态"[3]。

第三节
"感情用事的社会主义"

在"成为"社会主义者的过程中,莫里斯通过阅读《资本论》《共

---

1 Edward Thompson, "The Long Revolution Ⅰ," *New Left Review* 9 (May-June 1961); Edward Thompson, "The Long Revolution Ⅱ," *New Left Review* 10 (July-August 1961).
2 E. P. Thompson, *Making History: Writings on History and Culture* (New York: The New Press, 1994), p. 67.
3 张亮:《"英国马克思主义"的历史、理论道路与理论成就》,《马克思主义研究》,2012 年第 7 期第 129 页.

产党宣言》《哥达纲领批判》等马克思主义经典提出了"革命的国际社会主义"原则,建构了英国特色的"莫里斯传统",即使在生命的最后 15 个年头里,也从未放弃过实现创造一个革命的传统(无论是心智还是实践上的)的奋斗目标。[1] 但是,从总体上看,莫里斯的社会主义转向是不充分的。他的社会主义是"感情用事的社会主义"[2]。莫里斯的社会主义研究和宣传在很大程度上受制于个人的爱憎("它们往往反映了莫里斯的个人英雄主义"[3]),结果就产生了马克思主义的实质出离、从"革命社会主义"走向"民主"共产主义和共产主义叙事的乌托邦特征。

一、马克思主义的实质出离

在"实践"社会主义阶段和"宣传"社会主义阶段初期,莫里斯还是一个坚定的社会主义革命论者。在理解社会主义的问题上,他接受并不同程度地运用了马克思的阶级斗争理论和剩余价值学说。但是,在"社会主义同盟"中后期,由于受到无政府主义的控制,莫里斯社会主义观念的思想基础开始非马克思主义化,在诸如对剩余价值的来源、垄断实质等问题的理解上,存在空心化、边缘化马克思主义的倾向。这起源于莫里斯刚接触《资本论》时产生的"不愉快"的阅读体验,进而可以说是这种阅读体验扩大化的结果。正如莫里斯晚年的一次演讲中指出的,他在刚接触《资本论》的时候,对它的历史部分表示了"彻底的享受",但对它的纯经济部分则

1　E. P. Thompson, *Making History: Writings on History and Culture* (New York: The New Press, 1994), p. 67.
2　《马克思恩格斯全集》(第 36 卷),人民出版社,1975,第 472 页。
3　Florence Boos, "William Morris's 'Socialist Diary'," *History Workshop* 13, (Spring 1982): 2.

表示"遭受到大脑混乱的痛苦"[1]。约翰·格莱西尔的回忆佐证了这一点。他说,莫里斯曾在一次会议上抱怨,"坦率地讲,我不知道马克思的价值理论(剩余价值论——引者)是什么,可怕的是,我竟然都不想知道它","我试图去理解马克思的理论,但是政治经济学——我并不在行,它们中的大部分对我来说就好比沉闷的无用之物"。[2] 莫里斯还指出,他的马克思主义经济学知识很少是通过阅读马克思的著作获得的,大多是在"与朋友巴克斯、海德门和苏伊的持续交谈"[3]中了解的。

在我们看来,这些真实存在的情况导致莫里斯从来没有实质性地"进入"马克思的政治经济学批判的抽象原理部分。而这对准确把握马克思的经济学说来说是一个致命弱点。需要指出的是,由于受到海德门等"拉萨尔门徒"的影响,莫里斯在理解剩余价值论的问题上纳入了拉萨尔派的分析视角。[4] 这是莫里斯的社会主义空心化和边缘化马克思主义的开始。

此后,莫里斯的社会主义逐渐偏离马克思主义的基底轨道。比如,他将马克思在资本主义的生产集中、资本家追求高额利润等意义上使用的垄断概念与生产资料的私人占有意义上的制度性"垄断"混为一谈;用资本家的"特权""习惯"去说明垄断的实质,而不是相反,等等。这最初体现在他对"垄断"一词的无差别使用上。

---

[1] William Morris, "How I Became a Socialist," in A. L. Morton, *Political Writings of William Morris* (London: The Lawrence and Wishart Press, 1979), p. 241.

[2] J. Glasier, *William Morris and the Early Days of the Socialist Movement* (London: The Longman Press, 1921), p. 32.

[3] William Morris, "How I Became a Socialist," in A. L. Morton, *Political Writings of William Morris* (London: The Lawrence and Wishart Press, 1979), p. 241.

[4] W. Morris, *The Collected Works of William Morris*: Vol. 23 (London: The Longman Press, 1921), p. 278.

在解释资本和雇佣劳动的关系时,莫里斯便误用了"垄断"一词:

> 资本家通过对生产方式的垄断,强迫劳动者从事只能获得少于他们创造的应得份额以及全部劳动成果的生产。劳动者必须这么工作,除非他死了,否则他们想要占有原材料从事生产,就必须同意被迫与资本家约定的条款。[1]

接着,他在理解垄断实质的问题上又出现了偏差:

> 卖方以更高的价格出售商品,而不增加任何附加的"价值",简单地说,即对于从未执行过或打算执行的服务获得报酬的习惯。……垄断者(资本家)则是荣幸地强迫我们为这种虚构的服务付费的人。他剥夺我们所赚取的收入的手段不再仅仅是欺诈,而是暴力欺诈。……只要他的特权持续下去,我们就无法抗拒它。[2]

再比如,在理解剥削的问题上,莫里斯依据了"过时的"经济学原理。莫里斯不是从马克思的剩余价值理论出发去解释资本家对工人的剥削,而是强调用已经被马克思批判过的,以"劳动力的价值和价格转化为工资形式"为根据的,"工人和资本家的一切法的观念,资本主义生产方式的一切神秘性,这一生产方式所产生的一切自由幻觉,庸俗经济学的一切辩护遁词"[3]等已经不适用于分析

---

[1] W. Morris, *The Collected Works of William Morris*: Vol. 23 (London: The Longman Press, 1921), p. 223.
[2] William Morris, "Monopoly; or, How Labour Is Robbed," https://www.marxists.org/archive/morris/works/1890/monopoly.htm.
[3] 《马克思恩格斯全集》(第 44 卷),人民出版社,2001,第 619 页。

现代资本主义(垄断资本主义)生产的古典经济学理论,去说明工人阶级生活水平的下降及其背后的剥削制度。在一次名为"垄断或劳动被攫取的过程"的讲座中,莫里斯说道,

> 工人阶级,相对于中上层阶级来说,他们的生活处于下降的状况。假使他们的生活水平通过工资翻倍或者劳动时间减半的方式能够好起来,也依然摆脱不了贫困的状况。只要他们处于自卑的地位(只要他们还依靠这个阶级),这种状况就不会改变,除非生产有用的东西被证明是自然的法则。……这意味着取消(垄断)特权,这是一个真正的计划,因为它必须而且将直接导致全面的社会主义。[1]

也就是说,在莫里斯看来,工人阶级的贫困及其无法根除的事实,归根结底是由资本主义生产的动机被证明是不符合"劳动创造财富"的自然法则造成的。进一步说,莫里斯始终认为,在资本主义条件下,生产资料的私人占有(垄断)以及由此产生的"无法摆脱的贫困",使得工人阶级的劳动失去了本应有的意义。劳动产品在这一意义上也失去了它的"使用价值"。

莫里斯的最终结论虽然指向了"取消(垄断)"即消灭资本主义私人占有制度,但很明显,得出这一结论的过程是"非法的"。他压根"不懂得什么是工资,而是跟着资产阶级经济学家把事物的外表当作事物的本质"[2]。所以,他一方面认为"工资翻倍或者劳动时间减半的方式"无法改变工人贫困的面貌。另一方面又苦于找不

---

[1] W. Morris, "Monopoly; or, How Labour Is Robbed," https://www.marxists.org/archive/morris/works/1890/monopoly.htm.
[2] 《马克思恩格斯文集》(第3卷),人民出版社,2009,第441页。

到解决的办法。当然,最重要的一点,是莫里斯不懂得"工资水平的普遍提高,会引起一般利润率的降低。但整个说来并不影响商品的价格"[1]。进一步说,在生产和资本集中的趋势明显以及经济增长的条件下,工人对增加工资和减少劳动时间是欢迎的。也就是说,"他们力求增加工资也是正确的","工人也应当在一定情况下联合起来,为增加工资而斗争"。[2] 不过,莫里斯没有看到这一点。正因如此,英国的工人阶级根本就不买他的账。[3] 这也深入回答了为什么莫里斯退出"社会主义同盟"后英国的社会主义运动"没有任何进展"的问题。

二、从"革命社会主义"走向"民主"共产主义

如果说"社会主义同盟"初期,莫里斯还是一个"革命社会主义"者,那么到了1886年的时候,他已经"完全受无政府主义者的控制"[4]。不过,莫里斯没有放弃社会主义革命的原则,"他一直致力于鼓励他所知道的实现社会主义所必需的群众运动,近两年来,他一直围绕着社会主义联盟的一个共同纲领,努力团结社会主义运动中的非海德门分子"[5]。工人罢工的失利以及无产阶级日益表现出的种种"绝望"迹象(尤其是伦敦工人对改善自身阶级状况的冷漠态度),促使莫里斯对社会主义前进的障碍进行了反思,"他回头看了几眼,又一次对议会自由主义感到绝望,对激进俱乐部的

---

[1] 《马克思恩格斯文集》(第3卷),人民出版社,2009,第78页。
[2] 《马克思恩格斯文集》(第3卷),人民出版社,2009,第27页。
[3] 《马克思恩格斯全集》(第36卷),人民出版社,1975,第473页。
[4] 《马克思恩格斯全集》(第36卷),人民出版社,1975,第472页。
[5] Florence Boos, "William Morris's 'Socialist Diary'," *History Workshop* 13, (Spring 1982): 3.

厌恶从未动摇"[1]。1890年年底,莫里斯被迫退出"社会主义同盟",转而以创作乌托邦作品和更加务实的社会主义研究等方式从事"理论"社会(共产)主义的活动。《乌有乡消息》(1891年)、《社会主义,它的发展和目的》(1893年)、《为什么我是共产党员》(1894年)和《英国当前的社会主义观》(1896年)等作品的创作和发表,是莫里斯从"革命社会主义"走向"民主"共产主义的重要标志。

莫里斯的"民主"共产主义观与他早年提出来的"革命的国际社会主义"原则的最大不同,是社会(共产)主义实现方式的后退,即前者选择了一种以"选举政治"为核心的民主政治道路。在莫里斯看来,

> 我们可以而且将通过坚持要求对生产资料进行统筹而直接取得所需要的一切;……我进一步相信,工人们也会越来越相信这一点,并且有一天将通过使用当今不完全民主所能达到的手段使他们的主张变得更好。也就是说,他们最终将组成一个广泛而明确的共产主义政党,该党将通过投票的方式从目前的有产阶级手中夺走为他们谋取利益的管理人民的工具,并利用这些工具实现社会基础的变革,这种变革将摆脱世界三大压迫中的最后一个。[2]

这里莫里斯所谓的"投票的方式",实际上就是一种选举政治。它以代表工人阶级利益的具有广泛群众基础的共产主义政党执政

---

1 Florence Boos, "William Morris's 'Socialist Diary'," *History Workshop* 13, (Spring 1982): 4.

2 William Morris, "Why I Am a Communist," https://www.marxists.org/archive/morris/works/1894/whycom.htm.

为基础,是一种可欲的"民主"共产主义。但需要指出的是,这与后来英国工党推行的代表少数人利益的民主社会主义具有本质的区别。

之所以这么说,是因为莫里斯指出:

> 共产主义尚未在英国组建一个政党,但它必须这样做,而不是成为辉格党或自由党的尾巴,这些机构只会服从于自己的利益,而不会顾及大众的感受。……共产主义政党必须包括整个真正的工人运动。……它的目标是:建立一个以所有人的实际条件平等为基础的新社会,以及为满足这些平等需要而建立的普遍联系。……这个政党成立得越早,……共产主义也将越快变成现实。[1]

值得注意的是,莫里斯的社会(共产)主义理论始终存在着如何把理论运用于实践的困难。第一,在认识上,强调理论的直接影响意义,不懂得实践作为中介在理论传播和发展上的决定性作用,往往造成理论与实践的脱节。因此第二,在行动上,强调教育革命论,忽视为争取工人阶级的实际利益开展广泛、持久的斗争。正如列宁指出的,"英国共产主义者必须参加议会活动,……不这样做,就会增加革命事业的困难,因为工人阶级多数人的观点如果不转变,进行革命是不可能的,而要实现这种转变,必须由群众取得政治经验,单靠宣传是永远不能奏效的"[2]。也正是在这一意义上,汤普森称莫里斯是"一个没有革命的革命者"[3]。

---

[1] William Morris, "The Present Outlook of Socialism in England," https://www.marxists.org/archive/morris/works/1896/Present.htm.

[2]《列宁选集》(第4卷),人民出版社,2012,第192页。

[3] E. P. Thompson, *Making History: Writings on History and Culture* (New York: The New Press, 1994), p. 67.

三、共产主义叙事的乌托邦特征

作为一个"没有革命的革命者",莫里斯追求的共产主义因为缺乏扎实、广泛的群众基础最终退变为远离现实运动的乌托邦。换言之,由于没有使革命的理论在英国人民的日常生活中生根,莫里斯建设新社会的深刻而自觉的愿望也就走向了只是为历史学家和社会主义实践家的评说提供对象的自我宿命。也正是在这一意义上,弗洛伦斯·布兹指出,在莫里斯去世后,"他的政治处方和理论重点的影响力迅速减弱,他的行动和观点也被多次重新评估"[1]。此外,莫里斯共产主义叙事的乌托邦特征还表现在以下三个方面:

首先,崇尚理想主义,离开现实谈理想。第一,在莫里斯看来,共产主义的经济基础仅仅是由人的欲望和能力决定的条件的实际平等。[2] 殊不知,理想寓于现实,离开了高度发达的物质生产力标准,人的欲望和能力再强大,共产主义的美好未来也只能是空中楼阁式的幻想。第二,莫里斯过于强调他的"教育家革命优越论"(整个工人阶级接受社会主义的教育,随后工人起义——引者注)。殊不知,社会理想的实现是多方面因素共同作用的结果,一旦离开了人民群众的理解和支持,教育使命再崇高,也不会自动实现,更不会使理想前进一步。第三,莫里斯的理想"是建立一个把各种不同观点的人联合起来的辩论俱乐部"[3],他努力协调社会主义运动中

---

[1] Florence Boos, "William Morris's 'Socialist Diary'," *History Workshop* 13, (Spring 1982): 2.
[2] William Morris, "Why I Am a Communist," http://www.marxists.org/archive/morris/works/1894/whycom.htm.
[3] 《马克思恩格斯全集》(第36卷),人民出版社,1975,第520页。

无政府主义者、改良主义者和集体主义者之间的紧张关系,而淡化了对革命领导权的争夺。当社会主义运动遭受打击、革命抱负难以施展之时,莫里斯也"使自己陷入了困境"。所以,我们在莫里斯那里看到的是"非常具体的直接宣传和非常遥远的理想的未来社会的两极分化"[1]。

其次,崇尚人文主义,离开科学技术谈人文主义的追求。第一,在莫里斯看来,共产主义的伦理基础仅仅是对人的社会存在本质的习惯和认同。[2] 殊不知,人、人的精神境界(思想觉悟、道德水平等)的存在正是对科学等构成社会的一切存在的习惯和认同,离开了科学、技术(设备)等生产力要素的进步,就不可能有人的生存和发展,更不可能实现"各尽所能、按需分配"的共产主义。第二,莫里斯过于强调人的"需要和欲望"的满足。殊不知,人的需要和欲望寓于社会存在,离开了社会的经济、政治和法的关系,"需要和欲望"就是无根之木、无源之水,人文主义的追求将化为泡影。第三,在莫里斯那里,共产主义也是追求人的情感、个性等的自由表达和无限升华。比如说,共产主义要恢复劳动的乐趣,让每个人像艺术家那样按照美和实用的原则进行自由的设计和创作,同时在劳动成果中充分展现自我的个性,从而在心灵的满足中提升人生的境界。

> 这种希望使他们产生了一种快乐的兴奋情绪;或者是因为劳动已经变成了一种愉快的习惯,比方说做一些你们可能

---

[1] Florence Boos, "William Morris's 'Socialist Diary'," *History Workshop* 13, (Spring 1982): 2.
[2] William Morris, "Why I Am a Communist," https://www.marxists.org/archive/morris/works/1894/whycom.htm.

称之为机械的工作;或者是因为在劳动中可以得到一种肉体上的快感,这就是说,这种工作是由艺术家来完成的。我们的工作多数属于这一类。[1]

莫里斯还认为,在未来的社会,机器是多余的,因为"机器不能产生艺术品"[2]。基于此,尼古拉斯·佩夫斯讷认为:

> 莫里斯的社会主义,根据19世纪后期(科学社会主义)的定义,还远远达不到正确的要求。他的社会主义观点,离托马斯·莫尔更近一些而不是卡尔·马克思。在他的观念中,主要考虑的是如何让现存社会中的劳动恢复到快乐的状态,即劳动的过程是"自由而令人向往的"同时劳动的产品又是"有用的"[3]。他向后看,而不是向前看。……我们无法从他对未来的憧憬中获得对于社会主义面貌的清晰图像。[4]

汤普森敏锐地看到了这一点。所以他指出,在莫里斯的意识中,他更多的是把自己关于未来黄金时代人文主义的乌托邦与共产主义进行了无差别的对待。[5]

最后,崇尚意志自由,离开社会解放谈意志自由。第一,在莫

---

1 威廉·莫里斯:《乌有乡消息》,黄嘉德、包玉珂译,商务印书馆,1981,第116页。
2 威廉·莫里斯:《乌有乡消息》,黄嘉德、包玉珂译,商务印书馆,1981,第223页。
3 William Morris, *The Collected Works of William Morris*: vol. XXIII (London: The Routledge and Thoemmes Press, 1992), p. 201.
4 Nikolaus Pevsner, *Pioneers of Modern Design: From William Morris to Walter Gropius* (London: The Lowe & Brydone Press, 1975), p. 24.
5 E. P. Thompson, *William Morris: Romantic to Revolutionary* (London: The Merlin Press, 1976), pp. 641 – 730.

里斯看来,共产主义仅仅是与"现代生活所趋向的合作机制"[1]有本质区别的劳动选择的个体自由。殊不知,意志自由寓于"社会解放"或"解放世界",离开了对"人们自己的社会行动的规律(自然规律)"和"人们自身的社会结合(社会规律)"的支配和"熟练地运用",自由意志再强烈,也无法真正"成为自身的主人——自由的人"[2]。第二,莫里斯过于强调个体的解放。殊不知,个体寓于"类"和群体,离开了类的自由自觉的活动和"自由人的联合体"的构建,个体的解放就是幻想的、"十分脱离实际"的,意志自由更是"白天打灯笼也找不到"[3]。第三,在莫里斯看来,共产主义也是达成艺术家(手工业者)精神追求的自由意识空间。在莫里斯逝世前几个月的一封关于是否对社会主义"改变了主意"的答复信中,莫里斯这样说道:

> 我是一个很忙的人,但在这个问题上我将简短地回答你。我对社会主义的看法没有改变。……目前的社会(所谓的社会)完全是为了特权阶级的利益而组织起来的;工人阶级只是在这种安排中被看作是如此多的机器。……这种荒芜使整个文明世界陷于人为的贫困之中,这再次使所有阶层的人无法满足他们的理性欲望。……因此,在我们对任何艺术充满希望之前,我们必须摆脱这种人为的贫困。当我们如此自由的时候,在我看来,(艺术家)对美和事件的自然本能将得到应有的位置;我们将需要艺术,而且,既然我们将真正富有,我们将

---

[1] William Morris, "Communism," in A. L. Morton, *Political Writings of William Morris*(London: The Lawrence and Wishart Press, 1979), p. 238.
[2] 《马克思恩格斯文集》(第3卷),人民出版社,2009,第566页。
[3] 《马克思恩格斯全集》(第36卷),人民出版社,1975,第257页。

能够得到我们想要的东西。[1]

但我们都清楚:在现代无产阶级完成"解放世界"的历史使命之前,真正地为全民所有的艺术[2]是不可能出现的。正因为此,在追求意志自由的个人努力中,莫里斯的"'理想主义'以务实的形式统一了强烈的个人创造动力和对与他人保持亲近关系的深刻认识;在这里,它提供了更多的英雄模范,而不是模仿的模式"[3]。

---

1 William Morris, "On Socialism and Art," https://www.marxists.org/archive/morris/works/1896/precis.htm.
2 William Morris, "The Socialist Idea: Art, New Review," https://www.marxists.org/archive/morris/works/1891/ideal.htm.
3 Florence Boos, "William Morris's 'Socialist Diary'," *History Workshop* 13, (Spring 1982): 2.

结　论

　　行文至此，本书的结论已经十分清楚了。正如导言所提示的，马克思与19世纪英国社会主义思潮之间的关系不是某种意识形态的虚构，而是一种内嵌于思想史发展过程的有机的现实的理论结构。思想史坐标的锚定，使得参与其中的这种理论结构有了据以科学表达的基础。"基础"的确立当然不能代替理论结构的确立，理论结构的真实性说明只能用理论结构的条件来保证。"马克思主义传统"的回归和重塑，从根本上克服了作为一个始终"既与的"复杂整体的关系的陈述的片面性和不确定性。

　　"扬弃"本身是一个马克思主义哲学的范畴，这里最为恰当地说明了两者在1848年前的关系。但必须再次重申的是，"扬弃"不是黑格尔意义上的观念自身否定的空洞形式（如"否定本身包含着被否定"），而是建立在对现实的认识的基础上的历史辩证法。正是出于对概念使用的警觉，阿尔都塞不愿用"扬弃"这个带有明显的黑格尔的"问题式"的概念去描述马克思新世界观的产生过程，而用（对现实的）"发现"一词取而代之。因为在他看来，"这个貌似无害而实质害人不浅的概念无非是根据真理固有的幻觉而把马克思后来的思想提前"[1]。

而"反哺"则是一个仿生学概念,出自唐《初学记·鸟赋》——"雏既壮而能飞兮,乃衔食而反哺"。它区别于社会学上使用较广的"文化反哺"中的"反哺",确切地说,是一个马克思主义的仿生学概念(参见导言注释)。这里,较为合理地呈现了两者在1848年后的关系。关于这一点,我们认为,有必要在"文本"追问的解释学意义上做一些补充说明,即这里用"反哺"来描述马克思与1848年后英国社会主义思潮的关系,主要是考虑到:第一,"过程中的一种真实连续性"关系的形象化和通俗化表达。第二,"关系"由以发生的前置逻辑,即马克思并不否认从他英国的社会主义前辈那里汲取了有助于科学社会主义诞生的"思想养分"。不过,"确定思想的特征和本质的不是思想的素材,而是思想的方式"[2]。因此第三,马克思科学的社会主义思想诞生之后,反过来"哺育"(即反哺)先前以"素材"形式存在的现实中的尚处于空想或不成熟阶段的19世纪英国社会主义也就不足为奇了。

弄清楚了两者之间的关系后,我们就能比较容易地解答导言中提出来的若干问题了,比如欧文学说的评价问题。众所周知,马克思主义诞生之前,在英国,欧文的社会主义有着广泛的影响力。但由于欧文的工厂主身份,以及学说本身散发着的强烈的"空想"气息,很容易引起工人阶级对社会主义的误解,进而将社会主义引入"对资本主义不发生作用"的无革命主体的歧途。所以,恩格斯在《英国工人阶级状况》中毫不客气地指出,"他们太学究气、太形而上学了,他们是不可能有所作为的"[3]。但是,作为一种探索,它

---

[1] 路易·阿尔都塞:《保卫马克思》,顾良译,商务印书馆,2006,第71页。
[2] 路易·阿尔都塞:《保卫马克思》,顾良译,商务印书馆,2006,第55页。
[3] 《马克思恩格斯文集》(第1卷),人民出版社,2009,第471页。

的功绩是不能被随意抹去的，况且，关于消灭私有制、建立共产主义理性社会制度等的出色构想，事实上为科学社会主义的创立奠定了重要的理论基础。如此，恩格斯便在《反杜林论》里说了下面一段"缓和矛盾"的话：

> 我们已经看到，空想主义者之所以是空想主义者，正是因为在资本主义生产还很不发达的时代，他们只能是这样。他们不得不从头脑中构想出新社会的要素，因为这些要素在旧社会本身中还没有普遍地明显地表现出来；他们只能求助于理性来构想自己的新建筑的基本特征，因为他们还不能求助于同时代的历史。[1]

恩格斯前后态度的转变，因应了马克思与19世纪英国社会主义的关系变化，或者说这种变化要求恩格斯在事隔30多年后对问题的理解做出更加符合实际的阐释。进一步说，恩格斯对这种关系的变化在某种意义上起着"推手"作用，即在"扬弃"及"反哺"的实现上发挥了不可替代的促进作用。比如，在罗伯特·欧文的《新道德世界》、"社会主义运动的正式机关报"——《北极星报》上发表的大量论文和短评，作为"批判经济学范畴的天才大纲"[2]的《国民经济学批判大纲》(1844年)，体现科学社会主义的"胚胎发展的一个阶段"[3]的《英国工人阶级状况》(1845年)，以及作为"科学社会主义的入门"[4]的《反杜林论》(1878年)等著作，构筑起马克思在不

---

[1] 《马克思恩格斯文集》(第9卷)，人民出版社，2009，第282页。
[2] 《马克思恩格斯文集》(第2卷)，人民出版社，2009，第592页。
[3] 《马克思恩格斯选集》(第1卷)，人民出版社，2012，第69页。
[4] 《马克思恩格斯选集》(第3卷)，人民出版社，2012，第743页。

同时期扬弃和反哺19世纪英国社会主义思潮的"坚硬的"文本学基础。英国牛津大学政治与国际关系学院大卫·利奥波德（David Leopld）则进一步认为："恩格斯是马克思了解英国社会主义信息的第一条，或许也是最清晰的渠道。"[1] 由此，我们也更加理解了为什么马克思1880年5月在《社会主义从空想到科学的发展》的法文版前言中评价"弗里德里希·恩格斯是当代社会主义最杰出的代表人物之一"[2]。

接下来，我们再来看看英国为什么没有在19世纪走上马克思所期待的社会主义道路的问题，这是一个必须放到"反哺"的关系格局中才能做出比较合理解释的问题。进一步说，对这个问题的回答必须弄明白以下几点：

第一，马克思学说在19世纪欧洲工人运动中的总体境遇。马克思的科学社会主义作为一种后来居上的学说，自诞生之日起就处在同各类"冒牌社会主义"你死我活的相互斗争之中。尽管随着1864年"第一国际"的成立，马克思主义成了世界工人运动的官方意识形态，但是，由于在马克思主义诞生之前，各国的工人阶级和社会主义运动就已经熟悉和习惯了这样或那样的"社会主义"信条，所以事实上，马克思的学说很难在短时期内成为19世纪欧洲绝大多数工人阶级和社会主义政党的指导思想。在写于1894年6、7月间的一份文献里，恩格斯再清楚不过地说明了这一点：

> 难道国际是靠某种统一的教条联合起来的吗？恰恰相反。那里有谨守1848年以前法国传统的共产主义者，而这些

---

[1] 大卫·利奥波德：《卡尔·马克思与英国社会主义》，张文成译，《国外理论动态》，2022年第4期第84页。
[2] 《马克思恩格斯选集》（第3卷），人民出版社，2012，第741页。

人又是带有各种不同色彩的；有魏特林派的共产主义者和重整旗鼓的共产主义者同盟中的另一种共产主义者，有在法国和比利时占优势的蒲鲁东主义者，有布朗基主义者，有德国工人党，最后，还有一度在西班牙和意大利占上风的巴枯宁无政府主义者——而这还只是些主要的集团。从国际建立时起，为了在各处彻底同无政府主义者划清界限，至少在最一般的经济观点上能够达到统一，竟花费了整整四分之一世纪的时间。而且这还是依靠了现代的交通工具，依靠了铁路、电报、巨大的工业城市、报刊和有组织的人民集会才达到的。[1]

第二，马克思（学说）的德国气质与英国的经验论传统。马克思主义虽说"不是专属德国的产物"[2]，但也受到其德国创始人强烈的黑格尔式思辨传统的影响。而且"马克思始终是这样一个德国人，他很自觉地处于不完全认同的状态之中，从未改变自己德国式的思维范畴"[3]。这对习惯于以经验、经验直观的方式解决矛盾的19世纪英国社会主义者来说，显然构成了巨大的挑战。然而，向来乐于在理性中追求自由、崇尚温和、"不畏强权"的英国人，是不愿多花心思去搞清楚那些"本来"就弄不明白的事情的。这就出现了对马克思学说的肤浅认识或者说错误应对。举例来说，大家已经熟知的社会主义者海德门，由于不熟悉以及难以适应马克思的思维方式和表达习惯，在翻译《资本论》的过程中经常犯一些令人啼笑皆非的"翻译事故"。这种现象直到马克思逝世近50年后

1　《马克思恩格斯文集》（第4卷），人民出版社，2009，第488页。
2　《马克思恩格斯全集》（第19卷），人民出版社，1963，第347页。
3　哈罗德·约瑟夫·拉斯基：《〈共产党宣言〉——社会主义的里程碑》，吴韵曦译，中国民主法制出版社，2018，第35页。

才在英国共产党的努力下有所改变。

第三,19世纪英国对(马克思)社会主义的需要与获取方式。马克思指出,"理论在一个国家实现的程度,总是取决于理论满足这个国家的需要的程度"[1]。19世纪的英国社会,无论是在对马克思主义的理论需要还是实践需要上,都不具备相应的"被动因素""物质基础"。实践需要方面的障碍往往是带有根本性的。诚如唐纳德·萨松所言:

> 马克思对资本主义的分析提供了一个关于所有资本主义国家的抽象模式,但这只具近似的意义。而社会主义运动却产生了各式各样的要求,诸如八小时工作制(这被认为劳动的标准)和普选权等,这些也被整齐划一地应用于所有国家。但纯粹的资本主义国家是不存在的,社会主义运动的形成、组织和发展也不能脱离塑造它们的特定的民族传统。因此,在一个与理性世界相对的经验世界,背离和差异都是正常的。欧洲到处都充满着这种特殊性。德国不是唯一拥有"特殊道路"的国家,而英国也不是唯一思考其特殊性的国家。[2]

那么,在英国,这种"特殊性"体现在什么地方?它何以从根本上抑制了19世纪英国对马克思主义的需要?就英国的特殊性而言,青年恩格斯的回答是深刻的,他从具有典型意义的民族性问题着眼并指出:

---

[1] 《马克思恩格斯选集》(第1卷),人民出版社,2012,第11页。
[2] 唐纳德·萨松:《欧洲社会主义百年史》(上册),姜辉、于海青、庞晓明译,社会科学文献出版社,2008,第17页。

英国人的民族特性在本质上和德国人、法国人的民族特性都不相同；对消除对立丧失信心因而完全听从经验，这是英国人的民族特性所固有的。……英国人没有普遍利益，他们不触及矛盾这一痛处就无法谈普遍利益；他们对普遍利益不抱希望，他们只有单个利益。这种绝对的主体性——把普遍分裂为许多单一——当然导源于日耳曼成分，可是前面已经讲过，它已经和自己的根分离，因而它只是以经验的方式起作用，英国的社会经验和法国的政治经验的区别就在这里。法国的活动从来就是民族的活动，这种活动从一开始就意识到自己的整体性和普遍性；英国的活动则是独立的、彼此并立的个人的活动，是无联系的原子的运动，这些原子很少作为一个整体共同行动，而且即使作为整体行动的时候也是从个人利益出发。目前的普遍贫困和极端涣散就是个人之间缺乏统一性的表现。

换句话说，只有英国才有一部社会的历史。只有在英国，个人本身才促进了民族的发展并且使发展接近完成，而没有意识到要代表普遍原则。只有在这里，群众才作为群众为自己的单个利益进行活动；只有在这里，原则要对历史产生影响，必须先转变为利益。[1]

依此逻辑，19世纪英国的统治阶级为了"要对历史产生影响"，必然要从"单个利益"出发对自身的"原则"做局部的妥协，而这不仅在客观上"促进了民族的发展"（表现为民族内部阶级矛盾的缓和），也使得只考虑"单个利益"的反对派（作为"个人"的工联

---

[1] 《马克思恩格斯文集》(第1卷)，人民出版社，2009，第91—92页。

领袖)不顾群众的"普遍利益"而安于"缺乏统一性"的现状,"丧失了广泛考察历史动向的可能,而局限于提出经济主义的和实际政治的主张"[1]。

当然,还应看到这种特殊性的另一方面,那就是19世纪英国的社会主义者对马克思主义"独具风格"的理解和阐释。他们认为,马克思的革命的辩证的思想只适用于一定的形势,但一般不适用于社会主义发展中的"运动"。所以,即使他们看起来在那十分卖力地宣传马克思主义,也无法掩盖其在根子上试图把马克思主义当作"想要看成的那个样子"[2];或者经验主义地对待马克思思想,将马克思主义庸俗化;或者"感情用事"地对待马克思思想,将马克思主义剥离革命政治而纳入文化政治的建构基质;等等。因此,最后落入19世纪英国工人阶级手中的理论武器不再是作为科学理论的系统、完整的马克思主义,而是被肢解的想象的马克思主义。

进一步说,与19世纪英国的特殊性紧密联系在一起的民族的、历史的和个人的因素,从根本上抑制了19世纪英国对马克思主义的需要。从19世纪后半叶开始,"改良主义成为英国社会乃至英国工人阶级中的主流意识形态"[3]。正是在这一意义上,"那些赞成社会主义的人都不愿意称自己是社会主义者,因为他们担心因此不受欢迎"[4]。

---

1 普雷德拉格·弗兰尼茨基:《马克思主义史》(第3卷),胡文建译,黑龙江大学出版社,2015,第192页。
2 《马克思恩格斯全集》(第36卷),人民出版社,1974,第396页。
3 张亮:《英国马克思主义理论传统的兴起》,《国外理论动态》,2006年第7期第41页。
4 唐纳德·萨松:《欧洲社会主义百年史》(上册),姜辉、于海青、庞晓明译,社会科学文献出版社,2008,第17页。

需要指出的是，虽然改良主义不可逆转地成为19世纪下半叶以来英国社会的主流意识形态，但是这不意味着马克思主义无法在英国扎根了。事实上，只要具备合适的条件，马克思主义完全可以在英国的理论土壤中生根、发芽并结出硕果。20世纪30年代"英国马克思主义"理论传统的兴起，以及1956年以后出现的英国新左派运动就是一个很好的例证。苏联解体、东欧剧变以及新世纪以来，英国的左翼政党、学者通过"聚焦现代主义危机"、创新理论研究范式、探索社会主义实现策略的微观政治运动，在新马克思主义的理论旗帜下进一步提出并阐述了一系列发人深省的理论、概念、话语和方法，如哈维的空间政治学理论、佩珀的生态社会主义概念、安德森理性主义的意识形态批判话语和伊格尔顿培育社会主义"新人"的文化政治学批判方法等。这些马克思主义研究新成果用事实说明：作为马克思主义诞生地的英国，正在或已经成为国外马克思主义研究的一支重要力量。

进入新时代，我国的马克思主义研究，要在坚持和发展中国特色社会主义的同时，"对国外马克思主义研究新成果，我们要密切关注和研究，有分析、有鉴别，既不能采取一概排斥的态度，也不能搞全盘照搬"[1]；要在坚持和发展习近平新时代中国特色社会主义思想的同时，"既向内看、深入研究关系国计民生的重大课题，又向外看、积极探索关系人类前途命运的重大问题"[2]，为构建中国特色的马克思主义学科体系、学术体系和话语体系贡献智慧和力量。

---

[1] 习近平：《深刻认识马克思主义时代意义和现实意义继续推进马克思主义中国化时代化大众化》，《人民日报》2017年9月30日，第1版。
[2] 《习近平谈治国理政》（第2卷），外文出版社，2017，第339页。

主要参考文献

(一) 中文部分

[1] 马克思恩格斯全集:第1-50卷[M].北京:人民出版社,1957-1985.

[2] 马克思恩格斯文集:第1-10卷[M].北京:人民出版社,2009.

[3] 马克思恩格斯选集:第1-4卷[M].北京:人民出版社,2012.

[4] 列宁全集:第1-60卷[M].北京:人民出版社,2016.

[5] 列宁选集:第1-4卷[M].北京:人民出版社,2012.

[6] 欧文选集:第一卷[M].柯象峰,何光来,秦果显,译.北京:商务印书馆,1984.

[7] 欧文选集:第三卷[M].马清槐,吴忆萱,黄惟新,译.北京:商务印书馆,1984.

[8] 格雷.格雷文集[M].陈太先,眭竹松,译.北京:商务印书馆,2009.

[9] 格雷.人类幸福论[M].张草纫,译.北京:商务印书馆,1963.

[10] 汤普森.最能促进人类幸福的财富分配原理的研究[M].何慕李,译.北京:商务印书馆,2009.

[11] 霍吉斯金.通俗政治经济学[M].王铁生,译.北京:商务印书馆,2014.

[12] 勃雷.对劳动的迫害及其救治方案[M].袁贤能,译.北京:商务印书馆,2009.

[13] 莫里斯.乌有乡消息[M].黄嘉德,包玉珂,译.北京:商务印书馆,1981.

[14] 里嘉图.经济学及赋税之原理[M].郭大力,王亚南,译.北京:生活·读书·新知三联书店,2008.

[15] 边沁.政府片论[M].沈叔平,译.北京:商务印书馆,1995.

[16] 潘恩.人的权利[M].戴炳然,译.上海:复旦大学出版社,2013.

[17] 葛德文.政治正义论[M].何慕李,译.北京:商务印书馆,1982.

[18] 柯尔.社会主义思想史:1-2卷[M].何瑞丰,译.北京:商务印书馆,1977,1978.

[19] 比尔.英国社会主义史:上、下[M].何新舜,译.北京:商务印书馆,1959.

[20] 莫尔顿,台德.英国工人运动史:1770-1920[M].叶周,周立方,周敏仪,等译.北京:生活·读书·新知三联书店,1962.

[21] 普列汉诺夫等.论空想社会主义:上卷[M].中国人民大学编译室,等译.北京:商务印书馆,1980.

[22] 沃尔金等.论空想社会主义:中卷[M].郭一民,等译.北京:商务印书馆,1980.

[23] 莫尔顿.人民的英国史[M].谢琏造,瞿菊农,李稼年,等译.北京:生活·读书·新知三联书店,1958.

[24] 韦伯夫妇.英国工会运动史[M].陈健民,译.北京:商务印书

馆,1959.

[25] 扎斯田克尔.社会主义思想史纲[M].南至善,陈森,郭一民,译.北京:商务印书馆,1990.

[26] 祖波克.第二国际史:第一卷[M].刘金质,杨光远,高放,等译.北京:人民出版社,1984.

[27] 甘米奇.宪章运动史[M].苏公隽,译.北京:商务印书馆,1996.

[28] 沃尔顿.宪章运动[M].祁阿红,译.上海:上海译文出版社,2003.

[29] 麦克唐纳.审美、行动与乌托邦:威廉·莫里斯的政治思想[M].黄文娟,译.上海:华东师范大学出版社,2018.

[30] 罗尔.经济思想史[M].陆元诚,译.北京:商务印书馆,1981.

[31] 兰道尔.欧洲社会主义思想与运动史[M].群立,译.北京:商务印书馆,1994.

[32] 萨松.欧洲社会主义百年史:上、下册[M].姜辉,于海青,庞晓明,译.北京:社会科学文献出版社,2008.

[33] 麦克莱伦.马克思以后的马克思主义[M].李智,译.北京:中国人民大学出版社,2016.

[34] 梅林.保卫马克思主义[M].吉洪,译.北京:人民出版社,1982.

[35] 密利本德.马克思主义与政治学[M].黄子都,译.北京:商务印书馆,1984.

[36] 科拉科夫斯基.马克思主义的主要流派:第1卷[M].唐少杰,顾维艰,宁向东,译.哈尔滨:黑龙江大学出版社,2015.

[37] 弗兰尼茨基.马克思主义与社会主义[M].杨元恪,陈振华,译.哈尔滨:黑龙江大学出版社,2014.

[38] 弗兰尼茨基.马克思主义史:第3卷[M].胡文建,王文扬,译.哈尔滨:黑龙江大学出版社,2015.

[39] 伯尔基.马克思主义的起源[M].伍庆,王文扬,译.上海:华东师范大学出版社,2007.

[40] 熊彼特:资本主义、社会主义与民主[M].吴良健,译.北京:商务印书馆,2012.

[41] 克罗斯兰.社会主义的未来[M].轩传树,朱美荣,张寒,译.上海:上海人民出版社,2011.

[42] 雷斯尼克,沃尔夫.马克思主义理论的新起点[M].王虎学,译.北京:中国人民大学出版社,2016.

[43] 托马斯.马克思主义与科学社会主义:从恩格斯到阿尔都塞[M].王远河,王克军,译.南京:江苏人民出版社,2011.

[44] 施韦卡特.反对资本主义[M].李智,译.北京:中国人民大学出版社,2016.

[45] 默斯托.今日马克思[M].孙亮,杨小峰,译.北京:中国人民大学出版社,2019.

[46] 默斯托.另一个马克思:从早期手稿到国际工人协会[M].孙亮,译.北京:中国人民大学出版社,2022.

[47] 朱利安.论普世[M].吴泓渺,赵鸣,译.北京:北京大学出版社,2016.

[48] 韦伯.新教伦理与资本主义精神[M].于晓,陈维纲,等译.北京:生活·读书·新知三联书店,1987.

[49] 贝尔.后工业社会的来临:对社会预测的一项探索[M].高铦,王宏周,魏章玲,译.北京:新华出版社,1997.

[50] 沃勒斯坦.否思社会科学:19世纪范式的局限[M].刘琦岩,叶萌芽,译.北京:生活·读书·新知三联书店,2008.

[51] 滕尼斯.共同体与社会[M].张巍卓,译.北京:商务印书馆,2019.

[52] 斯考切波.国家与社会革命:对法国、俄国和中国的比较分析[M].何俊志,王学东译.上海:上海人民出版社,2015.

[53] 柏林.现实感:观念及其历史研究[M].潘荣荣,林茂,译.南京:译林出版社,2004.

[54] 霍布斯鲍姆.革命的年代 1789-1848[M].王章辉,等译.南京:江苏人民出版社,1999.

[55] 霍布斯鲍姆.资本的年代 1848-1875[M].张晓华,等译.南京:江苏人民出版社,1999.

[56] 霍布斯鲍姆.帝国的年代 1875-1914[M].贾士蘅,译.南京:江苏人民出版社,1999.

[57] 霍布斯鲍姆.原始的叛乱:十九至二十世纪社会运动的古朴形式[M].杨德睿,译.北京:社会科学文献出版社,2014.

[58] 汤普森.英国工人阶级的形成:上、下[M].钱乘旦,杨豫,潘兴明,等译.南京:译林出版社,2001.

[59] 柏克.反思法国大革命[M].张雅楠,译.上海:上海社会科学院出版社,2014.

[60] 费赫尔.法国大革命与现代性的诞生[M].罗跃军,等译.哈尔滨:黑龙江大学出版社,2010.

[61] 亨特.法国大革命中的政治、文化和阶级[M].汪珍珠,译.上海:华东师范大学出版社,2011.

[62] 黑格尔.法哲学原理:或自然法和国家学纲要[M].范扬,张企泰,译.北京:商务印书馆,2016.

[63] 黑格尔.论自然法[M].朱学平,译.北京:商务印书馆,2021.

[64] 菲尼斯.自然法理论[M].吴彦,译.北京:商务印书馆,2016.

[65] 奥克利.自然法、自然法则、自然权利:观念史中的连续与中断[M].王涛,译.北京:商务印书馆,2015.

[66] 卢卡奇.历史与阶级意识:关于马克思主义辩证法的研究[M].杜章智,任立,燕宏远,译.北京:商务印书馆,1996.

[67] 卢卡奇.理性的毁灭[M].王玖兴,等译.济南:山东人民出版社,1997.

[68] 科尔纽.马克思的思想起源[M].王瑾,译.北京:中国人民大学出版社,1987.

[69] 城塚登.青年马克思的思想:社会主义思想的创立[M].尚晶晶,李成鼎,等译校.北京:求实出版社,1988.

[70] 拉斯基.《共产党宣言》社会主义的里程碑[M].吴韵曦,译.北京:中国民主法制出版社,2018.

[71] 洛克莫尔.非理性主义:卢卡奇与马克思主义理性观[M].孟丹,译.北京:中国人民大学出版社,2016.

[72] 托尼.宗教与资本主义的兴起[M].赵月瑟,夏镇平,译.上海:上海译文出版社,2006.

[73] 葛兰西.葛兰西文选[M].李鹏程,编.北京:人民出版社,2008.

[74] 阿尔都塞,等.读《资本论》[M].李其庆,冯文光,译.北京:中央编译出版社,2001.

[75] 阿尔都塞.保卫马克思[M].顾良,译.北京:商务印书馆,1984,2006.

[76] 阿多诺.否定的辩证法[M].张峰,译.上海:上海人民出版社,2020.

[77] 索恩-雷特尔.脑力劳动与体力劳动:西方历史的认识论[M].谢永康,侯振武,译.南京:南京大学出版社,2015.

[78] 威廉斯.文化与社会 1780—1950[M].吴松江,张文定,译.北京:北京大学出版社,1991.

[79] 伊格尔顿.马克思为什么是对的[M].李杨,任文科,郑义,译.北京:新星出版社,2011.

[80] 所罗门.马克思主义与艺术[M].杜章智,王以铸,林凡,等译.北京:文化艺术出版社,1989.

[81] 莱恩.马克思主义的艺术理论[M].艾晓明,尹鸿,康林,译.长沙:湖南人民出版社,1987.

[82] 斯特龙伯格.西方现代思想史[M].刘北成,赵国新,译.北京:中央编译出版社,2005.

[83] 弗里登.英国进步主义思想:社会改革的兴起[M].曾一璇,译.北京:商务印书馆,2018.

[84] 麦克法兰.英国个人主义的起源:家庭、财产权和社会转型[M].管可秾,译.北京:商务印书馆,2020.

[85] 马克思主义研究资料:第 1-37 卷[M].北京:中央编译出版社,2013-2015.

[86] 马列著作编译资料:第 12 辑[M].北京:人民出版社,1980.

[87] 国际共产主义运动历史文献:第 9 卷[M].北京:中央编译出版社,2013.

[88] 陶大镛.社会主义思想史[M].北京:生活·读书·新知三联书店,1949.

[89] 吴易风.空想社会主义[M].北京:北京出版社,1980.

[90] 高放,黄达强.社会主义思想史:上、下[M].北京:中国人民大学出版社,1987.

[91] 黄宗良,林勋健.共产党和社会党百年关系史[M].北京:北京大学出版社,2002.

[92] 钱乘旦.工业革命与英国工人阶级[M].南京:南京出版社,1992.

[93] 钱乘旦,许洁明.英国通史[M].上海:上海社会科学院出版社,2012.

[94] 沈汉.英国宪章运动[M].兰州:甘肃人民出版社,1997.

[95] 徐觉哉.社会主义流派史:修订本[M].上海:上海人民出版社,2007.

[96] 张明贵.费边社会主义思想[M].台北:五南图书出版股份有限公司,2003.

[97] 孙伯鍨.探索者道路的探索[M].南京:南京大学出版社,2002.

[98] 张一兵.马克思历史辩证法的主体向度[M].2版.武汉:武汉大学出版社,2009.

[99] 张一兵.回到马克思:经济学语境中的哲学话语[M].南京:江苏人民出版社,2003.

[100] 唐正东.斯密到马克思:经济哲学方法的历史性诠释[M].南京:南京大学出版社,2002.

[101] 胡大平.回到恩格斯:文本、理论和解读政治学[M].南京:江苏人民出版社,2011.

[102] 张亮,熊婴.伦理、文化与社会主义:英国新左派早期思想读本[M].南京:江苏人民出版社,2013.

[103] 张亮.阶级、文化与民族传统:爱德华·P.汤普森的历史唯物主义思想研究[M].南京:江苏人民出版社,2008.

[104] 张亮.英国新左派思想家[M].南京:江苏人民出版社,2010.

[105] 乔瑞金.英国的新马克思主义[M].北京:人民出版

社,2013.

[106] 乔瑞金.英国新马克思主义的深度透视[M].北京:人民出版社,2021.

[107] 韩蒙.马克思思想变迁的社会主义线索[M].南京:江苏人民出版社,2021.

[108] 叶险明.马克思的工业革命理论与现时代[M].北京:北京出版社,2001.

[109] 阎照祥.英国政治思想史[M].北京:人民出版社,2010.

[110] 张志洲.英国工党社会主义意识形态变迁研究[M].北京:社会科学文献出版社,2011.

[111] 童晋.西方国家工人阶级意识问题研究[M].北京:中国社会科学出版社,2016.

[112] 商文斌.战后英国共产党对社会主义发展道路的探索[M].北京:中国社会科学出版社,2006.

[113] 刘成.理想与现实:英国工党与公有制[M].南京:江苏人民出版社,2003.

[114] 邢文增.改良与重塑:英国社会主义的历史与现状研究[M].北京:中国社会科学出版社,2021.

[115] 麦金太尔.《关于费尔巴哈的提纲》:一条未行之路[M]//复旦大学当代国外马克思主义研究中心.当代国外马克思主义评论:第9辑.北京:人民出版社,2011.

[116] 巴迪欧.共产主义假设[M]//复旦大学当代国外马克思主义研究中心.当代国外马克思主义评论:第8辑.北京:人民出版社,2010.

[117] 余文烈.迈进21世纪的世界社会主义[M]//复旦大学当代国外马克思主义研究中心.当代国外马克思主义评论:第1

辑.上海:复旦大学出版社,2000.

[118] 张一兵.古典经济学与社会主义最初联结的哲学意义:论马克思科学思想变革的一种直接源生基础[J].学术月刊,1998(10):3-10.

[119] 张一兵.马克思的《布鲁塞尔笔记》与《曼彻斯特笔记》[J].求实,1999(1):11-14.

[120] 张一兵.舒尔茨与马克思历史唯物主义的来源[J].广西大学学报(哲学社会科学版),2019(2):26-30.

[121] 衣俊卿.论马克思从传统理性主义到现代理性主义的转变.浙江学刊[J].1992(5):5-10.

[122] 胡大平.伪具体与伪世界历史[J].学术研究,2001(4):70-72.

[123] 仰海峰.马克思的社会转型思想[J].中国社会科学.2022(2):4-22.

[124] 张亮."英国马克思主义"的历史、理论道路与理论成就[J].马克思主义研究,2012(7):123-131,160.

[125] 张亮.英国马克思主义理论传统的兴起[J].国外理论动态,2006(7):40-46.

[126] 张亮.从苏联马克思主义到文化马克思主义:英国马克思主义理论传统的战后形成[J].人文杂志,2009(2):1-7.

[127] 张亮.英国马克思主义的"经济基础和上层建筑"学说[J].哲学动态,2014(9):22-28.

[128] 张盾,袁立国.论马克思与古典政治经济学的理论渊源[J].哲学研究,2014(3):3-11,128.

[129] 王小锡.简论马克思恩格斯的经济伦理观[J].伦理学研究,2002(9):39-43,111.

[130] 石镇平,黄静.科学社会主义的基本原则不能丢[J].马克思主义研究,2014(4):116-125.

[131] 摩尔顿,殷叙彝.关于宪章运动的评述[J].历史研究,1962(2):153-159.

[132] 田舍.关于宪章运动的讨论总结[J].历史研究,1961(5):111-112.

[133] 迪金森,黄艳红.英国的自由与权利学说及其争论:从平等派到宪章派(1640-1840年代)[J].学术研究,2011(8):96-108,160.

[134] 薛希.马克思和海德门断绝关系的原因[J].当代世界与社会主义,1983(2):104-112.

[135] 丁朝碧.试评亨利·迈尔斯·海德门[J].北京师院学报(社会科学版),1981(3):62-68,29.

[136] 刘慧,王学东.试论海德门与马克思的关系及其对马克思主义的态度[J].当代世界社会主义问题,2017(2):54-63.

[137] 于文杰,杨玲.按照传统的方式重新设计世界:论威廉·莫里斯情感社会主义的历史观念[J].学术研究,2006(1):102-108,148.

[138] 杨玲,于文杰.从"设计之父"到"社会主义者":威廉·莫里斯历史思想演变及其原因,西南民族大学学报(人文社会科学版)[J].2015(7):207-211.

(二) 英文部分

[1] MORTON A L. Socialism in British [M]. London:The Lawrence and Wishart Press,1963.

[2] MORTON A L. Political writings of William Morris [M].

London: The Lawrence and Wishart Press, 1979.

[3] DWORKIN D L. Cultural marxism in postwar Britain: history, the new left, and the origins of the cultural studies [M]. Durham: Duke University Press, 1997.

[4] HOBSBAWN E. Labouring men, studies in the history of labour [M]. London: The Weidenfeld and Nicolson Press, 1968.

[5] THOMPSON E P. The making of the English working class [M]. London: The Victor Gollancz Ltd Press, 1963.

[6] THOMPSON E P. Making history: writings on history and culture [M]. New York: The New Press, 1994.

[7] THOMPSON E P. William Morris: romantic to revolutionary [M]. London: The Merlin Press, 1976.

[8] ANDERSON P. Arguments with English Marxism [M]. London: The Verso Press, 1980.

[9] WILLIAMS R. The long revolution [M]. New York: Harper Torchbooks Press, 1966.

[10] COLE G D H. A history of socialist thought [M]. London: The Macmillan Press, 1974.

[11] BEVIR M. The making of British socialism [M]. Princeton: Princeton University Press, 2011.

[12] PIERSON S. Marxism and the origins of British socialism [M]. Cornell: Cornell University Press, 1973.

[13] LICHTHEIM G. The origins of socialism [M]. London: The Lowe & Brydone Ltd Press, 1969.

[14] LICHTHEIM G. Marxism, a historical and critical study

[M]. London: Routledge and Kegan Paul, 1964.

[15] AVINERI S. The social and political thought of Karl Marx [M]. Cambridge: Cambridge University Press, 1968.

[16] ROTHSTEIN T. From chartism to labourism: historical sketches of the English working class movement [M]. London: The Dorrot Press Ltd Press, 1929.

[17] SCHOYNE A R. The chartist challenge: a portrait of George Julian Harney [M]. London: The Heinmann Press, 1958.

[18] FEHÉR F. The French revolution and the birth of modernity [M]. Oakland: California University Press, 1990.

[19] HUNT L. Politics, culture, and class in the French revolution [M]. Oakland: California University Press, 1984.

[20] TAWANEY R H. Religion and the rise of capitalism: a historical study [M]. London: The Butler & Tanner Ltd Press, 1948.

[21] BLAU P, MERTON R. Continutities in structural inquiry [M]. Santa Rosa: The Newbury Parker Hill Press, 1981.

[22] HOBSON J A. Democracy after the war [M]. London: The George Allen and Unwin Press, 1917.

[23] BARKER C, COX L. Marxism and social movement [M]. Leiden Boston: Brill, 2013.

[24] BRAY J F. Labour's wrongs and labour's remedy: or, the age of might and the age of right [M]. London: London

University Press, 1839.

[25] HODGSKIN T. Labour defended against the claims of capital: or, the unproductiveness of capital proved with reference to the present combinations amongst journeymen [M]. London: The knight and Laixi Publishing Company, 1825.

[26] HYNDMAN H M. The record of an adventurous life [M]. London: The Forgotten Books Ltd Press, 2018.

[27] HYNDMAN H M. Socialism and slavery [M]. London: The Modern Press, 1884.

[28] HYNDMAN H M. England for all [M]. Brighton: The Harverster Press, 1973.

[29] HYNDMAN H M. The coming revolution in England [M]. London: The W. Reeves Press, 1884.

[30] HYNDMAN H M. The historical basis of socialism in England [M]. London: The Kegan Paul Press, 1883.

[31] HYNDMAN H M. The economic of socialism [M]. London: The Twentieth Century Press, 1896.

[32] HYNDMAN H M. The evolution of revolution [M]. London: Grant Richards Press, 1920.

[33] HYNDMAN H M. Social democracy: the basis of its principles and the cause of its success [M]. London: Twentieth Century Press, 1904.

[34] HYNDMAN H M. The future of democracy [M]. London: The Allen and Unwin Press, 1915.

[35] HYNDMAN H M, MORRIS W. A summary of the

principles of socialism [M]. London: The Modern Press, 1884.

[36] THE DEMOCRATIC FEDERATION. Socialism made plain: being the social and political manifesto of the democratic federation [M]. London: The W. Reeves Press, 1883.

[37] TSUZUKI C H M. Hyndman and British socialism [M]. Oxford: Oxford University Press, 1961.

[38] LEE H W, ARCHBOLD E. Social democracy in British: fifty years of the socialist movement [M]. London: Social Democratic Fed, 1935.

[39] MORRIS W. The collected works of William Morris: vol. 23 [M]. London: The Longman Press, 1921.

[40] MORRIS W. The collected works of William Morris: vol. XXIII [M]. London: The Routledge and Thoemmes Press, 1992.

[41] MACKAIL J W. The life of William Morris(I , II) [M]. Oxford: Oxford University Press, 1912.

[42] HENDERSON P. William Morris, his life work and friends [M]. Norwich: The Jarrold and Sons Ltd Press, 1967.

[43] LEMIRE E. The unpublished lectures of William Morris [M]. Detroit: Wayne State University Press, 1969.

[44] KELVIN N. The collected letters of William Morris [M]. Princeton: Princeton University Press, 1984-1987.

[45] ARNOT R P. William Morris: the man and the myth

[M]. London: The Lawrence and Wishart Press, 1964.

[46] MEIER P. William Morris: the marxist dreamer [M]. Sussex: The Harvester Press, 1978.

[47] JACKSON H. William Morris, on art and socialism [M]. London: The John Lehmann Ltd Press, 1947.

[48] MCCARTHY F. William Morris, a life of our time [M]. London: The Faber and Faber Press, 1995.

[49] GLASIER J. William Morris and the early days of the socialist movement [M]. London: The Longman Press, 1921.

[50] PEVSNER N. Pioneers of modern design: from William Morris to Walter Gropius [M]. London: The Lowe & Brydone Press, 1975.

[51] HIGGINS J. Raymond Williams reader [M]. The Blackwell Pubishers Ltd Press, 2001.

[52] THOMSPON N, WILLIAMS C. Robert Owen and his legacy [C]. Wales: Wales University Press, 2011.

[53] THOMPSON E P. The poverty of theory & other essays [C]. Monthly Review Press, 1978.

[54] ANDERSON P. The left in the fifties [J]. New left review, 1965, 29 (January-February): 3–18).

[55] MATTEWS W. The poverty of strategy: E. P. Thompson, Perry Anderson, and the transition to socialism [J]. Labour, 2002, 50 (Fall): 224.

[56] THOMPSON E. The long revolution Ⅰ [J]. New left review, 1961, 9 (May-June): 33–34.

[57] THOMPSON E. The long revolution Ⅱ [J]. New left review, 1961, 10 (July-August): 33-34.

[58] YONG J J. H. M. Hyndman and Daniel De Leon: the two souls of socialism [J]. Labor history, 1987, 28(4): 534-556.

[59] MORRIS W. The manifesto of the socialist league [J]. Commonweal, 1885 (February).

[60] BAX E B, MORRIS W. The manifesto of the socialist league [J]. Commonweal, 1885 (October): 1-5.

[61] BOOS F. William Morris's "socialist diary" [J]. History workshop, 1982, 13 (Spring): 2-8.

[62] NEWTON B. Henry George and Henry M. Hyndman, Ⅰ: the forging of an untenable alliance, 1882-83 [J]. American journal of economics and sociology, 1976, 35(3): 311-323.

[63] NEWTON B. Henry George and Henry M. Hyndman, Ⅱ: the erosion of the radical-socialist coalition, 1884-89 [J]. American journal of economics and sociology, 1977, 36(3): 311-321.

[64] ROBERTS E A. From the history of science to the science of history: scientists and historians in the shaping of British marxist theory [J]. Science & society, 2005, 69(10): 529-550.

后　记

本书根据我2016年5月通过答辩的同名博士学位论文修改而成。

在本书即将出版之际，我希望能够首先表达对导师张亮教授的敬爱之情。张老师是国内青年一代的马克思主义理论家，他在国外马克思主义哲学、当代西方左派思想史以及历史唯物主义等研究领域都有很高的造诣。在我攻读博士学位的3年间，张老师一直从各方面关心和鼓励我，正是在聆听他授课的过程中，我感受到了马克思主义理论的魅力。导师温良谦恭的品德、扎实严谨的学风、高屋建瓴的智慧，无不深深地感染着我。在博士论文的写作过程中，张老师时刻关注着我的进度，并自始至终给予了耐心、细致的指导。

同时，南京大学学科点的张异宾教授、姚顺良教授、唐正东教授、胡大平教授、刘怀玉教授、王浩斌教授和蓝江教授对博士论文的评论和指点，使我受益匪浅。山西大学乔瑞金教授、中央编译局孔明安研究员在博士论文的答辩过程中提出了许多富有建设性的修改意见，这些意见大多已经被吸收到本书中来了。

在本书的写作和修改过程中，中国社会科学院乔茂林副研究员、江苏省社会科学院郭滢副研究员、湖南大学刘悦博士、湖南师范大学王淑庆博士、西北农林科技大学唐树生副教授、西安交通大学王建辉副教授、南京大学郑劲超博士以及时在伦敦大学玛丽女王学院进行访问交流的张晓博士等诸学友,在专业问题的咨议、术语的定名、英译文的校对、法文的辨识、稀缺外文资料的收集等方面提供了热情的帮助,在此特致衷心感谢! 多年来,我的硕士导师吉林大学张盾教授在我的学习和科研方面提供了诸多无私的帮助,在此一并致谢! 最后,感谢我的父母、妻儿对我的无限支持。

  由于作者研究能力有限,书中的一些观点和表述仍有值得商榷甚至错误之处,恳请各位专家学者和广大读者批评指正。

陈 挺

2022 年 9 月于常熟